U0552458

我爱灿烂的五千年

图书在版编目（CIP）数据

源来如此：跟着考古学家去探源 / 王巍编著． --成都：四川人民出版社，2024.6
ISBN 978-7-220-13632-0

Ⅰ．①源… Ⅱ．①王… Ⅲ．①考古发现－中国－通俗读物 Ⅳ．① K87-49

中国国家版本馆 CIP 数据核字（2024）第 052306 号

YUANLAIRUCI GENZHE KAOGU XUEJIA QU TANYUAN
源来如此　跟着考古学家去探源
王巍　编著

出 版 人	黄立新
选题策划	北京增艳锦添
责任编辑	蒋科兰　李昊原
特约编辑	曹增艳　温　浩
责任校对	吴　玥
责任印制	周　奇
封面设计	周伟伟
版式设计	翁玲玲　孙　博　赵海燕
插画设计	闵宇璠　罗　玉　赵　静
书　　法	张其亮
出版发行	四川人民出版社（成都市锦江区三色路 238 号）
网　　址	http://www.scpph.com
E-mail	scrmcbs@sina.com
新浪微博	@ 四川人民出版社
微信公众号	四川人民出版社
发行部业务电话	（028）86361653　86361656
防盗版举报电话	（028）86361661
照　　排	北京增艳锦添企业形象策划有限公司
印　　刷	成都兴怡包装装潢有限公司
成品尺寸	155×220mm
印　　张	19.25
字　　数	260 千
版　　次	2024 年 6 月第 1 版
印　　次	2024 年 6 月第 1 次印刷
书　　号	ISBN 978-7-220-13632-0
定　　价	99.00 元

■版权所有·侵权必究
本书若出现印装质量问题，请与我社发行部联系调换
电话：（028）86361653

源来如此

跟着考古学家去探源

王巍 编著

四川人民出版社

目录

前言：真与假，五千年，证中华文明   001

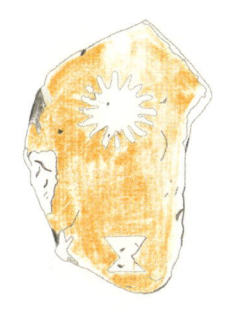

第一章

万年农业，文明奠基

一、栽培稻，古陶罐，玉蟾岩和仙人洞   006

二、万年米，红彩陶，上山桥头新发现   013

三、稻谷壳，古村落，彭头山和八十垱   019

四、清水河，栽粟黍，门头沟有东胡林   023

第二章

文化发展，文明起源

一、跨湖桥下独木舟   029

二、河姆渡口古稻田   035

三、神人凤鸟出高庙   043

四、骨笛龟甲出贾湖   048

五、玉器初现兴隆洼   054

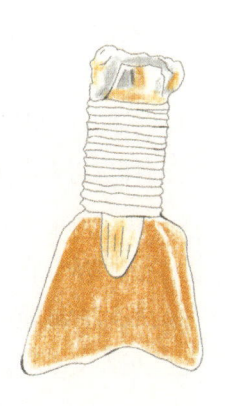

第三章

分化加剧，古国初现

一、中原古国铸鼎原　　　　064

二、最早古城城头山　　　　070

三、首领大墓东山村　　　　076

第四章

古国四起，文明初成

一、河洛古国双槐树　　　　083

二、宏伟殿堂大地湾　　　　090

三、陇东宫城看南佐　　　　096

四、礼韵东方大汶口　　　　102

五、神坛庙冢牛河梁　　　　107

六、豪门大宅鸡叫城　　　　116

七、玉料争夺在黄山　　　　121

八、长河古城城河城　　　　126

九、玉礼祭坛凌家滩　　　　133

第五章

古国文明，高潮迭起

一、草鞋山，良渚大墓初现	145
二、赵陵山，最早人殉墓葬	149
三、良渚城，旷世巨大工程	153
四、寺　墩，繁荣堪比良渚	170
五、石家河，盛大仪式遗留	174
六、宝　墩，古蜀文明初始	182
七、城子崖，精美蛋壳黑陶	186
八、西朱封，曾经玉映红颜	191
九、清凉寺，人殉触目惊心	195
十、陶寺城，鼓磬礼乐初创	198
十一、柳　湾，绝世彩陶风华	209
十二、石　峁，陕北巨型山城	214
十三、芦山峁，四合院落人家	224

目录　003

第六章

三代王朝，王国文明

一、二里头，中原首座王都　　229
二、郑州城，继往开来商都　　241
三、殷　墟，青铜文明顶峰　　250
四、三星堆，神秘古蜀信仰　　260
五、大洋洲，江南虎方寻踪　　274
六、周　原，西周都邑风貌　　279
七、琉璃河，燕国定都北京　　288

后记　　294
参考文献　　296

前言

真与假，五千年，证中华文明

东说西说
东升西落——
岁移几千秋？

四海之内，华人皆知——中华文明上下五千年。

这五千多年究竟有什么根据呢？是根据历史文献的记载，还是有考古佐证？当被问到这个问题时，相信很多人答不上来。

中华文明究竟有多么久远的历史，在国内外学术界和社会上存在各种各样的观点，中国学者也有一个认识的过程。

20世纪80年代后期，我在日本留学，阅读当时日本学者撰写或翻译出版的研究世界文明的著作。其中，看到古埃及文明和两河文明都有5000多年的历史，古印度文明有约4500年的历史，而讲到中华文明则只有3300年的历史——从商代晚期以河南安阳殷墟作为都城开始。为什么？因为那时流行以"文明的三要素"作为判断进入文明社会的标准，也就是冶金术、文字的使用及城市的出现。以殷墟为都城的商王朝晚期，青铜器、甲骨文、城市三要素齐备，所以，国际学术界公认为那是中华文明的起始。

长期以来，我们中国史学界认为中华文明是从"禹传子、家天下"的夏王朝诞生开始的，大约有4000年的历史。关于中华文明五千多年的根据，有一种说法是，根据司马迁的《史记·五帝本纪》，从黄帝、炎帝存在的时间算起。关于黄帝、炎帝活动的年代，史学界说法不一，有人认为

中华文明

古埃及文明

是在距今4600年左右，也有人认为是在距今5000年左右，但这毕竟是基于古史传说的推论，缺乏明确的证据，没有说服力。因此，在国际上，长期以来并不认可中国有5000多年文明。

那么，作为世界四大古老文明之一的中华文明究竟有多么久远的历史？她是怎样起源、形成的？又是怎样一步一步走到今天的？这不仅是一个重大的学术问题，也是每一个华人都希望了解而且应该知道的。于是，探究我们祖先创造的文明发展历程这一重大任务就摆在了学者面前。

正是基于这样的原因，从21世纪初开始，在国家的支持下，启动了"中华文明探源工程"。探源工程秉持"多学科，多角度，多层次，全方位"的理念，集中了20个学科的400多位学者，围绕中华文明的起源、形成和发展的过程及原因，围绕以中原地区为引领的历史格局的形成过程这两

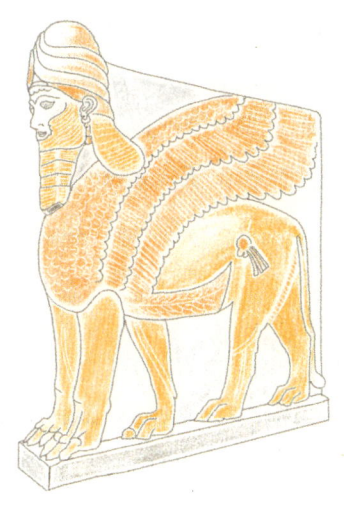

两河文明

古印度文明

个相互联系的重大问题开展了联合攻关,取得了一系列重要的研究成果。

探源工程通过对浙江余杭良渚、山西襄汾陶寺、陕西神木石峁和河南偃师二里头等四个都邑遗址和20几个区域性中心遗址的考古调查、发掘和多学科研究,对各个地区的文明起源、形成的过程、各区域间的文化交融而形成中华文化圈的过程,以及随着夏商周王朝在中原的建立,中华文明由各区域文明的起源、形成到以中原地区为引领的历史格局的形成,都取得了比较系统的认识和成果。

本书就是想把这些认识和成果以及支撑这些认识和成果的各地比较重要的考古发现,用尽可能轻松的形式介绍给广大读者朋友。全书按照时间顺序分为六章,以文明发展的进程为线索,以长江、黄河、辽河三大流域中典型遗址为代表,讲述了中华文明是如何一步步走到今天的。

第一章是10000多年前，制陶术的发明、稻作和粟作农业以及定居村落的出现；第二章讲述了约8000年前，农业初步发展、人们精神逐渐丰富、社会出现分化端倪，开始了文明起源的进程；第三章展现了6000—5500年前时，由于农业的发展，各地人口增加，社会出现了分化的现象；第四章描绘了5500—5300年前，信仰和祭祀盛行，社会分化加剧，接近或开始迈进文明社会门槛的情形；第五章则是5000年前后，各地阶级分化加剧，多元化区域性文明形成；第六章从4300年前开始，夏王朝建立，从众多文明中脱颖而出，中华文明从各区域文明多元起源转向中原引领的一体化的初期王国文明。再经过商王朝将政治理念和青铜冶铸技术传给各地方国，形成以商王朝为核心，各地方国构成的商代王国文明。最后到了西周时期，周王朝通过分封制和宗法制，在继承夏商王朝的基础上创造了一整套礼乐制度，实现了对王畿（jī）地区之外广大地区的统治，为秦代以后统一多民族国家的形成奠定了基础。

希望广大读者们通过这本书，不但知晓中华文明五千多年历史的缘由，也能够了解中国现代考古学诞生100多年来，特别是进入新世纪后启动探源工程20年来，中国学者围绕中华文明的起源、形成所取得的一系列重要考古发现和多学科研究的成果，了解中华文明取得的这些成果和对人类文明的贡献，从而加深我们对中华文明的认识和民族认同，增强做中国人的志气、骨气和底气。

请大家跟随着图文，沿着中国学者近20年的研究线索，开始一场文明探源之旅吧！

2023年3月16日

第一章
万年农业，文明奠基

> 稻米对壳说
> 我们的绿衣——
> 是不是变成了稻草人？

栽培稻，古陶罐，玉蟾岩和仙人洞

> 一粒两粒
> 浮出水面——
> 文明的种子

打开一座千年大墓，发现那些素未谋面的稀世珍宝，固然让考古人兴奋，但有时，一片陶片、一件石器，陶罐中的一粒黍、一粒稻，反而更令人震惊，因为这些不起眼的发现很可能改写历史。

稻米——人造"珍珠"

民以食为天，生存离不开食物，哪怕是今天，温饱问题一直是人类社会的头等大事。在茹毛饮血的原始社会更是如此，如何获取足够的食物是人类能否延续繁衍的关键。我们的祖先最开始通过采集和狩猎的方式获取

食物。然而，随着人口的增加以及劳动经验、知识的累积，人类不再满足于"大自然的馈赠"，开始研究"人造食物"的方法。

水稻是人类培育的最古老的农作物之一，我们的祖先通过不断选育野生稻，将其驯化成了栽培稻。如今，水稻是仅次于玉米的第二大粮食作物，世界上约有60%的人以水稻为主食。白花花的大米饭、香喷喷的米粉等都是由稻谷加工烹饪而成的。那么，栽培稻起源于哪里？

欧洲文明的源头在希腊，希腊文明的源头在西亚美索不达米亚平原。美索不达米亚平原的水稻从印度传入，其语言体系中"稻"这个词便源于梵语。后来西方的学者在印度发现了大量的野生稻，便认定印度是水稻的起源地，甚至认为中国的水稻也是从印度传入的。在19世纪后期到20世纪前期的很长一段时间里，水稻起源于印度成了学界的主流观点。

然而，这个观点明显缺乏直接证据。到了20世纪中期，学者们在水稻起源问题上展开了激烈地争论，有人认为栽培稻起源于印度，也有人认为起源于中国南方。随着考古学的兴起，确定水稻起源的接力棒逐渐传到了考古学家手里。

1973年，考古学家在浙江余姚河姆渡发现了距今约7000年的炭化水稻。几年之后，印度也在距离孟买100多公里处的遗址中找到了8500年前的水稻遗存。此后，中国和印度又相继发现了时间相近的水稻遗存，水稻起源的"中印大战"更加胶着了。直到1988年，在湖南省永州市道县发现了玉蟾岩遗址，其后，经湖南省考古研究所的专家多次考古发掘，在遗址的一处洞穴里发现了四枚上古稻壳，才打破了僵局。该洞穴前后有两个洞口，前洞悬挂有莹白色的巨大钟乳石，远看像青蛙的鼻子，当地居民将其

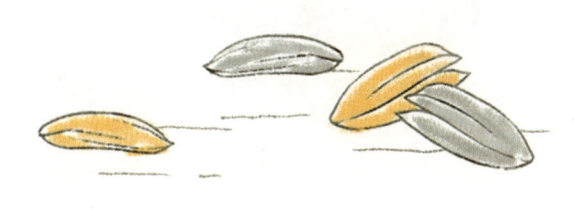

玉蟾岩遗址的稻壳

第一章 万年农业，文明奠基

命名为蛤蟆洞，文人则美其名为玉蟾岩。

玉蟾岩遗址处在旧石器时代晚期和新石器时代早期之间，由中美合作发掘，集中了那时世界上研究农业起源的最权威的专家。遗址中发现的这两枚上古稻壳经专家鉴定为具有从普通野生稻向栽培稻初期演化的原始性状，其年代不晚于14000年前。

以目前的证据来看，长江流域特别是中下游及其附近是稻作农业起源的中心。在10000多年前，我们的祖先凭着丰富的想象力和好奇心，萌生了研究"人造植物"的想法，迈出了改造世界的第一步。

这几粒不起眼的稻壳很可能是古人丢弃的垃圾，却成为考古学家的珍宝，他们从"垃圾"中寻找蛛丝马迹，还原出上万年以前的人类历史，他们绝对是世界上最了不起的侦探。

最古老的陶罐

1993年，考古学家在玉蟾岩遗址中又有了非常重要的发现——原始陶片。陶器虽没有玉器的圆润光滑，也没有瓷器的端庄典雅，更没有金器的奢华贵重，但它们却是史前人类的一项伟大发明。10000多年以前，当人类的生存方式刚刚从渔猎采集过渡到农业生产时，收获的种子不像野果洗干净就可以直接吃，也不像动物的肉可以在火上烧烤，必须用容器加水蒸煮得软烂后才能食用。于是，陶器应运而生。这一发明代表着人类正式进入以农业为主的新时代，人类的生活方式从此发生了根本的

玉蟾岩遗址的陶釜

改变。

玉蟾岩遗址发现的陶片相对集中，陶壁很厚，夹有粗砂，这些粗砂既有光滑细腻的石英砂，又有砸碎的砾石颗粒，应该是制陶者有意为之。这说明玉蟾岩先民制陶时不是随意地就地取土，而是人工配置了制陶原料，可见当时制陶技术的先进性。考古学家将这些陶片拼接复原，大体为圆底直壁的陶器，其中有一件补了好多"补丁"的"破"陶釜（现藏湖南博物院）距今至少18000年以上。除此以外，考古学家还在玉蟾岩遗址中出土了大量的石器、棒器、动物骨头残骸等。石器中有的器形很像现在的锄头和斧子等，这些生产工具都可能与原始农业相关。

无独有偶，江西万年县的仙人洞也是新石器时代遗址，距今时间和玉蟾岩遗址接近，也出土了栽培稻和陶器，仙人洞陶器的时间甚至比玉蟾岩遗址的还要早。

早在20世纪60年代初，考古人员就对仙人洞遗址有过大规模的发掘，20世纪90年代，由中美联合考古队先后进行了五次发掘，出土了陶器、石器、骨器、蚌器等人工制品和动物骨骸等，但对这些遗物的年代一直存在争议。直到2012年，中、美、德三国研究人员重新调查了该遗址，并对取

仙人洞遗址的陶罐

第一章　万年农业，文明奠基　009

样进行碳-14年代测定,将最早出现陶器的时间确定为20000至19000年前。这项研究的参与者之一、哈佛大学的考古学家认为该陶器"是世界上最早的陶器"。目前收藏在中国国家博物馆。

在这一时期,考古人员还发掘了与仙人洞遗址相距800米的吊桶环洞穴遗址,年代为距今约12000年。该遗址出土了打制石器、磨制石器和大量低温烧成的陶片。在遗址的各个层位中鉴别出了一定数量的野生稻和栽培稻,表明当时以采集野生稻为主,并开始了人工稻的栽培。

10000多年前,中华先民将他们对生活的爱和想象注入水中、火中和泥里,他们在原有的世界上开创了一个全新的事物。不过那时的先民一定想不到,看起来那么粗糙的陶器,会成为美的开端,闪亮世界。

玉蟾岩和仙人洞遗址古老陶器的出土,证明东亚地区是人类最早发明制陶术的地区。2013年,在美国《考古》杂志评选中,仙人洞遗址最古老的陶罐与世界上其他九个国家的文物一起入选2012年世界十大考古发现。

玉蟾岩等遗址出土的少量的稻粒和陶器,为人们了解旧石器时代向新石器时代过渡时期早期陶器、稻作农业起源提供了难得的实物资料,也证明了我国的长江流域是水稻的发祥地,是世界农业起源中心之一。

小知识

熟悉又陌生的五谷

"五谷"的说法最早见于《论语》:"四体不勤,五谷不分,孰为夫子?"

"五谷"在古代有多种不同说法,最主要的有两种。一种出自《周礼》,东汉末年儒家学者郑玄注释:"五谷,麻、黍(shǔ)、稷(jì)、麦、豆也。"一种出自《孟子》,东汉末年官员、经学家赵岐注释:"五谷谓稻、黍、稷、麦、菽(shū)也。"现代多以后者注释为准。其中,"黍"是糜(mí)子,磨米去皮后称黄米;"稷"是指谷子,去皮后俗称小米;"菽"是豆类的总称。黄米和小米外形很难区分。

黄米　小米

水稻

小麦　豆类

"打"石头的旧石器时代

"旧石器时代"是考古学家提出来的时间区段概念，大约在距今300万年至1万多年前。那时人类的生产活动受到自然条件的极大限制，主要特征是人类的生产工具为打制石器。这一时期一般划分为旧石器时代早期、中期和晚期，分别对应人类自身发展的三个时期——直立人、早期智人和晚期智人。这一时期人类的生活来源主要以捕鱼狩猎和采集果实为主，农业和畜牧业还没有产生。

"磨"石头的新石器时代

"新石器时代"是考古学中石器时代的最后一个阶段，以人类使用磨制石器并且开始制造和使用陶器为标志。大约从10000多年前开始到距今5000多年至4000多年前结束。那时人类不再完全依赖自然的赐予，开始发展畜牧业和农业。与此同时，陶器、纺织、玉器逐渐出现，人类社会发生了全新的变化。

碳–14测年

碳–14测年是一种用于确定有机物质年龄的科学方法。大气中的碳–14与氧气结合形成带有碳–14的二氧化碳，这种二氧化碳被植物吸收后通过食物链传递到动植物身

第一章　万年农业，文明奠基

上。碳-14是一种不稳定的放射性同位素，每过大约5730年，有一半的碳-14会衰变成其他元素。一旦生物死亡，就无法继续与环境交换，其体内的碳-14的含量会因为衰变不断下降。在长期演化的过程中，碳-14的增加与衰变减少逐渐达到了平衡状态，使大气中碳-14的含量维持在一个稳定的数值。科学家将样品中残留的碳-14含量与大气中的碳-14含量对比，就能够确定该样品死亡的时间。

层位

层位，全称地层层位，考古地层学中根据发掘现场不同的土质、土色、包含物等划分过去人们活动形成的各种不同空间，考古工作者会根据不同堆积形成的先后次序，对各层次的遗迹进行处理，尽可能准确地将性质、时间不同的文化堆积层次区别开来，从而确定它们的相对年代，即它们在时间上的先后关系。这是考古发掘最基本也是最重要的方法。

层位示意图

二

万年米，红彩陶，上山桥头新发现

一粒稻米
一只蝴蝶
一场迁徙

10000多年前的一粒稻米，就像南美洲热带雨林中的那只带动了一系列连锁反应的蝴蝶，引发了中国古代历史上的一场农业革命。前文中，我们介绍过河姆渡遗址发掘时出土了当时世界上最早的炭化稻，把长江下游先民栽培水稻的年代上溯到距今7000年。可是，在长江中游的湖南玉蟾岩遗址中发现的栽培稻距今已经1.2万年以上了。

"我住长江头，君住长江尾……"稻作农业开始的时间能差5000多年？长江下游是不是也有距今万年以上的栽培稻呢？

红衣陶中夹稻壳

2000年10月，浙江省文物考古研究所发现了位于钱塘江上游地区的上山遗址，这里的土壤和岩石呈现出特有的红色，上山先民就地取材，创造

出了独树一帜的夹炭红衣陶，即外表是红色的，内部的陶胎为黑色——构成了上山陶器鲜明的"外红内黑"的工艺特征。上山遗址早期90%以上的夹炭红衣陶器的表面和胎土中大都羼（chàn）和了大量的碎稻壳和碎稻叶。北京大学考古文博学院对上山遗址出土的夹炭陶标本进行了碳-14年代测定，发现其年代距今10000年之久。这些意外在夹炭陶中保存下来的稻壳和稻叶也成了长江下游地区迄今发现的最早的稻作遗存。

上山遗址的炭化稻米

现在栽培水稻有播种、插秧、抽穗、排水、收获等多个环节，然后还要磨米去壳和贮存，每个环节都需要相应的农业工具。10000年前的上山人在最初栽培水稻的时候，有没有这些农具？果然，考古学家在上山遗址中发现了石磨盘和石磨棒组合而成的碾磨稻壳的脱壳工具，这些工具看上去十分简陋，却是稻谷的加工、煮食的必需品。而且他们还在石片和石磨盘等器物上找到了收割稻米留下的刀痕，表明水稻的收割工具也已经出现。这些最为原始的工具充分体现上山先民的智慧，它们与稻米共同串起了一条包括栽培、收割、加工、碾磨等步骤的完整的农业生产证据链。

上山人从最初的狩猎采集到农业耕种，他们的家也从山中的洞穴迁徙到山前的平原田野上。考古学家在河谷盆地边缘地带，找到了上山先人在万年前构建木结构房屋时遗留下来的多排柱洞和带沟槽基础的房址。虽然柱洞内的木头早已腐烂，但是参照这些柱洞的形制，依旧可以还原出当年建筑的样式。这些柱洞并排排列，直径多在40到50厘米之间，深度为70到90厘米。如今看来这种居住形式在10000年前的上山文化时期就已经基本确立了，考古学家认为这便是后来在江南地区中、晚期新石器时代遗址中十分流行的<mark>干栏式建筑</mark>的鼻祖。

上山先民在开阔的平原上寻找最适宜耕作的稻田，之后便用原始的方式测量挖洞，伐木取材，搭建居所，建造比洞穴更为舒适的房屋。他们引水播种、用石镰收割、用石磨盘和石磨棒加工食物、用陶器烹煮……一缕炊烟里混着稻香从木屋的门缝里飘出，院内的主人在石头上磨着刚刚采收的稻米，也许不远处稻田里的还有蛙声一唱一和——这一系列画面连续起来，就是一幅上山先人安居乐业的景象。

从洞穴迈向旷野，定居之后，随着农业的发展，人口快速增加，人们之间的关系也因此更加复杂多样，这是人类文明进步的关键一步。我国的杂交水稻之父袁隆平为上山遗址题词"万年上山，世界稻源"，考古学家严文明也将上山遗址形象地概括为"远古中华第一村"。

彩陶源头在上山

在上山遗址被发现的十多年后，即2012年，在距离其不到20公里的浙江义乌桥头村，考古人员发现了上山文化晚期的遗址——桥头遗址。桥头遗址的发现

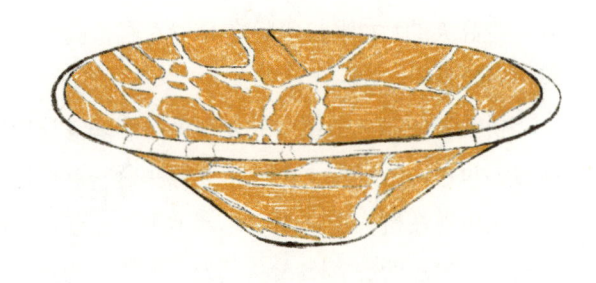

上山遗址的石磨与石棒

上山遗址的大口盆

第一章　万年农业，文明奠基　015

桥头遗址的墓葬

又一次引起了轰动,这是东亚地区发现的迄今年代最早的周围有壕沟环绕的村落。

桥头遗址距今约9000年,村落中心是方形土台,周围有边长大约40米、宽度十多米、深度超过两米的环壕。环壕是疆界,代表了对土地的占有意识,这正是农耕定居生活的特征,也是桥头遗址最重要的发现。

桥头遗址中第二个重要的发现是墓葬。长江下游地区属于酸性土壤,不易保存有机质,因此留存到现在的墓葬少之又少。考古人员在桥头遗址中心土台的北面发现了两座古墓。这两座墓都是侧身屈肢葬,墓主人是一男一女,他们称得上是最早的浙江人了。其中,男墓主人的尸骨保存较好,身高大约1.73米,年龄在40岁左右,被发现时正蜷身侧卧,怀中还抱着一只珍贵的红衣陶罐。

桥头遗址第三个重要的发现就是彩陶。这里出土了迄今年代最早的彩陶器,也是中国彩陶文化的重要源头之一。可以说,上山文化中最精美的彩陶都出现在桥头遗址的中心台地里。这些彩陶种类多样,器型规整,表面有鲜亮艳丽的红彩陶衣。尤为引人注目的是,在部分陶器表面有白彩构成的图案。有由点构成的直线组成的一个呈"V"形的符号,有用数条平行的短直线构成与后代的八卦极为相似的图案,还有一种图案是用白彩绘制出的太阳纹,同样十分惹人注目。或许,上山先人在制陶时,就对令万物生长的太阳怀着敬畏和崇拜。上山彩陶上多次出现的白彩太阳符号就像无法抹去的胎记,从文明呱呱坠地开始,始终伴随着人类社会的发展,成为中华5000多年文明史中最为原始的信仰代表之一。

上山文化是东亚地区稻作文化的起源地,也是中国农耕村落文化的源头。在这里发现10000年前的水稻遗存绝非偶然,长江中下游地区有着得天独厚的地理和气候优势,辽阔肥沃的平原,湿润多雨的季风气候为水稻等作物的生长,创造了绝佳条件。上山先人勇敢地走出居住了几百万年的洞穴,在这片陌生和充满危险的旷野上,他们看到了希望和未来。于是,10000年前,在江水悠悠的浦阳江畔,上山先民挑选了一片平缓的土地,凭借着勤劳与智慧,开始栽培水稻、聚族而居,搭建起了人类的第一个村落,飘出了世界上的第一缕炊烟。

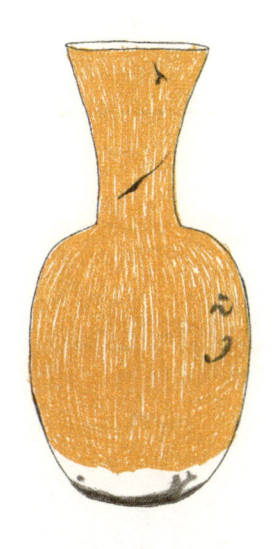

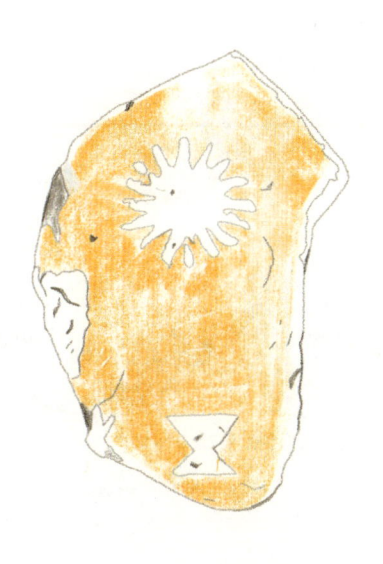

桥头遗址的陶器　　　　　　桥头遗址的太阳纹陶片

第一章　万年农业,文明奠基　017

小知识

架在半空中的 干栏式建筑

中国古代建筑形式之一。我国南方地区潮湿多雨，居民为了通风防潮，以及防虫、避免野兽侵袭，在地上栽立木（竹）柱，构成底架，在上面建筑高出地面的房屋，以木、竹席等围墙盖顶。这种建筑形式至今仍在华南的一些少数民族地区使用，它与北方的土木建筑一样，是源远流长的中国传统建筑形式之一。

干栏式建筑示意图

护卫家园的 环壕

环壕是人们为了防止野兽和洪水，而在居住的村落周围挖的围沟。

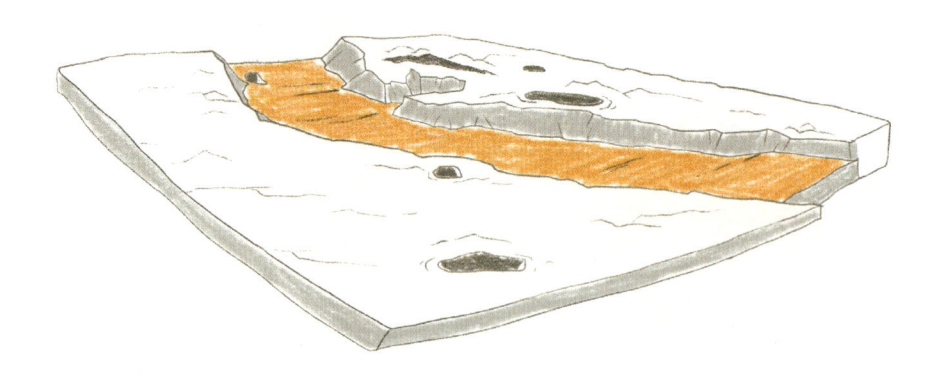

环壕示意图

三

稻谷壳，古村落，彭头山和八十垱

农夫啊
让稻壳揉进泥土——
火中永生

在考古界，陶片像金子一样重要，陶土中带着它久远的DNA，陶片上可能有描绘生活和信仰的纹饰或符号，还可能夹杂着远古人类栽培的稻谷……总之，一块陶片可能成为揭开秘密、通向过去的线索。

彭头山里有稻作

澧（lǐ）水发源于湘西北部，一路向东流去，与其他河流一起在洞庭湖西北岸冲击出广阔的澧阳平原。

彭头山遗址探方

第一章 万年农业，文明奠基　019

1983年，湖南考古人员在澧阳平原调查遗址时采集到一枚陶片，其中发现了炭化稻壳的痕迹，正是这小小的稻壳牵出了澧县先人与稻作文明8000多年的渊源。两年后，湖南的考古人员在澧县境内发现了距今8200—7800年的彭头山遗址。

1988年，考古人员发掘彭头山遗址时在出土的陶片及<mark>红烧土</mark>块中也找到了大量的稻壳和少量稻粒。这种在陶器中羼（chàn）和大量稻壳的做法与上山先民的制陶方式出奇地一致。古人有意地在陶器的胎土中掺杂稻壳，同砂锅中掺砂的道理一样，可以增加陶器的坚韧性和耐火性，避免陶器在烧造时遇到高温爆裂，因此，这类可以用作炊具、用纯泥制作的陶器，只能作为碗、盆、酒壶等一般容器使用。由于碳素的作用，再加陶胎在焙烧中未能充分氧化，夹碳陶往往呈现出深邃和神秘的黑色。这种在胎土中掺杂稻壳、稻叶、稻穗和植物茎秆的夹炭陶在长江流域很流行，与该地区发达的稻作农业大有关系，可见当时稻作农业已经在长江流域普遍存在。

地理位置和环境特征对稻作农业的发展影响很大。澧阳平原地处武陵山脉的东北边缘，西、南、北三面环山，东临洞庭湖，沉积平原上湖沼河流众多。如此开阔的平原和襟江带湖的水系环境不仅孕育了长江中游的史前文明，千万年来河水形成的冲积层还将澧阳平原内的史前遗址群埋藏起来，使之得到了较好的保存。几年后，考古人员在彭头山遗址周围发现了十多处同属彭头山文化的相关遗址，八十垱（dàng）遗址便是其中之一。

八十垱里稻芒锋

八十垱遗址位于湖南省澧县县城北约20公里的夹河北岸，处在河流冲积平原与湖泊、沼泽三者边缘的中间地带，距今8500—7500年。该遗址总面积约30000平方米，有四个足球场那么大，出土的陶器掺杂稻壳和稻谷的比例比彭头山遗址的陶器更高。从该遗址的古河道挖出的古代生活垃圾中更是发现了1.5万粒以上的稻谷和米粒，这个数量超过了国内现已发现的同时期的稻谷总和。不仅如此，这些稻谷形态完好，有的就像刚长出来的一样，呈现出新鲜的黄色，甚至还带着稻芒。这些稻谷大小参差不齐，介于野生稻与现代栽培稻之间，应是早期形态的栽培稻。除稻谷和米粒外，在古河道内四五米深的黑色淤泥层里还埋藏着菱角、芡实、莲子等百余种植物秆茎与果核，以及鹿、麂（jǐ）、牛、猪、鸡、鱼等动物和家畜骨骸，这些都是当时八十垱先民餐桌上的美味。考古人员还在遗址中发现了各种用骨头、竹子、木头制作的农用和狩猎工具，可见当时的古人类一边研究着水稻种植技术，一边靠山吃山、靠水吃水，仍然延续着渔猎和采集的生活方式。

八十垱遗址内发现的环壕和围墙，据考古学家推测，可能是护城河与城墙的雏形。现残存的环壕环绕的区域南北长约300米，东西宽160米。壕沟上宽约四米，有两米多深。环壕内侧堆筑有围墙，围墙不高，残存一至两米，显然不足以抵御外敌入侵。因此，也有专家推测，八十垱遗址的壕沟和城墙是水利工程，有利于人们就近取水，避免居民遭受水患。围墙内

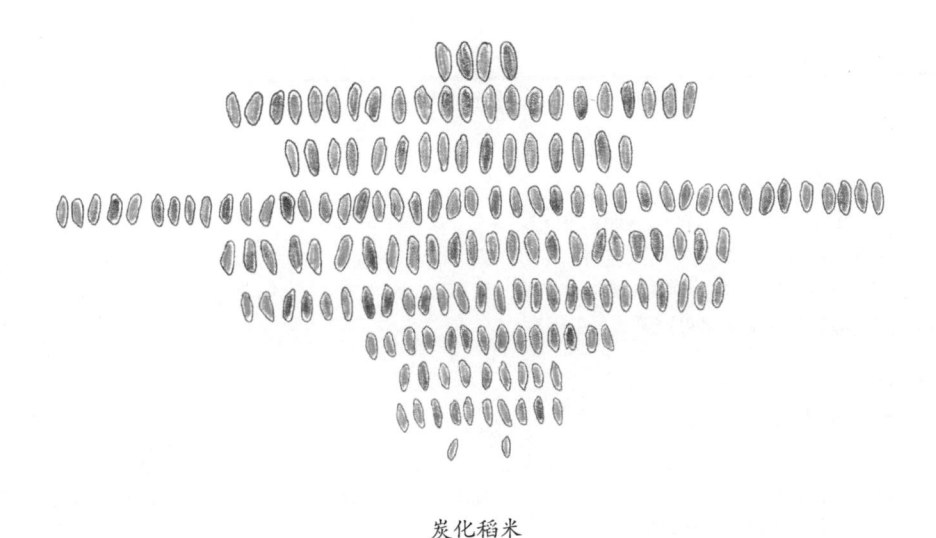

炭化稻米

建有大量的房屋，主要有干栏式建筑，极可能是仓储室。也有部分半地穴式和地面式建筑，内有灶坑，应是当时人们的居所。在遗址的东北部，有一处四角外凸、四边内凹，形似海星的土台，土台周围和中心都有立柱，遗址内未见生活遗迹，却发现了大量的动物遗骸，以牛牙最多，建筑底部有焚烧过的草木灰与红烧土痕迹。考古学家由此推测该建筑可能是与祭祀活动有关的祭坛。

在八十垱遗址中还规划了专门的墓葬区。墓葬区发现的墓葬有100余座，墓葬形态各异，有方形、长方形，还有圆筒形。墓葬的墓坑较小，随葬品数量很少，基本是简单原始的陶制品，器类单调，有大口深腹罐、碟和三足器等，出土时大部分仅剩残破的陶片。

农耕是文明的肇始。澧阳平原独特的气候和环境恰好适宜稻作农业的发展，因此被认为是水稻的起源地。同时，澧阳平原史前遗址星罗棋布，它的文化基因难能可贵地一路延续下来，向东、南发展传播，不断积淀、演绎，随着时间的推移，受其影响的长江流域逐渐与黄河流域一起共同成了中华文明的源头和摇篮。

小知识

澧阳平原

澧阳平原地处武陵山脉的东北边缘，西、南、北三面环山，东临洞庭湖。澧水发源于湘西北部，一路蜿蜒向东流去。千万年来，澧水与其他众多支流编织出澧阳平原的湖沼水乡。如此开阔的平原和襟江带湖的水系环境为稻作农业的产生提供了得天独厚的条件，这使得澧阳平原史前遗址星罗棋布。

红烧土

红烧土是用火烤过的黏土，是新石器时期到商周时期被广泛运用的建筑材料。在红烧土中掺入稻秆、稻叶和稻壳再盖房子，就像现在的混凝土一样，既结实又防潮，很适合雨水多的长江中下游地区。

四

清水河，栽粟黍，门头沟有东胡林

大黄米
小黄米
与少女一起入梦

通过前面章节中对玉蟾岩遗址、上山遗址以及彭头山遗址等的介绍，我们知道水稻起源于长江流域，那么，五谷中的黍和粟又起源于哪里？又是如何被驯化的呢？

不同于水稻，粟和黍的原产地没有那么多争论，学术界一致认可它们都发源于中国北方，但是学者们还没有完全研究清楚它们具体被驯化的地点和时间，只是在东胡林遗址中找到了目前世界上年代最早的粟和黍。

东胡林遗址位于北京门头沟区。1966年，北京大学地质地理系的同学在门头沟实习期间，发现了村民修梯田时挖出的三具轻微石化的人骨，人骨周围还散落着螺壳项链、骨镯及石器。后经研究，人骨出土自新石器时代早期墓葬，一个是16岁左右的少女，另两个是成年男性。正是这次偶然的发现，东胡林遗址引起了学术界的关注。2001—2006年，考古人员对该遗址进行了四次发掘。碳-14测年结果显示，该遗址的年代大致在距今11000—9000年，与上山文化几乎同期，属于新石器时代初期到早期。

世界上最早的粟和黍就藏在东胡林遗址的土里，而且这一藏便是近万年。万年过去了，考古人员是如何在历尽风霜的层层叠叠的土中找到尺寸那么渺小的粟和黍（粟和黍的直径只有1~2毫米）？考古人员在遗址的整个发掘区域先后采集了86份浮选土样，为了保证浮选及鉴定结果足具代表性和普遍性，采样的覆盖区域涉及了每个探方。经过对浮选结果的鉴定和分析，考古人员从中发现了炭化木屑、种子、果核和果实四类植物遗存，以植物种子为主，共计1663粒，尽管数量很多，但其中最为重要的是发现了14粒炭化粟粒和一粒炭化黍粒。这两种谷物已初具驯化特征，说明至少距今10000年前，华北地区的先民们就开始栽培粟和黍作为食物，这与世界上主要栽培作物——起源于西亚地区的小麦、中美洲地区的玉米和我国长江中下游地区的水稻——的驯化时间基本相同。

为什么世界各地的古人都不约而同地在差不多的时间放弃早已习惯的采集和渔猎生活，开始尝试耕种农作物？这是巧合吗？

在地质史上，地球出现过多次温度持续下降的时期，地理学家将之称为"冰河期"。离我们最近的一次冰河期发生在距今1.8万年前，当时地球约三分之一的陆地被覆盖在240米厚的冰层下。在此后的四五千年的时间里，地球逐渐升温，伴随着冰雪的融化，寒冷消退，万物开始复苏。然而，好景不长。在距今约1.3万年前，一颗撞向地球的彗星在大气层发

东胡林遗址的炭化粟和黍

生了爆炸，爆炸产生的碎片可能落进了地球的冰原中，导致冰原大面积融化。融化的冰水流向了大西洋，破坏了原本的暖流，地球的气温因此又迅速下降。好不容易从冰河时期侥幸生存下来的古人，又迎来了一次长达1300年的"倒春寒"。这次降温在短短十年内，使得地球平均气温下降了7℃～8℃，很多区域都变得异常寒冷，许多生物因此灭亡或迁移。人类能够狩猎捕获的动物也相应锐减，为了存活下去，人类必须找到新的食物来源，拯救自己。

"野火烧不尽，春风吹又生。"生命力顽强的野草成了古人的救命稻草。为了不被饿死，古人开始搜集各种草籽，他们一面果腹，一面有意挑选出粒大高产的种子播撒，希望以此获得稳定的食物来源。

于是，世界各地的古人开始就地取材，寻找能充饥的野生禾本科植物。粟和黍的祖先就是中国北方地区漫山遍野都能看到的狗尾草和野糜子。狗尾草和野糜子的种子很小，若是岁月静好的年景，即便是古人，也看不上这些草籽。然而在饥寒交迫的时候，任何可以吃的东西都必须充分利用。狗尾草和野糜子的种子虽然又小又没什么营养，更谈不上美味，但毕竟能填饱肚子，尤其是对于东胡林先人来说。

门头沟东胡林地处燕山山脉，这里山岳耸立，没有大规模耕种的条件。相比于生活在黄河流域平原地区的古人来说，寒冷的气候对东胡林先人造成的生存压力更大。将狗尾草和野糜子等野草作为重要的食物补充，对饥肠辘辘的东胡林先人就显得更为重要。由此推测，粟和黍的起源地很可能不在黄河流域的平原地带，而在黄河以北更为寒冷、野草丛生的山谷间。

总之，正是人类迫不得已的生产自救，造就了原始农业的雏形，让人类从此拉开了农耕定居生活的序幕。大约在1.15万年前，这场持续了1000多年的寒冷期终于结束了。春回大地，东胡林先人走出洞穴，选择平坦合适的地点居住下来，在渔猎和采集的同时，也延续着严寒中学会的生存技巧，将粟和黍播种在水源附近。不过，他们不会想到，两三千年之后，当初充饥用的狗尾草和野糜子竟然成为中国北方黄河流域和辽河流域农业的基础，与南方长江流域的稻作农业共同孕育形成了人类社会重要的古老文明之———中华文明。

小知识

浮选

浮选是植物考古学中获取大植物遗存的一种方法（大植物遗存的获取方式一般分为田野考古现场的人工拣选和浮选这两种）。浮选的原理是干燥的植物遗存一般比土壤颗粒轻，而且比重低于水，因此，将土样置入水中时绝大部分植物遗存浮于水面，便于考古人员进行收集。

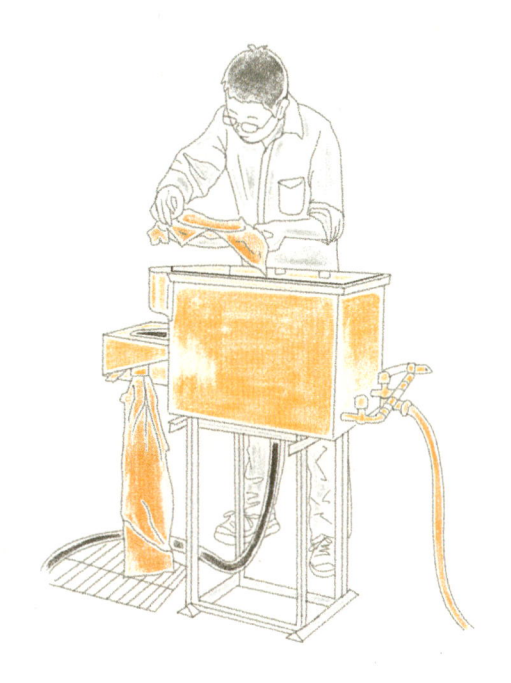

浮选示意图

探方

在正式考古发掘之前，考古人员会将地面划分为若干个面积相等的正方形，以每个方格为单位进行分工发掘和记录以及遗物出土的层位和位置，这些正方形叫"探方"。普通规格的探方边长五米，发掘都城大遗址或大型建筑时则通常采用10m×10m的大探方。在实际操作中根据发掘对象的情况，亦可适当增大或缩小。

探方俯视图

第二章

文化发展，文明起源

> 嘴角的甜蜜
> 随着手的舞蹈
> 化作飞鸟

一

跨湖桥下独木舟

一叶扁舟
激起——
八千年的沧浪

提到浙江的考古遗址，人们很容易想到中学历史课本中著名的河姆渡遗址。

1973年被发现的浙江余姚的河姆渡遗址（7000—5000年前），是当时我国已发现的最早的新石器时代遗址之一，位于杭州萧山区的跨湖桥遗址出土时间比河姆渡晚了近20年，可它的"年龄"却比河姆渡大了近千岁。

最早的煎药锅

1990年5月,浙江萧山的一名高中学生郑苗向老师报告,称自己很可能发现了一处原始社会的史前遗址,并且捡到了很多陶片、骨器和石器,还看到过船,发现地就在湘湖村杭州砖瓦厂边上。

浙江省萧山文物管理委员会的考古人员闻讯赶来,在郑苗的带领下,来到了湘湖村。湘湖村地处萧山城区西部,四周秀山环抱,曾与钱塘江相通,随着泥沙不断淤积形成了湖泊与低田,后来由于干旱,湖水渐少,原先在湖底的泥沙逐渐裸露出来。当地人发现这些泥沙是制作砖瓦的上等原料,于是湘湖村的村民就不种田了,自20世纪中期以来,他们建起了大大小小的砖瓦厂,靠制作砖瓦为生。郑苗的父亲就是砖瓦厂的职工,砖瓦厂附近自然成为郑苗小时候与玩伴的根据地。郑苗小学时和伙伴在砖瓦厂取土的坑里发现了动物的骨头和犄角,还有很多光滑的石头,这些就成了他们收藏的玩具。直到中学,郑苗惊奇地发现这些小时候的"玩具"与历史课本和河姆渡博物馆中介绍的原始社会的工具极为相似,便向老师报告。

正如郑苗所说,考古人员在砖瓦厂的取土坑内果然发现了散落满地的陶片和兽骨,这的确是新石器时代的文化遗址,因为附近有一座跨越湘湖的大桥,便起名跨湖桥遗址。然而由于砖瓦厂长期取土作业,现场早已一

跨湖桥遗址博物馆

源来如此——跟着考古学家去探源

片狼藉。出于抢救和保护目的，浙江的考古人员分别于1990年至2000年期间对该遗址进行了两次考古发掘。幸好，湖底长期沉积的淤泥和浸水环境隔绝了空气，使遗址中的骨器、木器，甚至植物根茎都很好地保存了下来。

其中有一件绳纹小陶釜非常有趣。陶釜高仅8.8厘米，釜底外侧有烟熏过的黑色痕迹，釜内还残留着20多根黑乎乎的植物茎枝，出土时头尾整齐地被捆在一起，像是煮过很久留在釜底的。经浙江省药品检验所中药室检测后认为，这捆茎枝很有可能是中药煎制后被丢弃的药渣，这个绳纹小陶釜也就成了中国发现最早的煎药锅。

跨湖桥遗址的绳纹陶釜

跨湖桥遗址出土的陶器制作都较为精致，其中的双耳罐、直腹豆等形态为浙江其他遗址所未见，其制陶水平似乎超过了河姆渡遗址，尤其是陶器上普遍发现的彩绘、镂空等装饰风格，如一些陶片上的太阳纹透着一种灵气，当你凝望它们时，它们仿佛也凝望着你。彩陶在之前东南沿海地区的新石器时代遗址中极为罕见，河姆渡遗址也只不过出土了三个彩陶碎片，直到2000年后，上山文化桥头山遗址才发掘出大量精美的彩陶。从制陶技术和丰富的种类上推断，跨湖桥遗址的年代应该晚于河姆渡遗址才对，然而接下来的碳-14测年结果，却让考古人员感到不可思议。

为了弄清跨湖桥遗址的年代，考古人员先后在国家海洋局和北京大学做了两次碳-14鉴定，测试结果均显示跨湖桥遗址的年代距今至少8000年。

第二章 文化发展，文明起源

跨湖桥遗址的双耳釜　　　　　　　跨湖桥遗址的太阳纹陶片

要知道，河姆渡遗址距今是7000—5000年前，也就是说，这个制陶技艺超过河姆渡遗址的跨湖桥遗址，所处时代竟然比河姆渡遗址还要早至少1000年！为此，萧山博物馆邀请了全国40多位著名的学者和专家一起研讨此事，结果谁也无法解释这种反常规的超前生产力现象。

中华第一舟

为了进一步探索跨湖桥遗址的秘密，考古人员于2002年9月进行了第三次发掘，正是这次挖掘出土了一只8000年前的独木舟，被船史专家认为是迄今中国发现最早的独木舟，称为"中华第一舟"，从此跨湖桥遗址闻名于世。

这只独木舟的材质为马尾松，发现时一端已被砖瓦厂取土时不小心挖掉，残长560厘米，最宽处约52厘米，厚约2.5厘米。舟身通体光滑。舟身两侧散落了若干木桩、破开的木料和石锛等工具，舟底还垫有贯穿的横木与石块，应该是为了使舟体平稳故意放置的，可见，这叶独木舟并不是被随意丢弃的，而是有意放置在这里维修的。

起初由于独木舟过于轻薄，学者们对独木舟的身份一直持保守态度。然而，在独木舟后续的文物保护过程中，考古专家发现独木舟木料里的盐

跨湖桥遗址的独木舟

分很大，难道这艘独木舟真的能在海里航行？随着对遗址的进一步清理和研究，有越来越多的迹象表明这只独木舟极有可能是海船。比如，考古人员在独木舟附近找到了用苇草类的植物制作的草席，草席呈梯形，较宽的一侧带有木质条骨，这显然不是睡觉休息时使用的草席，否则凸出的木条一定会硌得人不舒服。考古专家发现这个草席的形状、结构和材料都与夏威夷土著民族使用的三角帆船的船帆极其相似，于是推测它也是跨湖桥遗址独木舟上的船帆，而木条则是用来把船帆固定在桅杆上的。

若这个带木条的草席真是船帆，跨湖桥遗址的独木舟就应该有出海远航的功能。可是这样瘦小的舟身如何经得住海上的风浪呢？想象一下，如果在独木舟的侧面增加一个与其平行延伸的支架后是不是就稳定了？边架艇独木舟就是这样的构造，在独木舟的单侧或双侧绑扎与独木舟同方向的浮木，浮木再由其他几根横向的木料固定在独木舟上。通常浮木的尺寸是独木舟的一半，而独木舟发掘现场恰好有与舟体体量匹配的木料，这仅仅是巧合吗？

虽然还不能完全断定，但8000年前跨湖桥人的确可能已经掌握了向大海扬帆远航的能力。总之，这一发掘与发现，填补了中国船史研究的重大空白，证明中国大陆东南沿海是世界上发明、使用独木舟最早的地区之一，对研究新石器时期人类水上交通工具史和水文化具有重要价值。乘风破浪的跨湖桥先民可能是8000年前钱塘江上最出色的弄潮儿，他们在惊涛骇浪中挑战着当时人类的极限，从敬畏自然到融入自然。

跨湖桥遗址独特另类的文化面貌仿佛横空出世，打破了浙江新石器时代以7000年前的河姆渡文化作为长江下游地区新石器时代代表性文化的认识，将浙江的文明史提前到了8000年前的新石器时代早期，开拓了中国东南沿海地区史前考古的视野，再次证实了长江下游地区史前文化的发达。

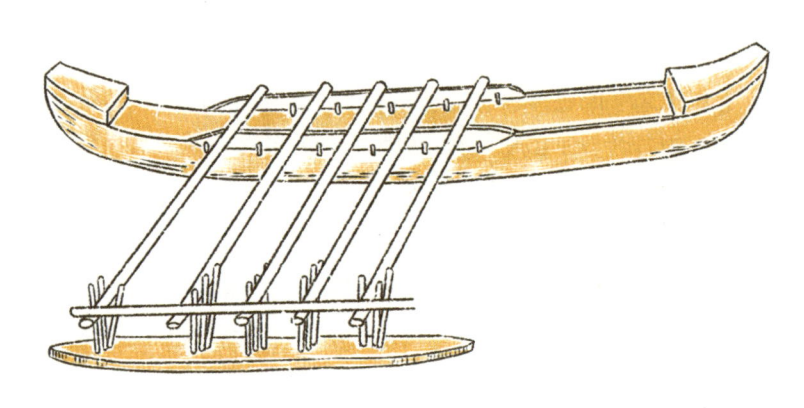

边架艇独木舟

小知识

与众不同的考古学文化

考古学文化与我们日常生活中所说的文化不同。考古学文化是同一时期、同一地域，具有相同经济形态、文化传统和宗教信仰的人群遗留下来的物质遗存。国际上通常以首次发现某种考古学文化典型遗址的地名来命名。

二

河姆渡口古稻田

林立的桩柱下
层层泥土
叠压着谁的家谱？

　　河姆渡遗址在今浙江余姚市罗江乡河姆渡村东北，南临浩荡的姚江和逶迤的天目山，这里地势低洼，平均海拔只有1.1米左右。20世纪70年代，此处农田水利建设薄弱，时而洪涝，时而干旱。1973年夏天，为提高抵御旱涝灾害的能力，村民们计划在雨季到来之前，在河姆渡村北的低洼处修

河姆渡遗址建筑遗存

建排涝站。挖掘排涝站时，村民们意外地发现了大量的陶器碎片以及鹿角等动物遗骸，于是马上向浙江省文管部门上报。

起初文管部门的专家认为河姆渡属海相地貌，地理环境不适宜古人居住，不可能有原始文化遗存，就没太把此次上报当回事。直到两周后，文管部门的专家探查完河姆渡的施工现场，才认同这确实是一处古老的新石器时代文化遗址，浙江省文管部门马上指派考古人员进行抢救性发掘。

河姆渡遗址曾先后于1973年和1977年经历了两次大规模发掘，发掘面积约2700平方米，出土文物近7000件，陶片几十万枚，发现四个叠压着的文化层，从最下层到最上层的年代分别为距今7000年至5000年不等。第一层为黄褐色灰土，距今5500年至5000年；第二层为黄绿色土，距今6000年至5500年；第三层为砂质灰土，距今6500年至6000年；第四层为黑褐色灰土，距今7000年至6500年。其中第三、四层被命名为"河姆渡文化"。

生活在7000年前的河姆渡人虽然没有留下文字，但从他们制造和使用过的上百件骨制品、大量的石制品和陶器中，我们仍然能够解读出河姆渡人的生活状态。

河姆渡人的"食"

在河姆渡发掘出几十种动物骨骸，这些动物包括哺乳类、鸟类、鱼类、爬行类等，其中象、鹿、虎、猴、獐、鱼应该是捕获的猎物，而猪、狗、水牛等则是人工饲养的家畜。看来河姆渡人吃肉不只是靠狩猎，已经发展出更稳定的肉食来源——养殖业。河姆渡人将他们劳作生活的片段记录在了陶器上，遗址中就出土了野猪纹样的方钵和有家猪特点的陶猪，可见猪在河姆渡人的心中有多重要。中国是世界上最早驯养家猪的国家之一，世界上几乎没有人比中国人更看重猪了，就连"家"字宝盖头下面都是一头猪（"豕"），可见，对古代先人来说，有住处，养得起猪，才算家。

河姆渡人吃饭讲究荤素搭配，在遗址中还挖掘出了小葫芦及成堆的

河姆渡遗址的陶猪

河姆渡遗址的猪纹方钵

橡子、酸枣、菱角等果实。看来，当时这里植被丰富，河姆渡人有许多可以采集的野果。当然，最重要的是发现了厚度40厘米到50厘米的稻谷堆积层，堆积层中有数量惊人的稻谷、谷壳、稻秆、稻叶等遗存。刚出土时，稻谷还是金黄色的，而稻叶则呈现出植物原有的浅绿色，甚至连上面的绒毛都清晰可见。根据稻谷的外形、粒重、长宽、稃（fū）毛分布等分析，农学家认定这些稻谷是人工栽培的籼（xiān）亚种中晚稻型，和我们现在吃的水稻已极为接近。考古人员甚至从遗址中出土的陶器底部发现了遗留的锅巴和烧焦的米粒，推测河姆渡人烹饪稻米的方式很可能是煮粥。近年，浙江的考古工作者又在河姆渡遗址附近的施岙（ào）遗址发现了河姆渡文化的水稻田。可以看出，当时的稻作农业已经较为成熟。看来，7000年前的河姆渡是依山傍海的宜居之地，是中国江南地区最早的"鱼米之乡"。

河姆渡人的"住"

考古人员在遗址中挖掘出了有序排列的木质构建遗存，这些木桩每一个都经过修正和打磨，密集规则地排列成四行，互相平行。这些成排的桩柱是河姆渡人建造的干栏式建筑的基座，在此之上是消失的梁、柱及屋面。河姆渡人的干栏式建筑是原始人从树上巢居向地面居住过渡的一种建筑形式。其以竹木为主要建材，分上下两层，下层圈养家畜和堆放杂物，上层住人，这种悬空设计使房屋脱离了潮湿的地面，可以防潮及摆脱野兽攻击。干栏式建筑在今天的中国西南部地区还可以见到。

不过，河姆渡房屋的精妙之处还不止于此。搭建房屋的木块虽然已经

河姆渡人居住的干栏式建筑复原图

糟朽，但还能清晰地看到人为加工过的痕迹，尤其在木块的两端有明显的凸凹，且凸凹部分可以互相结合。凸出的木块部分叫榫（sǔn），凹进去的木块部分叫卯（mǎo）。这是中国现已发现最早的榫卯结构的古代木建筑。榫卯技术使木材之间巧妙拼接结合，避免木制构件错位扭动，使房屋更加牢固。后世继承了这种拼接技术，并逐渐成为中国古建筑的常用结构之一。7000年前的河姆渡先祖早就将这种提升建筑稳定性的榫卯结构广泛用于房屋设计上，这个发现使榫卯技术的历史至少提前了2000年。

河姆渡人的"衣"

尽管没有在遗址发现服装的纺织物，但是却发现了一些与纺织相关的工具，如纺轮、骨针、机刀、梭形器等以及编织的苇席等纺织品。河姆渡一带野生的植物遍生各处，这些植物的茎经过处理，会变得又韧又软，是纺线的上好原料。"织"是人类进入农业文明时代定居后的产物，在此之前，人类的衣服材料主要是木叶和兽皮。河姆渡遗址出土的纺织工具表明当时人们的生活中已广泛出现和使用纺织品。

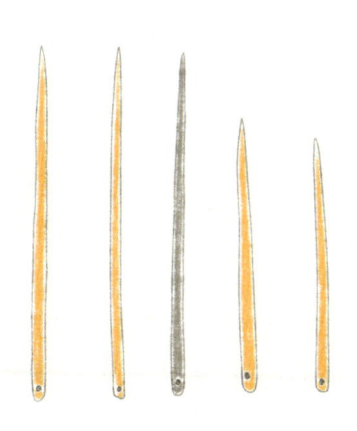

河姆渡遗址的骨针

河姆渡人的"器"

河姆渡人的器有石、木、骨、陶等材质，其中数量最多的器具是骨器，有骨镞、骨鱼镖等渔猎工具，也有用来纺织的鸟骨针，还有用于农耕的骨耜（sì）。骨耜是非常古老的生产工具，用偶蹄类动物的肩胛骨制成，其上端厚而窄，安上木柄，再用藤条捆绑固定形成柄部，下端薄而

第二章 文化发展，文明起源

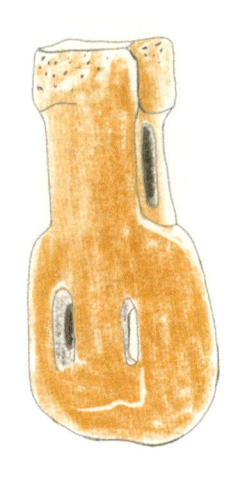

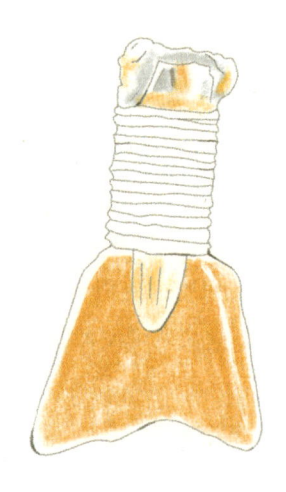

河姆渡遗址的骨耜

宽，是刃部，可以铲土和翻土，类似今天的铁锹和锄头。河姆渡遗址中发现的骨耜有170件，有两件骨耜出土时还留着残断的木柄和捆绑木柄的藤条，这是河姆渡人种植稻谷的重要证据。石器有石斧、石磨盘、石球等，木器有木矛、木杵、木桨等，陶器多为生活用品，主要是釜、钵、罐等，用以吃饭、喝水和贮藏。此外，考古还发现了木质结构建造的浅型水井，水井内心为边长两米的正方形，由200多根木桩、长圆木组成，这是目前中国发现的最早的水井，进一步突出了当时先进的农业生产方式。

河姆渡人的艺术

河姆渡人食能果腹、居有定所，如此良好的生活环境不仅让人们安居乐业，也催生了他们闲暇时对"美"的追求。他们制作的各类器物多姿多彩，融合了实用性与装饰性，体现出了河姆渡原始的艺术风格。如绘有双鸟朝阳图案的碟形器、凤鸟形状的匕状器、雕刻编织纹和茧纹的盅形器具，以及陶器上的猪、鱼、鸟、植物等纹饰，无不体现着河姆渡人的审美

河姆渡遗址的双鸟朝阳纹象牙蝶形器

情趣。这些作品均显示出注重自然和生活的气息,也包含着当时先民们对太阳和神鸟等神灵的崇拜。

河姆渡遗址共出土近7000件文物,数量巨大、种类丰富,为研究距今7000多年前人们的生产和生活情况提供了比较全面的材料,体现出河姆渡较高的文明程度,为长江下游地区文明的形成奠定了基础。

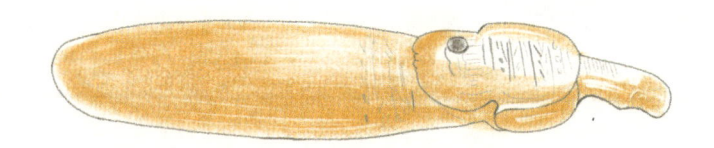

河姆渡遗址的牙雕凤鸟匕形器

小知识

海相

地质学名词,即海洋环境中形成的沉积相的总称。

第二章 文化发展,文明起源 041

小知识

🖌 有人类痕迹的 文化层

文化层，也称"文化地层"，专指由于古代人类的活动而残留下来的遗迹、遗物和有机物所形成的堆积层。在人类居住地，人类的各种活动会在原来的地表上形成一层层的堆积，其中往往夹杂有人类生活遗留的各种遗迹和遗物，所形成的熟土层被考古学家称为文化层。同一文化层包含的遗迹和遗物，往往反映一个时期或一种文化的独特面貌。

生土层，是遗址中未有人类活动天然堆积的土层。

文化层示意图

三

神人凤鸟出高庙

獠牙——
灵魂的触角
伸向天空

中国有很多神话传说，记录着各路本领通天的神灵。逢年过节，中国人还要按照传统祭拜不同的神灵。可是，那些被祭拜的神灵最早是什么时候产生的呢？殷墟出土的甲骨文中记录了商王室祭祀和占卜的情况，可见那时的神灵体系已经非常成熟了，而神灵崇拜真正出现的时间显然要早于有文字记载的商朝。要在文字尚未成熟的史前社会找到神灵诞生的蛛丝马迹，唯一的途径就是找到考古发掘出土的遗存凭据。1985年发现的湖南高庙遗址是中国目前已知的规模最大、年代最早的祭祀文化遗址。

贝螺铺满的小路

高庙遗址位于湖南省怀化市安江盆地的西北边缘，地处沅水北岸的一级台地上，此处依山傍水，非常适合人类生活。但关于沅水流域文明的相关记录少之又少，仅有零星文献传世，对中原文明而言，这里是古老而神秘的"南蛮"之地。高庙遗址于1985年被发现，从1991年到2005年间，前后经历了三次发掘，这是一处有着鲜明区域特色的新石器时代贝丘遗址。如今，高庙遗址附近的一些小路上还铺着五六千年前的螺壳。整个遗址的面积约30000平方米，共挖掘了将近1700平方米，出土石、玉、陶、骨、

第二章　文化发展，文明起源　043

角、蚌等各类文物和标本10000余件，是20世纪末至21世纪初中国长江流域重要考古发现之一。

高庙遗址层层堆积，最大厚度达七米左右，最多达27个堆积层，考古人员将其分为上部遗存和下部遗存两个时期。上部遗存年代距今6300—5300年，主要为史前居民的住宅和墓地；下部遗存年代距今7800—6800年，有大型的祭祀场所和其他附属物。

高庙遗址所在的盆地面积很小，且山地较多，不像肥沃的平原可以广泛地种植稻谷。高庙遗址发掘出数十种水、陆生动物的骨骼，有鹿、猪、麂、牛、熊、象、貘（下层）、犀牛、鱼、淡水螺、贝壳等。特别是在上部遗存，淡水螺和贝壳堆积的厚度达3.5~7米，可见，高庙先民仍以传统的采集和渔业为主要生存方式。

高庙遗址的堆积贝壳

中国最早的白陶

虽然高庙先民为了生计每天都不得不过着和大自然搏斗的日子，相比同期其他以稻作农业为主的文化看起来更为原始落后，但顽强的高庙人却描绘了一幅更为绚丽夺目的历史图景，遗址中发掘的墓葬、祭祀场所以及刻画精致的白陶，为中国原始宗教信仰的出现找到了可能的源头。

高庙遗址中发现的墓葬有30多座，有作为儿童葬具的瓮棺葬，也有成人的土坑竖穴墓。遗址中有一处男女并穴墓，随葬有玉璜两件、玉珏、象牙、玉钺、石斧各一件，根据随葬品的数量、类型、质地和品位可以明显看出墓主的显赫地位，推测他们应是某一代部落首领（宗教领袖）的夫妻并穴合葬墓，说明当时的社会已经出现了明显的贫富贵贱的分化。

该遗址出土的文物丰富，有较多可圈可点之处，从中华文明探源研究的角度出发，大型祭祀场所更值得注意，因为祭祀是先人精神活动的重要内容，由于年代久远，以往各地发掘的史前遗址中能保存下来的祭祀遗迹几乎是凤毛麟角，所以很难找到与祭祀神灵相关的确凿证据。距今约7000年以前的高庙遗存中的祭祀场所遗存反映了古人宗教祭祀的真实情况，是中国古人类宗教信仰发展的重要凭证。

高庙遗址中的大型祭祀场所位于遗址的下部遗存，复原面积在1000平方米左右，是由四个边长约一米的方形大柱洞组成的对称式建筑，应是司仪主祭的场所。祭祀坑内有用火烧过的牛、羊、鹿、龟、鱼等动物骨骼和大量螺壳。整个祭祀场所总计发现39个祭祀坑，其中一个为人祭坑。另外还有相关的附属建筑以供议事、会客、休息等，以及贮存了大量淡水螺的窖穴。这样年代早、规模大、设施全的祭祀场所，在我国考古史上甚为罕见。尤其是在祭祀场所中出现的白陶制品，纹饰独特，刻画精美，发掘者推测其为祭器。高庙白陶制品距今已经有7800年的历史，是目前中国发现的年代最早的白陶，沅水中上游区域可能是我国史前白陶的发源地。

"白陶"是用瓷土烧造的陶器，由于对胎土和烧制的火候要求很高，产

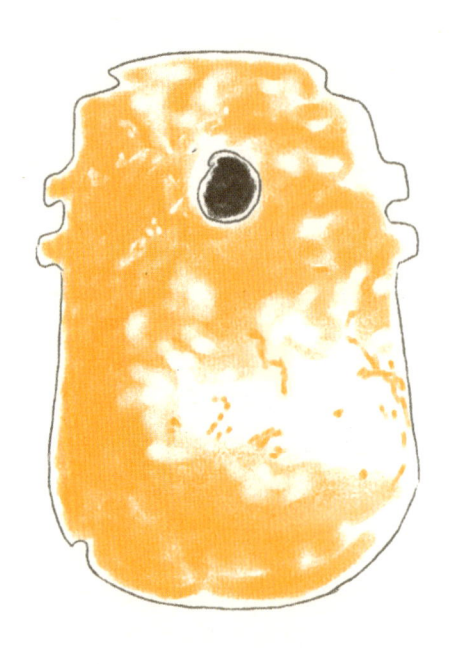

高庙遗址的玉钺

量稀少，因此在夏商之际原始瓷器出现以前，白陶是最高级的陶器，主要作为礼器用于高规格墓葬或者史前大型祭祀场所，而非普通的实用品。

在高庙遗址中出土的白陶表面纹饰图案诡谲，散发着古老深邃的神秘气息，其中，多次出现的獠牙兽面纹施展着震慑四方的力量；太阳成了人格化的神，有着硕大的头和外展的双手，驾乘凤鸟飞翔……这些图案内涵复杂，常与八角星纹、鸟纹等互相衬托，已不是自然物体的描绘，也并非随意信手涂鸦，而是象征着能够实现人类许多愿望的神灵。象征太阳神的八角星图像，八角内部刻画了一个四方的图形，外围则被一个圆形的天体环绕。此图像在中国学界引起了广泛的讨论和研究，有学者认为它体现了高庙先民对自然与天文的认知，是高庙先民采用立杆测日影过程中发现的太阳投影周期变化过程的简化，可由此来制作太阳历。

高庙文化先民对这些他们创造出来的神灵顶礼膜拜，是当时人们精神生活的重要内容，由此遗留下来的内涵极为丰富的文化遗存为我们展现了中国考古史上前所未见的绚丽画卷，反映了原始农业发明以后，先民对他们不能理解的自然力量的恐惧和蒙昧中祈求神灵相助的坚韧，展现出先人的宇宙观、天人观和宗教信仰的萌芽状态，是当时的先民们丰富的精神世界的反映，也是中华民族文化基因的一部分，是人类文明进程的标志之一。尤其是高庙文化的白陶，犹如一道天光，照亮了幽暗的史前丛林，引领了中国史前的艺术浪潮，对未来的中国文化产生了重大影响。

高庙遗址白陶中的獠牙纹 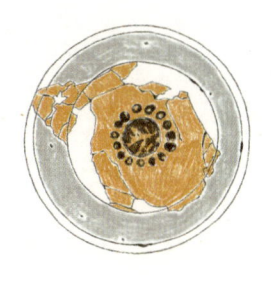　　　高庙遗址白陶中的太阳纹

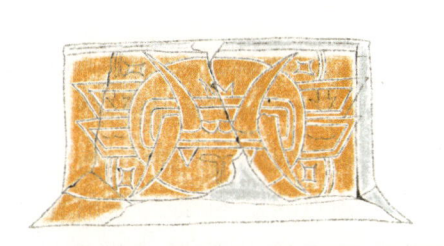

高庙遗址白陶上的獠牙神兽纹 　　高庙遗址白陶上的八角星图案

小知识

堆积

考古学中的"堆积"指遗址中形成的土层的叠加，通常是遗址上发生的废弃行为造成的结果。

四

骨笛龟甲出贾湖

> 八千年前的风中
> 飘荡着希冀——
> 贾湖的笛

一个考古遗址如同一个人，也有着自己的独特之处，仿佛在诉说自己是多么与众不同地在天地间存在过。

河南舞阳贾湖遗址如同一个饱经沧桑、满腹经纶的老人，低调地隐藏在小山村里，很难引人关注。它面容初露是在1962年，舞阳县文化馆的人员在贾湖村沟底发现了许多陶片，进行勘察后又在废弃的井壁、断崖等处发现了许多人骨、红烧土以及红烧土上的稻壳印痕。当时，它们的出现不但没有引起任何关注，该遗址还在1975年和1978年分别遭到人为破坏。直到1980年河南省博物馆考古队确定它是距今9000—7500年新石器早期文化遗存，并在1983年至2013年期间经历了八次考古发掘，一朵山谷中的奇葩"贾湖"才带着它数项引以为傲的之"最"绽放在大众视野。

贾湖遗址面积50000多平方米，八次发掘共清理出房址45座、陶窑九座、灰坑370处、墓葬249处、瓮棺葬32处、埋狗坑十处，以及一些壕沟、小坑、柱洞等，出土了丰富的陶器、石器、骨器，以及炭化稻、迄今年代最早的家猪及大量动物骨骼。

贾湖遗址是淮河流域迄今所知年代最早的新石器文化遗存，它连接了黄河中游和淮河下游之间的新石器文化，让人们看见淮河上游八九千年前的文明曙光,与这一时期西亚两河流域的远古文明曙光交相辉映。

贾湖遗址的骨笛

最早的骨笛

在这里,考古人员发现了迄今为止世界上最早的可吹奏七声音阶乐器"骨笛",共出土20多件,笛身长17~25厘米,直径约1.1厘米,有五孔、六孔、七孔、八孔不等,大多数骨笛为七孔。这些骨笛全部出土于墓葬之中。其中,最完整、精美的一支呈浅棕色,如今依旧油光发亮,像玉石一样,现藏于河南省博物院。

这支骨笛出土时本是一对,分别放在墓主人左大腿的两侧,可惜另外一支骨笛在墓主人生前就已经断裂为三截,不过就算是折断了,墓主人也没有丢弃它,而是在折断的地方又钻了几个小孔,并用细线穿起来,现在还能看到断裂处被缝合的痕迹。据专家测音研究后发现,这两支笛是雌雄双笛,雌雄笛之间相差半音,高半音的为"雄"笛,低半音的为"雌"笛,雌雄并吹,恰似情人对唱。

专家对多支骨笛测音后发现骨笛的音阶准确,不同孔数的骨笛可以吹出相应完整的五声、六声或者七声音阶,骨笛的孔数越多,音阶越多,这个发现打破了人们对中国先秦时期只有宫、商、角、徵(zhǐ)、羽五声音阶的传统认识。经历了八九千年的岁月洗礼,这些骨笛至今依然可以演奏出婉转悠扬的乐曲,是世界上同时期乐器类遗存中保存最为完整、音乐性能最好的乐器实物,可能是管乐器的鼻祖,它的发现把人类音乐史向前推进了3000多年。

第二章 文化发展,文明起源

经动物学家鉴定，这个骨笛是用鹤类翅膀前端的尺骨制成的，极有可能是丹顶鹤。至于为什么选用鹤类的尺骨，考古学者推测原因可能有三点：一是鹤类的尺骨壁薄中空，是天然的发音管；二是贾湖当时属于湿地地貌，生长着大量的植物，非常适宜鹤类禽鸟居住繁衍，贾湖先人便就地取材；三是在古人的眼里，飞翔在天空的仙鹤有"通天"的能力，用鹤骨制笛，可以和上天的神灵"沟通"。

最早的甲骨刻符

在贾湖遗址，考古人员发现了国内最早的在龟甲上刻画的符号，其中个别符号与殷墟出土的甲骨文相似，比安阳殷墟的甲骨卜辞早了4000多年，早于之前被称为世界最早文字的古埃及纸草文书，比西安半坡仰韶文化陶器上的刻画符号和山东大汶口文化陶器上的文字早了2000年。这些龟壳出土时里面都装着一些小石子，像是摇奏的乐器沙球。它们往往成组出土，而且都是偶数出现，多数为八件。

关于乌龟壳的作用，有学者认为，这些龟甲是一种乐器。在北美洲的印第安人中也发现了类似的龟甲，他们跳舞时，会将龟甲绑在胳膊和腿上，龟甲和里面的石子会随着舞蹈相互碰撞，发出有节奏的声响。不过，贾湖龟甲上面还刻有符号，这

贾湖遗址的甲骨

贾湖遗址的摇奏体鸣乐器沙球

些符号多见于随葬的带孔龟甲甲板上。据专家推测，这类带孔甲板可能是远古时期人类占卜时佩在身上的饰物，与骨笛一样，可能不仅仅是乐器，还是被少数人掌握和使用的宗教用具。当时贾湖人流行巫术崇拜，存在原始的占卜现象，可能是因为龟是长寿的动物，因此，贾湖人以龟甲为通神的灵媒、占卜的器具。贾湖人用利器在龟甲上刻画标记，代表某种意义，其中有一个符号极为生动，像一只眼睛。随着时间的推移，这种信仰方式很可能被五六千年后的商代所继承。

贾湖龟甲和其上刻画的初具原始文字性质的符号为研究甲骨文的起源提供了珍贵资料，这些符号也是世界上最早的文字雏形之一。

最早的蒸锅

古代的蒸锅叫作甑（zèng），底部是带有多个小孔的箅（bì）子。贾湖出土了迄今最早的甑，说明贾湖先民已经懂得使用蒸汽制作食物了，这也意味着他们结束了只能用火烤和水煮加工食物的历史。

中国的陶器先于农业出现，先民在发展农业以后，对陶器进行了技术革新，制作出适合蒸煮的炊具，为后世的饮食生活的丰富奠定了基础。

第二章　文化发展，文明起源

贾湖遗址的盆形鼎

最早的酒

考古人员在贾湖遗址出土的众多的陶器中，发现部分陶器内壁和底部残留着一些沉积物。1999—2004年，中美专家联合对陶片上的沉积物进行分析，确认其为稻米、野葡萄、山楂等发酵而成的米酒残留物。9000年前，贾湖先民竟已经开始酿酒了！这是目前所知世界上最早的含酒精饮料。

贾湖先民酿酒的方法和现代一样吗？那时候，谷物酿造还没有酒曲发酵技术，但谷物中的淀粉可以在淀粉酶的作用下催化生成糖，贾湖的酒很可能是一种"口嚼酒"。相传这来源于母亲用嘴咀嚼食物喂给婴儿，因为婴儿消化系统不发达，所以母亲才采用这种办法，因此口嚼酒最初起于女性。时至今日，这一文化传统，仍然在一些地方的祭神、婚丧、喜庆等会饮仪式上沿用。贾湖发现的最早的酒或许正是源自这一传统。

最早的绿松石串饰

贾湖遗址墓葬中的随葬品中，还有名贵的珠宝，比如，数量庞大的绿松石串饰，目前已收集的已有1200余粒，未清理部分所含数量难以估计。它们散落在少数墓葬的墓主人的颈部、腰部、腿部，大小不一，厚度不均（在一毫米至三毫米之间），可见其加工难度和精度。其中，最大的一个绿松石呈弧边三角形，长八厘米，宽四厘米，这是贾湖遗址目前发现最大的绿松石器物。

贾湖遗址墓葬中的头骨与绿松石串饰

最早出现的社会分化

贾湖遗址墓葬中的绿松石串饰只在少数墓葬中随葬,且这些墓葬都位于发掘区西北部,说明当时的社会已经出现了墓主身份的差异,在墓葬等级和分区上已经有了初期的贫富分化。

贾湖遗址拥有的多项世界之最,展现了贾湖先民蓬勃旺盛的创造力。这些发现就像一本无字的历史书,把我国的音乐史、文字史、酿酒史以及出现社会分化的历史上溯到了八九千年前,为淮河流域新石器时代文化和社会结构的探讨提供了宝贵的资料,大大丰富了中华文明的内涵。

五

玉器初现兴隆洼

遥远的北方
粟黍生长
玉润华光

著名考古学家苏秉琦先生认为，中华文明的起源"不似一支蜡烛，而像满天星斗"，即新石器时代直至夏商时期的中国，共存着风格各异的众多文明，它们像满天星斗一样遍布四方，不仅在黄河和长江流域闪烁，在我国东北和华北的一些地区也熠熠生辉，位于内蒙古的兴隆洼文化就是东北地区的典型代表。

兴隆洼文化，因首次发掘于内蒙古赤峰市敖汉旗宝国吐乡兴隆洼村而

兴隆洼遗址考古探方

得名。碳-14年代测定为距今8200—7400年，其分布范围南达燕山以南，北及松辽平原，共发现100多处遗址。

兴隆洼遗址占地约60000平方米，地处辽宁省西部最大的河流大凌河的支流牤牛河的上游，它是内蒙古地区新石器时代早期的文化，与黄河流域的裴李岗文化属同一时期。

20世纪80年代后期到90年代初，兴隆洼遗址先后经过七次考古发掘，是目前国内第一个全面揭露出房址、灰坑、环壕、墓葬等全部居住性遗迹的史前聚落，共清理出古代房址188座、储藏穴57座、居室墓葬30多座。

中华始祖聚落

兴隆洼聚落建筑复原图

兴隆洼的房址绝大部分位于环壕之内。由于北方不像南方那样潮湿多雨，兴隆洼房址的建筑形式也与河姆渡等南方遗址的杆栏式房屋大不相同，均为半地穴式建筑。这种建筑具有冬暖夏凉、结构简易的优点，是我国北方居民长期使用的建筑形式。兴隆洼村落的100多座房址呈西北—东南方向排列，像阅兵方阵一样，朝向一致，排列极为整齐，蔚为壮观。

兴隆洼早期的房址面积较大，呈圆角方形或长方形，通常在60~80平方米，其中最大的一间总面积达140平方米，可能是首领的"豪宅"，也可能是聚落举行会议和活动的"议事厅"。

兴隆洼房址的布局大致相同，屋内中部有取暖做饭的灶，灶周围通常是休息的空地，日常物品则规律地摆放在四周的墙壁附近。每间房屋内都有相似的生产和生活工具，其中加工食物的磨盘、磨棒和储存食物的陶罐等常常放在一起，表明当时做饭的任务可能是由女性来完成的。而用于耕种砍伐的石器，则放在另一边，重体力活大概是男性的主要工作。由此可推测，兴隆洼的房屋同现在一样，很可能是以家庭为单位的。通过遗址和遗物，8000年后的我们得以窥探当时兴隆洼村落的生活图景的一角。

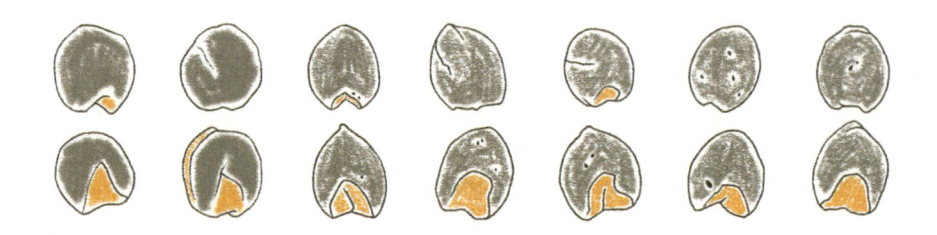

兴隆洼遗址的炭化粟和黍

兴隆洼遗址的面积大、时代早、保存好，是中国已发现的最完整的原始村落，因此被专家称为"华夏第一村""中华始祖聚落"。

世界粟作农业起源地

2003年，考古工作人员先在兴隆洼遗址发现了1500余粒碳化黍粟的标本，其中黍占90%，粟占10%。这些碳化黍粟距今约8000年，在当时是世界上最早的炭化的粟和黍。只是没想到这个纪录仅仅保持了三年，就在北京门头沟东胡林遗址找到了距今11000—9000年的粟和黍。

与此同时，通过对敖汉地区古人类遗骨标本的检测分析发现，距今约8000年前，敖汉地区古人类的食物来源中粟和黍占到60%～80%，是当时人们的主要食物来源。

专家是怎么通过骨骼确定食物来源的呢？在之前的章节中我们介绍过

碳-14测年，而确定食物用的是碳的另一种同位素碳-13——通过人体骨骼中碳-13的含量就可以判断古人的饮食中粟和黍的比例。

对于生活在干旱地区的兴隆洼人来说，黍和粟这两种驯化而来的谷物，成了他们赖以生存和繁衍的主要食物。2006年，在北京门头沟东胡林遗址更是发现了距今11000—9000年的黍和粟，因此，中国北方地区作为粟作农业起源地的地位由此确立，从一万年前开始，中国便出现了南稻北粟的基本格局，在世界范围内都是独一无二的。

中华"龙"文化起源地

在兴隆洼出土的动物骨骼中，有一件极为特殊，考古学家认为这可能是最初的"中国龙"。中国人崇拜龙有悠久的历史，龙不是真实的生物，是中国先民想象出来的神兽。《尔雅翼》是一本宋朝的百科词典，上面记载了龙的样子："角似鹿、头似驼、眼似兔、项似蛇、腹似蜃、鳞似鱼、爪似鹰、掌似虎、耳似牛。"可见，龙是先人将其他动物的部分特征拼凑

兴隆洼遗址的野猪头骨及陶片摆出的S形躯体

起来想象而成的。兴隆洼遗址中的"龙"也是拼凑而成的。

这条"龙"躺在遗址中最大的一座圆形灰坑内,"龙头"是野猪的头骨,身子则是用大小均等的红褐色石块和陶片堆摆成"S"状,呈现出昂首、屈身、弓背的动态,活灵活现,极具表现力。正是在兴隆洼文化发现的这条"龙",将中国人崇拜龙的历史上推到8000年前。谁能想到,华夏文明的"龙"图腾起源竟然不在中原,而在偏僻的辽西山区。两三千年之后,这种顶着"猪头"的龙图腾,同样出现在辽宁的牛河梁遗址。只不过,那时随着社会结构分化、等级制度确立,已经出现了专门掌管宗教祭祀大权和社会政治大权的特权阶层,因为手工业的发展,用来制作"龙身"的粗糙的石头也被替换成了润泽的美玉,考古学家给这种猪头玉龙命名"玉猪龙"。

崇龙礼俗承载着先民对于"龙"图腾的最初认知,折射出他们对于天地万物的原始认知,并逐渐演变成一种文化传统,深远地影响着后世。这种精神信仰的产生,是辽西地区史前社会进入文明阶段的重要标志之一,为中华文明多元一体格局的形成奠定了坚实基础。

生死重叠的居室墓葬

在谈玉文化和祖先崇拜之前,不得不提到兴隆洼人的一种特殊的墓葬形式——居室葬。

兴隆洼人长眠的方式很奇特,去世后也要"睡"在自己家的地下,即"居室墓葬",这是中国史前时期最奇特的埋葬习俗,或许他们出于美好的愿望,希望逝去先人的灵魂能够时常陪伴自己。兴隆洼遗址中一对成年男女合葬墓是中国东北地区发现的年代最早的合葬墓。

兴隆洼遗址中最引人注意的是一座人猪合葬墓,墓室位于聚落最中心的一处大型房址内,墓壁紧贴房子墙壁的东侧,墓主人的右侧有一雄一雌两头猪摆成一线,和墓主人一样也是仰面朝天,这样奇特的墓葬方式在中

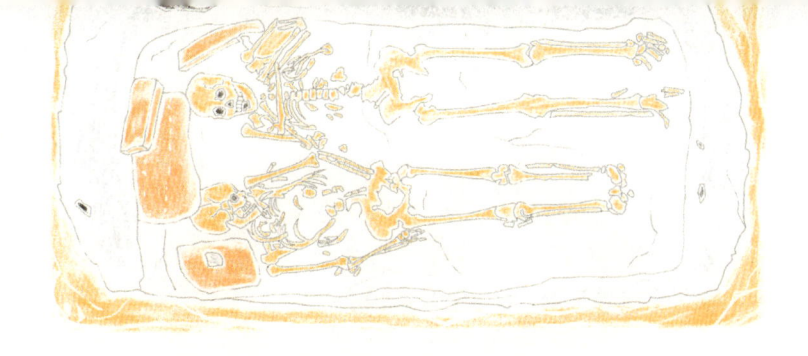

兴隆洼遗址的居室墓葬（男女合葬墓）

国新石器时代遗址的发掘中尚属首例。这两头猪虽然在形态上仍然接近野猪，但从猪头和牙齿上能看出明显的驯养痕迹，是中国北方地区已知的最早家猪。猪是当时兴隆洼人财富的象征，由此可见，墓主人很可能是兴隆洼聚落的首领之一。

中华"玉"文化起源地

兴隆洼的首领墓葬中除了两头猪外，还有不少其他的随葬品。墓主人的头部周围集中放着陶杯、石斧、燧石等工具以及各类骨器和猪牙饰品，墓主右手手背上还放置着一件圆形钻孔蚌饰，颈部周围放置有石管，可能是项链上的装饰。最引人注目的是其耳边有一对圆形的玉环，玉环的一侧有切口，是一种耳饰，称为玉玦。

在兴隆洼发现的玉器中，玉玦数量最多，主要有两类，一类呈圆环状，另一类则呈矮柱状。此外，还有匕形器、斧、锛、凿等工具造型的玉器。

新石器时代的先民生活本就不易，以山地丘陵地貌为主的辽西山区，生存环境应该比黄河和长江的平原地区更加艰苦，兴隆洼先人竟然能花费大量时间精力制作这种极难加工的玉器，可见兴隆洼人的生活水平或许比我们想象的更好，有多余的精力和时间琢磨玉器这种奢侈品。兴隆洼文化玉器只发现于少数居室墓葬内，由此推断，兴隆洼文化玉器除装饰功能

第二章　文化发展，文明起源

兴隆洼遗址的玉器

外，可能还具有标志墓主人等级、地位、身份的功能。

每个民族都有自己独一无二且引以为傲的文化符号、代言物，它对凝聚民族共识起到了重要的作用，兴隆洼人不仅像黄河、长江流域的先人一样爱玉，更是和制作了目前我国已知最早的玉耳饰的小南山人共同引领了中国人的玉时尚，开创了中华先民用玉的先河，为探索中国玉文化起源提供了宝贵的实物资料。

祖先崇拜起源地

"国之大事，在祀与戎。"在宗教和科学没有诞生之前，祭祀在古代社会是头等大事，一直在古人的精神生活中占有重要地位。少数掌握特权的人管理着整个部族的生活，同时也是祭祀的司仪。前文所述居室葬也是兴隆洼先人精神信仰的一种表现，他们以此来祈求祖先的庇护。

祭祀必须有仪式感，仪式感仰仗专用的器具。兴隆洼遗址和贾湖遗址一样，也出土了可能是祭祀用具的骨笛，这是在我国东北地区发现最早的乐器。据推测，骨笛主人的身份就是聚落的领导者。除骨笛外，在出土的其他骨器中，还发现了用人的头骨制成的装饰品，也是一种用于祭祀的法器。头骨装饰品被发现时，位于墓主人胸部和右腕，墓主人是一位25岁的青壮年男性，很可能是部落骁勇的年轻首领。把人头骨当作祭品或者祭祀法器的现象在其他地区的古代文明中也有发现，那时的人们认为身份尊贵

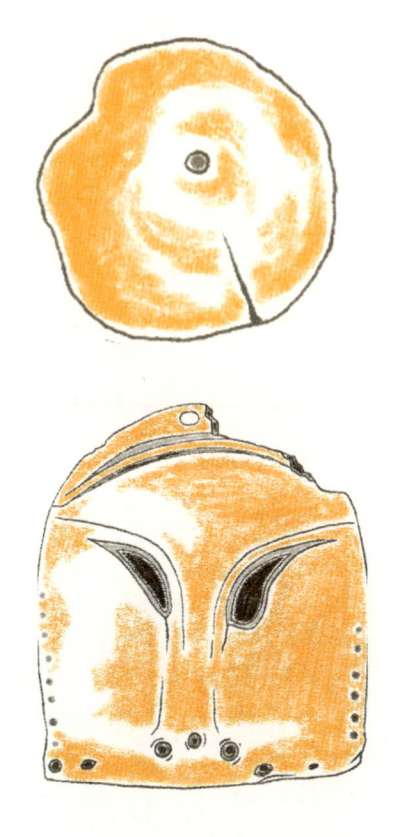

兴隆洼遗址用人头盖骨制作的牌饰

第二章　文化发展，文明起源

的敌人酋帅的头骨最能取悦神灵。

　　一些学者认为人猪合葬其实也有崇拜意义。猪的生存和繁衍能力都非常强，以一公一母两只猪随葬有取其阴阳相合之意，可能是源于对野猪的生殖崇拜。兴隆洼人对猪的喜爱逐渐上升到精神图腾式的崇拜，之后更是发展出一种猪头龙身的"龙"形象，兴隆洼遗址发现的"龙"形图腾应该不是一件普通的艺术品，而是一种宗教礼器。

　　在兴隆洼出土的近千件文物，让世人大开眼界，将中国北方新石器时代的历史向前推进了3000年，在时间上几乎与南方的稻作文明齐头并进。在考古学界泰斗苏秉琦先生眼中——距今8000年左右的兴隆洼文化已经出现了最早的社会分化，是史前人类文明的曙光。

第三章
分化加剧，古国初现

夜空
繁星
忽明忽暗

中原古国铸鼎原

回廊
重檐
不知议何事？

司马迁在《史记》中写道："黄帝采首山之铜，铸鼎于荆山下，鼎既成，有龙髯（rán）下迎黄帝。群臣后宫从上者七十余人，龙乃上去。"大意是说，黄帝在河南三门峡灵宝荆山下铸鼎铭功，鼎铸成后，他骑龙升天的故事，"铸鼎原"因此得名。

司马迁所说的黄帝是传说中的中国古代部落首领，别名轩辕氏，也叫轩辕黄帝，是上古五帝之一，中国人所称炎黄子孙的"黄"就是指黄帝。相传黄帝因为率部族征伐四方，整合了四分五裂的中原，所以被后人尊为中华民族的始祖。黄帝为什么要在河南荆山铸鼎呢？按照《史记·封禅书》的记载，轩辕黄帝一统天下后，为了庆贺和记录这件丰功伟绩，才铸鼎于此。不过一位唐代官员撰写的碑刻给出了不同的解释，大意是古时荆山附近发生了大规模的疫情，黄帝为了救灾治病，便命人铸造了三件大鼎，用来熬制汤药。现在，这块刻有唐贞元十七年的石碑仍然立在铸鼎原

上，这也是至今发现的最早记载黄帝的石碑。

上面的两种说法孰真孰假，已经很难考证。同样的，如果没有考古的佐证，我们的祖先就只能是活在故事里的传说。好在，考古学家在铸鼎原附近找到新石器时代的铸鼎原遗址群，佐证了关于黄帝铸鼎的传说。

大屋广场为谁建？

河南灵宝铸鼎原遗址群在河南省灵宝市境内，遗址群所在区域位于山河之间的狭长地带，地势南高北低，南部为秦岭山区，北部为黄土原。从秦岭发源的七条河流将北面的黄土地分割成六道东西并列、南北走向的黄土原，像潜伏在灵宝盆地中央的六条卧龙，铸鼎原便是其中一条。在铸鼎原周边1000多平方公里范围内，分布着数个面积达百万平方米的超大型聚落和一批中小型聚落，其中以铸鼎原南部的西坡遗址最具代表性。

西坡村原本名不见经传，2001年一个奇怪的现象引起了考古人员的注意。在西坡村的苹果园里，很多地方的苹果树总是莫名其妙地枯死，而且附近历来都长不好庄稼，于是众人猜测会不会是地下埋葬着什么东西。为了弄清情况，考古队在果园周围进行了多次勘探，终于在第三次勘测的时候，发现了一座特大型房子的地基，从此拉开了西坡遗址考古的大幕。

这所大房子占地面积516平方米，室内的面积有200多平方米，是5000多年前先人建造的。整栋房屋地面经过夯实平整，墙面光滑规整，有烘烤加固的痕迹。房屋四周铺设有一圈回廊，动用了96根巨型木柱作为支撑，这是迄今所见面积最大、结构最为复杂、规格最高的回廊式史前建筑，很可能是重檐大屋顶建筑的先河之作，即便放到现在，也称得上是豪宅了。专家推测它很可能是铸鼎原周围原始部落的公共活动中心，或者是部落首领的议事场所，类似西坡的"大会堂"。在当时建造这样一间大房子可是一项大工程，即使不算取土和伐取木材的工作量，仅仅是修建房屋大概都需要数百个劳动力工作数月才能完成。

此后，西坡遗址又经历了多次挖掘。已知遗址的总面积达40万平方米，目前发现了大大小小的几十座房屋基址，除了前面提到的那座516平方米的豪宅外，还挖掘出另外三座几百平方米的特大型房基，面积都在240平方米左右，而其余的房基都很小，多数只有20多平方米左右。这三座特大型房基中，有一间的房屋内各个角落和缝隙都有朱砂，这说明该房屋的地面墙面都曾涂有朱砂，也就是说室内的颜色是红色的。显然，这间房屋可能是祭祀或者具有宗教礼仪意义的场所。

以上四座特大型的房基全部集中在遗址中心，且门道（房屋大门及其连接的通道）全部面朝同一个中心，围出一大片宽敞的空地，形成了西坡遗址的"广场"，很可能是供西坡先人聚会的中心场所。

那么，是谁建造了这几座巨大的豪宅并规划出了这个中央广场呢？

西坡村的很多村民认为那幢最大的建筑是黄帝的宫殿。当然，村民的意愿不能成为考古证据。不过，考古学家研究后确定，西坡遗址属于仰韶文化中期，而上古典籍中关于黄帝及其氏族的特点与在仰韶文化遗址中的发现在时间和空间上的确都具有吻合之处，因此，西坡遗址发现的这几座房屋以及广场，确有可能为黄帝及其氏族的活动场所。

西坡遗址重檐建筑复原图

鸟和鱼的战争

仰韶文化是我国分布范围最广、延续时间最长的考古学文化，距今约7000年到4700年，存在时间达2000多年，分布在河南、陕西、山西、河北、甘肃、青海、宁夏、内蒙古等多个省区，主要聚集在黄河奔涌形成的"几"字弯的豫陕晋交界处，因最早发现在河南省渑（miǎn）池县仰韶村而得名。

考古学家根据仰韶文化内容的差异，将其分为三个时期，即以西安半坡遗址为代表的早期，以河南庙底沟遗址为代表的中期和以河南郑州大河村遗址为代表的晚期。其中，中期的庙底沟类型是当时最强势的文化，以富有特点的花瓣纹饰为代表的彩陶向四方传播，影响到了黄河上下游、长江中游地区和西辽河流域，掀起了中国史前非常壮阔的一次文化大交流。

铸鼎原遗址群恰巧是仰韶文化庙底沟类型中已知规模最大的遗址。另外，仰韶文化中期的遗址在灵宝盆地内分布最多，也最为集中，就像众星捧月一样围绕在几处大型遗址周围。可见，它们在仰韶文化庙底沟类型中拥有核心地位。

在河南省汝州阎村遗址中，考古人员发现了一件彩陶缸，缸身上画

庙底沟文化的花瓣纹彩陶盆

第三章 分化加剧，古国初现

仰韶文化的鹳鱼石斧图彩陶缸

着一幅"鹳鱼石斧图"（现藏中国国家博物馆）。画面左侧站着一只身姿挺立的白鹳，正瞪着圆眼，叼着一条鱼，十分有灵性；画面右侧是一把缠着绳子的巨石斧，斧刃朝外，尽显威力。有些专家分析，这并不是一幅简单的写实画作，其中包含了丰富的文化内涵，甚至或许和炎帝、黄帝有关。原始社会的先民喜欢用动物作为图腾，鹳和鱼分别是两个部落的图腾，鹳把鱼叼在嘴里，旁边还有代表军事的石斧，意味着"鹳部落"打败了"鱼部落"，仰韶文化早期的西安半坡遗址出土的彩陶纹饰以鱼纹为主，半坡遗址很可能就是"鱼部落"。而仰韶文化中期的庙底沟类型彩陶的纹饰出现了花和鸟纹图案，或许就是"鸟部落"。先秦典籍中记载，炎帝部落发源于陕西渭水，而渭水流经西安，也与半坡遗址的位置吻合。在上古传说中，炎帝和黄帝本来是兄弟，文化同宗，后来黄帝部落打败了炎帝部落，二者结成同盟，这又与仰韶文化早期的西安半坡类型被中期的河南庙底沟类型取代惊人地吻合。因此，有些专家认为，这幅"鹳鱼石斧图"或许描绘的就是黄帝代表的庙底沟文化类型（鸟部落）打败炎帝代表的半坡文化类型（鱼部落）的历史事件。

若真的发生过战争，作为庙底沟类型核心区域的西坡遗址应该会留下战争的痕迹。果然，考古学家在西坡遗址最南边和最北边清理出两条宽十几米、深五六米的宽壕沟，无论是敌人还是野兽，想要越过如此宽大的壕沟都绝非易事。壕沟为东西走向，在它们两侧各有一条南北走向的河流冲沟，壕沟和河流正好形成了矩形的护城河，这里俨然就是一座区域划分清晰、具有军事防御功能的远古城堡。

在壕沟外侧的公共墓地中也发现了战争的佐证。公共墓地中大多是一些墓圹（kuàng），仅能容下一人的小型墓葬，但是其中有一座墓葬形制较大，比一般墓葬大数倍。墓主人是一位壮年男性，随葬品除了10余件陶器外，还有一件精美的玉石钺，规整地摆放在墓主人右手外侧。钺是当时的武器，这位墓主人很可能是西坡的军事首领。

西坡遗址出土的遗迹及大量遗物，填补了黄河中游地区大型中心性遗址的空白，被考古界誉为"仰韶文化灵宝现象"，为仰韶文化研究开拓了新的领域，也为黄帝文化研究和中华文明探源工程提供了弥足珍贵的史料佐证。

半坡文化的鱼纹彩陶盆

小知识

"铸鼎原"还是"铸鼎塬"？

虽为一字之别，意思却大不相同。此处应为"原"，原因有二。

其一，现存碑刻和古文记载中均用"原"字。

比如，河南灵宝现存《黄帝荆山铸鼎碑铭》的篆书碑，是唐贞元十一年（795年）所作，碑文中有这样一句话"乃铸鼎兹原"。

其二，从字义推断符合本义。

"原"有根源、开端之意。黄帝在此铸鼎，是鼎的起源、根源，也是中华文明的开端，有强调文化和文明的意味。

而"塬"主要指我国西北黄土高原地区因流水冲刷而形成的一种四周陡峭的台状地貌，突出的是地理特性。

二

最早古城城头山

> 洪水连同
> 野兽的角蹄
> 在城池之外

你知道中国最早的城在哪里吗？是商朝的殷墟，还是余杭的良渚？

都不是。中国最早的城比殷墟早2000多年，比良渚早1000多年，距今已经6000年以上了，它就是位于湖南省常德市澧县境内的城头山古城遗址。

1979年，澧县的一名文物专干在车溪乡南岳村发现了一处隆起的土岗，周围还有一片荷塘。他凭着职业的嗅觉，向当地村民询问，并仔细勘查，在鼓鼓的土岗边采集到了一大包陶片，还发现了疑似土堆城墙、城门以及护城河的遗迹。后经考古发掘，此地先后出土了古城遗址、氏族墓葬等大批珍贵文物，被命名为城头山古文化遗址。

最早的城

考古学家经碳-14测年确认城头山遗址的最低年限是6000年前，这意味着它比黄帝时代还要早1000年。

学界普遍认为，"城"是农业生产的结果。古人开始栽培作物后，告别了打猎采集的游牧迁徙生活，开始定居下来。城头山先民也是在掌握了种植栽培稻技术之后，逐渐从山区迁移到澧阳平原上的，这里水系发达，土壤肥沃，更适合发展农业。正是稻作农业体系促进了城头山古城的诞生，它被誉为"中国最早的城"，也叫"中国第一城"。

城头山是中国最早的"城"，而非最早的"城市"。古时候，"城"和"市"是两个概念。"成"字加"土"字就是"城"，在古汉语中专指"城墙"。"市"是指划定的专门用于商业交易的集市，集市有可能在城内，也可能在城外。一般来说，现在说的城市，都是由以上两种地方结合发展起来的。古代和"城"连用的不是"市"，而是"池"。"池"就是环壕，"池"字的右半边"也"字，在甲骨文中的形象是一条头尖、身长的蛇，形容护城河像蛇一样盘绕在城墙之外。

城头山古城占地面积15万平方米，城内面积约八万平方米。城墙高1.5米、宽十米，护城河宽35米，壕沟平均深2.4米，如此，形成了高约四米的

《城头山遗址》特种邮票

第三章　分化加剧，古国初现

防御工事，在当时绝对是易守难攻的堡垒。考古人员发现，城头山遗址的城墙不是一蹴而就的，而是前后分四次修筑，一直不断被翻新和加固。

城头山筑城不是孤例，随着人口的增多，城头山先民逐渐向外迁移，于是在长江中游很多地方都出现了城池。

城是文明的象征，著名考古学家严文明先生这样评价：在中国大地上出现的第一批土筑或石头砌筑的城址是一种非常醒目的人文景观，它好像是历史长河中一座高耸的里程碑，把野蛮和文明两个阶段清楚地区分开来，中国历史从此开始了新的篇章。

城头山的内部布局

在城头山这座中国最早的城内，到底有什么乾坤呢？

古代的城通常会有东西南北四个门。每个城门，都会设置吊桥，人员进出的时候，吊桥就会放在护城河上。

城头山的城也有四道城门，城内还有相应的规划和布局。

东门是船埠，船埠不远处有一个高高隆起的大型祭坛，占地面积约250平方米。坛台顶部有数具人骸，坡面上分布着数十个祭祀坑，部分坑内发现了红烧土、陶器和兽骨。祭坛与城头山一期城墙同时期，距今已经有6300年。

南门是城头山最早的陆上通道，有完善的防御设施，在墙门附近的壕沟中还保存有制作精美的木桨、木桥等。在东南城壕沟里，还发现了100多种包括蔬菜在内的植物种子，周边还发现了古稻田，稻田有着规整的田埂，灰色的田土中能够清晰看见散落的水稻根须、稻谷和田螺标本。

西门则是一片开阔地，在较高的农地上，发现了人工开凿的储水坑，储水坑附近有多条引水渠，这些水渠的东南方正好通向那里的农田，可能是与农田配套的灌溉设施。

北门被称为水门，外面有与护城河相通的水塘，内部则是一条通向南门的大道。东西方向也有一条贯穿东门与西门的大道，这两条大道，将城内分为了不同的功能区，如居住区、墓葬区、制陶区、农业生产区等。

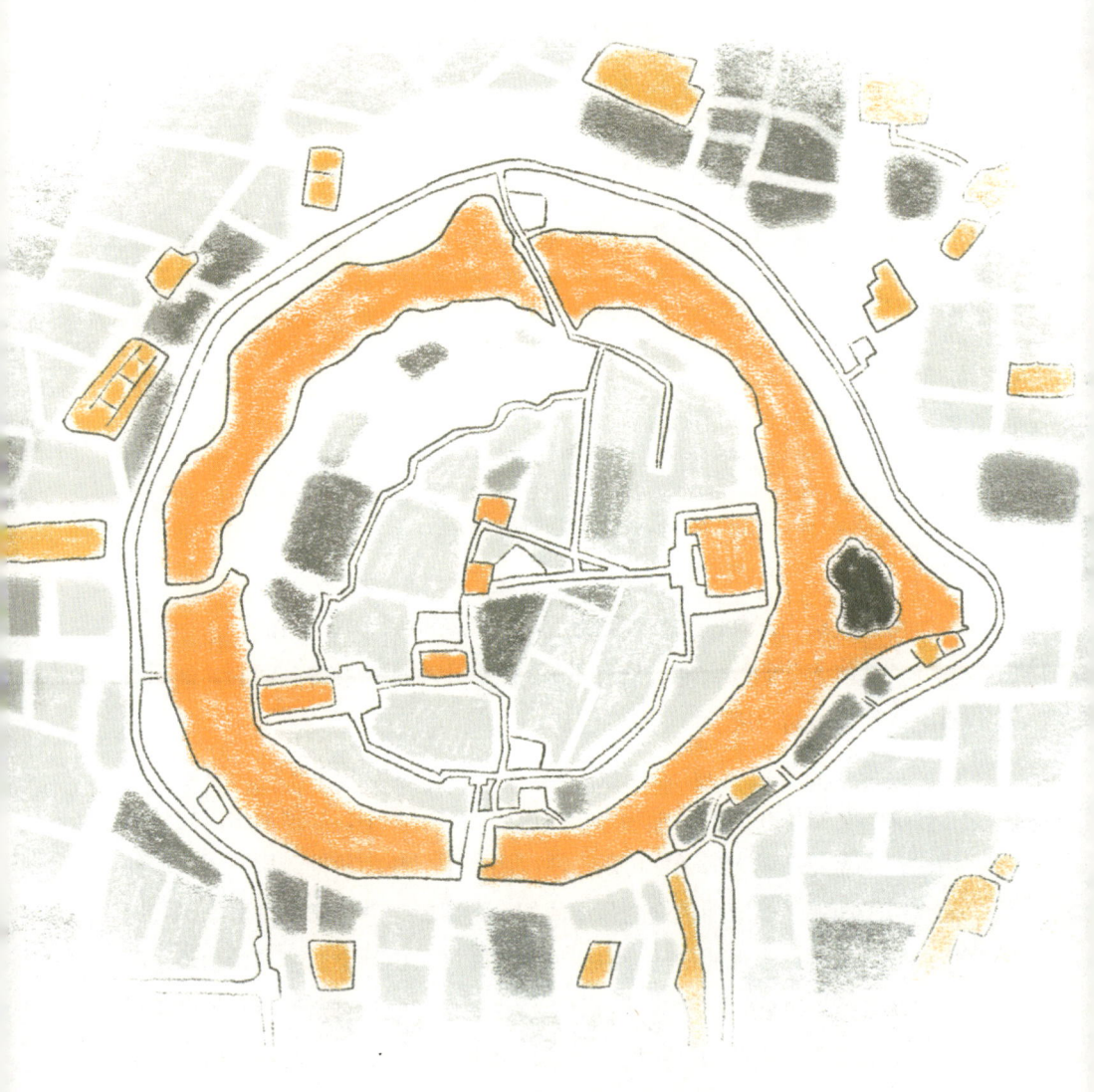

城头山国家遗址考古公园俯瞰图

第三章 分化加剧，古国初现

城头山遗址的祭祀坑

  考古人员在居住区内发现的房间结构既有80平方米左右的、包括多个套间且功能区分明的大宅；也有在一条公共走廊两侧并排多间的、面积只有七八平方米的小房间。

  日常起居与婚姻制度有着极为密切的关系，房屋建筑形式像反光镜一样反映了原始社会的婚姻状态。在母权群婚家族中，小型房屋没有任何用途，只需要一间大房子便可以生活。而到了父权制时期，用来居住的独间大房子消失了，取而代之的是单间的小型房屋，并通常以排房的形式出现。城头山遗址出现的排房小房间说明当时城头山社会已经开始由母系氏族向父系氏族过渡，这意味着出现了私有观念，而私有财产带来的是阶级的分化。城头山遗址的墓葬也印证了私有观念的出现，由此可推出城头山先民已出现最初的私有制。

在澧阳平原这块土地上，考古学家发现了近400处史前聚落。这里就像中华文明的长江"幼儿园"，而城头山遗址就是这"幼儿园"中一个"孩子王"，带领着"发小们"从野蛮走向文明。

第三章　分化加剧，古国初现

三

首领大墓东山村

墓与墓相望
富贵与贫穷——
无声

到目前为止，我们已经了解了十多个中国史前遗址，这些遗址中有哪些可以称得上是文明吗？是10000多年前开始栽培水稻的玉蟾岩和仙人洞，还是6000年前发起筑城运动的城头山？要搞清楚这个问题，我们必须先要知道什么是文明。不同领域对文明的定义不同，在考古学中，国际学术界曾依据两河流域文明和古埃及文明的特征，概括出文字、冶金术和城市为文明社会的标准，称之为"文明三要素"。

然而，世界公认的几大原生文明并非都符合这"三要素"，如中美洲的玛雅文明没有冶金术，南美洲的印加文明未使用文字，印度河流域的哈拉帕文明印章上的图案也未被认可为文字。由此可见，"三要素"并非绝对标准。

东山村遗址局部墓葬平面图

如何判断人类什么时候进入了文明社会？中国的考古学界提出了自己的观点，把文明起源当作社会复杂化进程发展到关键时候的一个结果，提出进入文明社会的标准：一是生产发展，人口增加，出现城市；二是社会分工，阶层分化，出现阶级；三是出现王权和国家。国家的出现是进入文明社会最重要的标志。

按照上面的标准，即使是6000年前建造了城池的城头山遗址也算不得文明，虽然城头山遗址发现了私有制的端倪，但没有明显的阶级分化，更没有出现王权。不过考古人员却在下面这个遗址中发现了实实在在的"王"，这就是东山村遗址。

马家浜文化的陶器

身份显赫的"崧泽王"

东山村遗址位于江苏省张家港市南沙乡东山村，它的发现极为偶然。在村镇建设中东山村挖出了红烧土块和陶片等大量文化遗存，这让这座孕育着中国文明萌芽的史前遗址在几千年之后再次展露在世人面前。为了保护遗址和文物，考古人员马上进行了<u>抢救性发掘</u>，发现了马家浜文化和崧泽文化两个时期的遗存。

崧泽文化的陶器

马家浜文化因浙江省嘉兴市马家浜遗址而得名，主要分布在太湖地区，距今7000—6000年。马家浜文化与大名鼎鼎的

良渚文化的玉器

第三章　分化加剧，古国初现　077

河姆渡文化均为长江下游地区的新石器时代文化，二者所处年代也大致相同，在距今6000年左右两种文化进一步融合，发展成了崧泽文化，崧泽文化又经过700年左右的发展，形成了实证中华5000年文明的良渚文化。因此，马家浜文化又被称为"江南文化之源"。

目前，东山村遗址中发现的马家浜文化时期的墓葬有十多座，出土了陶器、石器、玉器，马家浜文化层中漂洗出较多的炭化稻米、瓜子、果核、兽骨等动植物遗存。而崧泽时期的墓葬多达几十座，其中有一座大墓名震学界，这座墓的墓主人后来被称为"崧泽王"。

这座埋葬着"崧泽王"的一座大墓是东山村遗址发现的崧泽文化早期最大、等级最高的墓葬，超过了以前发现的任何崧泽文化的墓葬。墓内出土玉器、石器、陶器等随葬品共65件（套），无论是随葬品总量还是玉器数量都是最多的。墓中的玉器散落在墓主头部上方，与头骨有一定距离，应该不是发饰，有可能是王冠上的装饰。

除玉器外，头顶还有一件通体紫红的石锥引起了考古人员的注意。这个紫红色的石锥在之前的考古挖掘中从未出现过，虽然和人的拇指差不多

东山村遗址 M91（墓葬）玉器出土位置图

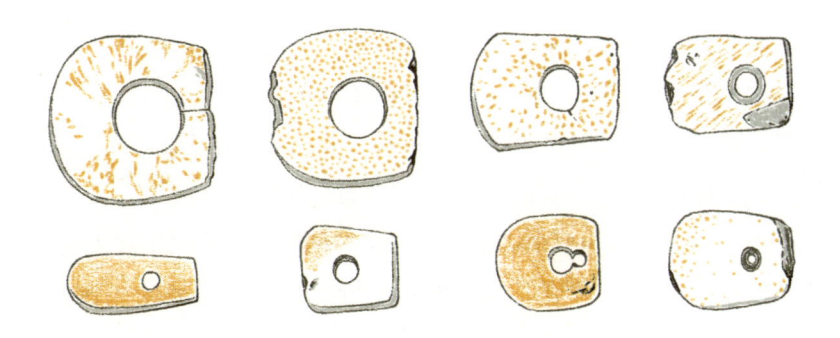

东山村及相关遗址的玉钺和石钺

大,但是拿在手里非常沉,考古人员检测后发现,这竟然是一件含铁90%以上的铁矿石,中国最早的铁器要等到西周时期才出现,在5000多年前的墓葬中发现铁矿石实属罕见。有人认为它摆放在头部,也应该和玉一样,是冠饰的一部分,用来彰显财富和身份,与墓主人的"王者"身份相配。有人认为铁矿石被磨制成十分光滑的锥形,并且在锥尖刃部有疤痕,推测是一件制玉工具,用来表示墓主人生前握有生产玉器的大权,也是身份和权力的象征。

劳动工具也能体现权力吗?是的。玉器不是普通人能用的东西,控制了琢玉的生产资料和高端技术,不但意味着控制了财富,而且还拥有了威望。因此,在崧泽文化时期,拥有玉器及生产玉器的权力便是财富和身份的象征。

在"崧泽王"墓中还发现了其他的制玉工具。比如"崧泽王"的下颌及颈部散落了很多细小的也可用于制玉的石英砂,在石英砂附近还有一块发白的砺石,砺石类似现在的磨刀石,不过不是用来磨刀的,而是用来磨玉的。或许社会权力就是起源于对生产资料和技术的控制与垄断。

"崧泽王"靠什么维持自己强大的统治力量呢?在他的墓中,不仅出土了体现神权的玉器和体现财权的琢玉工具,还有体现军权的石钺。墓

第三章 分化加剧,古国初现　079

中一共有五件石钺，都近似圆角方形或梯形，制作精致，刃部未见使用痕迹。其中一件石钺所在土面上还有数处朱砂痕迹。可见，这些石钺并非实用工具。钺，作为古代军事权力的象征这一观点已被中国考古学者普遍认可，一个墓葬中出土五件石钺足见墓主人崇高的军事首领身份。

考古人员发现东山村遗址中崧泽文化时期的墓葬不仅出现了明显的等级分化，而且大墓和小墓严格分布于东西两个不同的墓葬区。小型墓葬坐落在地势较低的东葬区，墓葬的长度在两米以下，墓坑很浅，随葬品基本为简单的生活用品。大型墓葬区坐落在西葬区较高的位置上，墓葬长度在三米以上，墓坑较深，随葬品大多在30件以上，而且等级规格很高，比如，玉石钺和玉质装饰品，绝大多数出土于西部的大型墓葬区中。这说明当时的财富和权力都已经集中在少数人手中，显然是社会财富集中后再分配的结果。

在这之前的马家浜文化时期，流行氏族公共墓地，即便随葬品也有着或多或少或无的差别，但基本葬在同一处墓地。而东山村遗址在同一个聚落内部，平民和贵族墓地一东一西，泾渭分明。

显贵的大房子

在东山村遗址，逝者的墓葬显示着身份的尊卑，他们生前的房子更是贫富分化的证据。目前，在该遗址一共发现了五座崧泽文化时期的房址，其中最大的一座房址面积约85平方米。房址被发现时，中间位置堆积着大量的红烧土，推测是房屋失火墙壁倒塌后形成的。考古人员在剔除红烧土堆积上的覆土时，发现很多陶器被压在红烧土下。经清理，红烧土下有陶豆、陶罐、陶釜、玉珏、石斧等10多件日常使用的器物。不仅如此，这间大房子的外侧还有一间圆形的小房址，小房子的面积约17平方米。从平面布局分析，这间小房子可能是大房子配套的附属建筑，这两个房址面积加在一起就达到了100平方米。如此巨大的房址和其中出土的玉器证明这个房

东山村遗址堆积了红烧土的房址

子的主人生活品质很高,应该不是一般平民,很可能是聚落中的显贵者。

从以上发现的不同等级墓葬分区埋葬现象和大型房址来看,当时的东山村已经形成了社会财富朝向特定聚落流动的趋势,证明至少在距今5800年前后,社会已有明显的贫富分化,出现了明显的社会分层,展露出了文明的萌芽。

根据目前的考古发现可知各地文明演进道路是有所不同的。率先出现贫富分化的不是黄河中游的中原地区,而是崧泽文化所在的长江下游地区。如果文明是人类谱写的一篇乐章,那么中华文明的第一个音符,便是从东山村响起的。

小知识

突然的抢救性发掘

抢救性发掘一般是由于基建工程的原因,不得不对遗址进行清理,是一种被动发掘行为。

主动性发掘是指为了解决一个考古学问题有准备地进行发掘,比如夏商周断代工程中,为了解决年代问题的某些发掘就是主动性发掘。现在我国一般不允许主动性发掘,一是为了保护文物,一是为子孙后代留点东西。

第四章

古国四起，文明初成

太阳升起
东西南北中——古国林立

河洛古国双槐树

遥远的富贵
三重壕中——
仰望北斗星

我们的祖先在5000多年前就发现北斗星了。那时的北斗星有什么用？在双槐树遗址中会揭示这个秘密。

双槐树遗址位于河南省巩义市河洛镇双槐树村南的高台地上，因其北依黄河，西濒伊洛河，位于文献记载"居天下之中"的河洛地区，也被称为"河洛古国"，距今已有5300年。河洛地区位于黄土高原的边缘，东接华北平原，地势开阔，气候温润，动植物资源丰富，适于早期农业的发展，自古以来便是华夏文明的腹地，也就是我们常说的"中原"。

雄踞中原的双槐树遗址是这个时期、这个区域规模最大，且唯一的大型城址群，遗址现存东西长约1500米，南北宽约780米，面积约117万平方米。

三重壕

我们之前介绍过的城头山遗址只有一道环壕，而双槐树遗址则被三重环壕团团包围在中间。这三道环壕也是目前发现的规模最大的环壕。三道环壕通过沟渠相连，并利用洛河和黄河地势的高低差，向城内自然引水，同时向城外排放废水，显然这是经过了总体规划的。环壕上口最宽处30.5

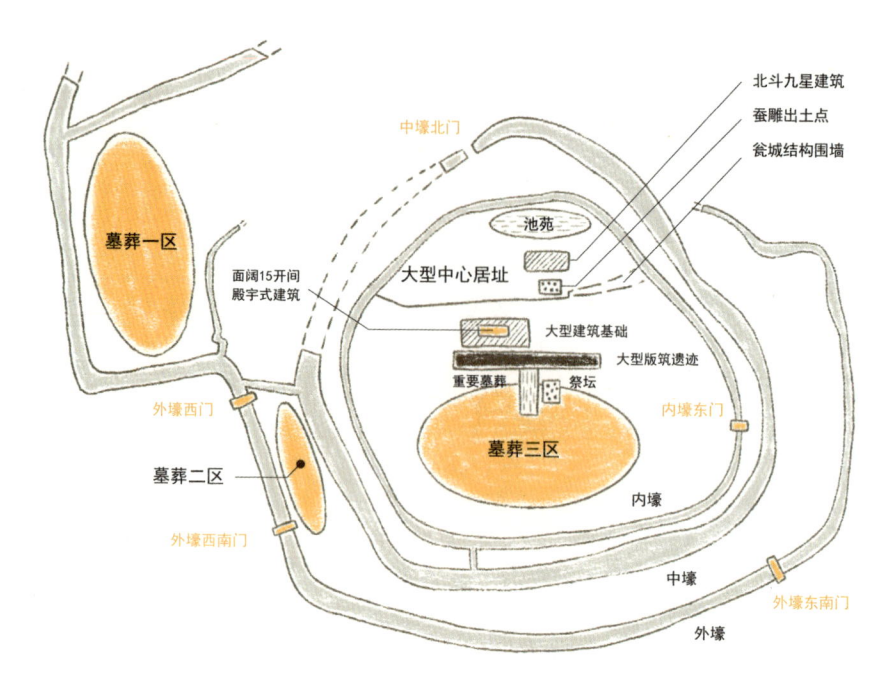

双槐树城址平面布局

米，最深10.5米，宽大的壕沟显然具有防御外敌入侵的功能，三道环壕均发现有疑似吊桥的出口遗迹，在外壕东南、西南分别发现道路一条。如此规模和布局已经具备了一个古国的形式。

双槐树先人为什么要修建三道环壕呢？有学者推测原因有二：

一是当时的社会形态已经非常复杂，聚落之间存在长期的矛盾和对抗，三重环壕能够形成严密的防御体系。考古人员在大型中心居址区找到了战争的证据。中心居址区位于内壕北部，由南部两道加厚围墙和内壕北部合围成了一个18000多平方米的半月形结构。中心居址区南部这两道围墙东端的造型非常特殊，墙上两处门道错位，是目前发现的中国古代最早的瓮城雏形。此处附近的围墙明显加宽，当时在上面可能有类似哨塔的警戒建筑，起保卫作用。

二是数字"三"在中国文化中很特殊，尤其是皇城这样的都邑中，一般都分为宫城、内城和外城三层结构。这可能与我们祖先的宇宙观有关，古人认为天有三重，由于"所祭必象其类"，所以这种三重的思想便体现在最初的祭坛中，并保存在了中国的宗教文化中，比如天坛就是三重同心圆的设计，后来又逐渐融合在都邑的设计中。考古人员不仅从5300年前的双槐树遗址的环壕中找到了后世三重天的宇宙观，还在其内部建筑群中发现了另外和"三"有关的建筑思想。在其内壕的正中是初具中国早期宫室建筑特征的大型夯（hāng）土建筑群基址，院落南墙偏东位置发现有"一门三道"的门道遗迹。

"一门三道"就是在一座门中用两堵墙隔出三条道路。通常一座门只有一条道，而"一门三道"是王城的配置。这种制度在西汉时期形成定制，此后便成为中国古代都城城门的基本形制。这也说明双槐树大型建筑基址很可能是中国后世这种高度礼仪性的宫殿建筑的源头。后来从唐代开始，都城城门由"一门三道"发展为"一门五道"，明清北京城皇城的"天安门"便是"一门五道"。

古人为什么要给王城的城门隔成三道？当然是为了彰显特殊的地位和权力。不过，这三条道究竟如何使用，目前还没有统一的说法。有人认为"一门三道"中两侧门道供官民使用，中间门道则为帝王专用；还有人根据古籍的注解，认为男人走右边的门道，女人走左边的门道，而车走中间的门道。

总之，双槐树遗址中居住者的身份非同一般。研究人员通过对遗址中墓葬骨骼的分析，发现居住在这里的男性上肢极不发达，说明他们不是体力劳动者，而女性肱骨和股骨粗壮程度反而强于男性，基因来源也非常广泛、复杂，推断女性有相当一部分来自周围的聚落，应该是从周围的一些村落嫁到了双槐树，且主要负责干重活，这也实证了河洛古国已进入父系氏族社会。

第四章　古国四起，文明初成　085

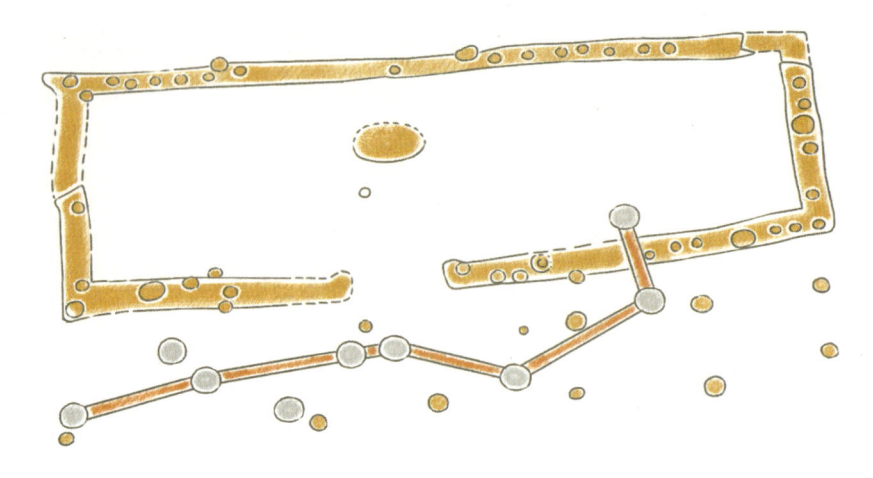

双槐树遗址 F12（房址）与北斗九星遗迹

北斗星

那时，双槐树的男人做什么呢？这就涉及我们最初提到的北斗星了。

考古工作者在居住区中最大的房子前面，发现了以九个陶罐摆放的北斗九星图案。北斗九星是由北斗七星和另外两颗左辅、右弼（bì）构成，"辅"和"弼"都有辅助、矫正的意思。顾名思义，它们分别位于北斗七星的左右两侧，起辅矫的作用。先秦的文献中有北斗九星的说法，后来左铺、右弼这两颗渐渐隐失，成为"七现二隐"，故今有北斗七星之说。

为什么要在最大的房子面前摆放北斗星？

北斗星可以帮助古人确定季节，而季节能够指导农业生产。早期文明最复杂、最重要的农业知识是天文和历法。种庄稼需要非常精准的农时，确定每年播种和耕作的时间尤为重要，这也是中国农耕文明讲究节气的原因。北斗七星在不同的季节会出现于天空不同的方位，古人就根据黄昏时斗柄所指的方向确定历法和时节，指导农业生产。

战国时期的古籍《鹖（hé）冠子·环流》中记载："斗柄东指，天下皆春。斗柄南指，天下皆夏。斗柄西指，天下皆秋。斗柄北指，天下皆冬。"河洛古国的巫师就是一群脱离日常生产的神巫，他们的工作就是夜观天象，指导族人农耕。要成为掌握天文学知识的神巫，需要长时间的观测记录，甚至是几代人共同的积累。为了巩固自己得来不易的神圣地位，神巫便在宫殿门口埋置"北斗九星"，作为一种地标，以示占据河洛古国的首领的地位。

考古人员还在宫殿中心发现一具头朝门道的完整麋（mí）鹿骨架，位置在"北斗九星"上端。麋鹿有冬至脱角的习惯，统治者把麋鹿脱角视为吉祥的象征，所以在古人眼里，麋鹿是瑞兽。有意思的是，在麋鹿骨架旁边，还有一副猪骨架。中国土猪的毛皮是黑色的，黑色在古时称为玄，玄也表示北方，神话传说中的玄武就是北方之神。我国古代经典著作《墨子》一书中记载了远古祭祀四方要用鸡、狗、羊、猪四种动物，分别对应东、南、西、北四方。祭祀北方时，应树黑旗，着黑服，献祭黑猪。黑猪有象征北斗的意思。商周时期有一种打击乐器叫"磬"（qìng），主要职能是礼器，只有祭祀时，才可以使用。有些磬会被制作成猪的模样，可能就与猪象征北斗有关。总之，猪和麋鹿出现在北斗星附近，都有沟通天地、呼应星魁之意。

小蚕雕

在双槐树遗址中，有一件国宝级文物，该文物和猪、农业都有关系，是一件用猪獠牙制作的"骨质蚕雕"。蚕雕长6.4厘米，宽不足一厘米，厚0.1厘米，头昂尾翘，惟妙惟肖。

这么一只小小的蚕雕凭什么能成为国宝？

中国是世界上公认的养蚕制丝最早的国家，但中国究竟何时开始养殖桑蚕始终没有定论，因为没有找到与桑蚕纺织业有关的确切发现。这件蚕雕紧绷成括号形，正是蚕吐丝的样子，古人恰恰雕刻这一时期的蚕，应该是有意为之，说明在5300年前，中原地区的先民们已经学会养蚕缫丝，具

尾　　　　腹　　　　胸　头
角　　　　部　　　　部　部

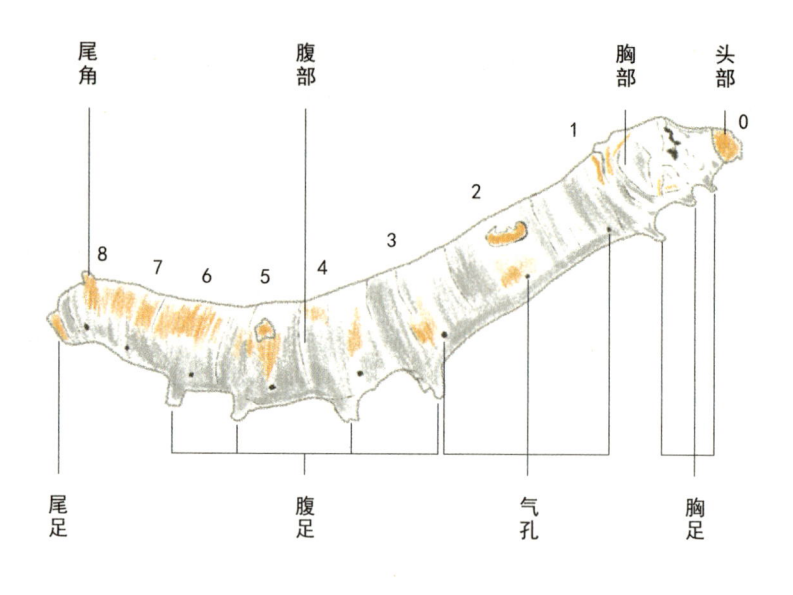

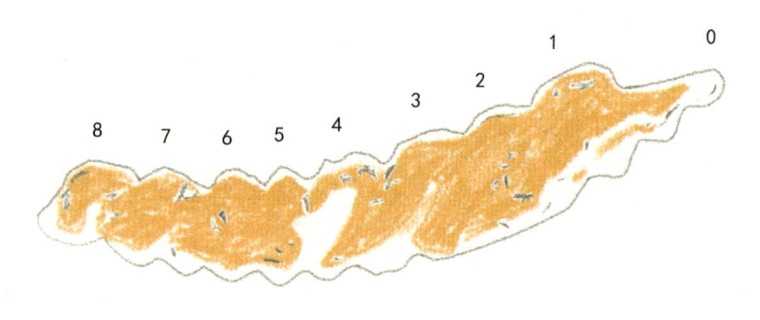

8　7　6　5　4　3　2　1　0

尾　　　　腹　　　　气　　胸
足　　　　足　　　　孔　　足

8　7　6　5　4　3　2　1　0

双槐树遗址的兽牙制蚕形饰

有全国领先的农桑文明形态，彰显了中华农业文明在世界农业文明中的相对独特性。

双槐树遗址与同时期其他遗址相比，不仅布局清晰细致，而且规模宏大，具有明显的特殊性。仅仅是遗址外面的三重环壕，就非一般聚落所能企及。如此巨大的工程量需要周边聚落一起为双槐树聚落服务。具有这么大的统治力和影响力,这里一定居住着类似酋长或者是国王的人物。

这个人会是谁呢?考古学家把目光投向了中华民族的祖先之一"黄帝"。郑州被认为是黄帝的故乡,双槐树遗址的年代又被确定为黄帝生活的时代。因此,该聚落的首领即便不是黄帝,也很有可能是和当时的黄帝一族有关的统领。

总之,双槐树遗址规模大、等级高、内涵丰富,是迄今为止在黄河流域中华文明形成的初期发现的规格最高、最具都邑性质的中心聚落。从探讨中华文明起源形成的角度来看,该遗址的发现是研究黄帝时代中原地区的文明化进程非常重要的材料,能够帮助人们持续理清华夏文明发展的脉络。双槐树遗址以考古学的实证材料证明在距今约5300年前,以双槐树遗址为中心的仰韶文化中晚期文明是黄河文化之根、华夏文明之魂,堪称"早期中华文明的胚胎"。

小知识

夯(hāng)土要用大力气

"夯"是会意字,表示人在劳动时要出大力气。夯土,即将泥土压实。具体做法是:用木板做夹板,中间空隙填土,用木、石夯锤将土层夯实,提高土层的密实度,夯完一层再夯上一层,直至完成直立建筑体。

我国使用此技术的时间十分久远,从新石器时代到20世纪五六十年代一直在大规模使用,用于建筑地基土层或大型坟墓的夯实。目前我们看到的万里长城、故宫、马王堆汉墓、秦始皇陵等古建筑,地基都是夯土。

二

宏伟殿堂大地湾

昔日的廊柱
投下
当年正午的光影

温暖宜人大地湾

同大多数陶器不同,这件陶瓶长着一张女孩面孔,女孩额头梳着"齐刘海",挺鼻小嘴,五官清秀,双耳留了耳洞,身上还绘有抽象的玫瑰花图案,远远看去,宛如穿着花裙的少女。这件陶瓶"出生"在甘肃天水市秦安县的大地湾遗址。遗址地处长江和黄河两大水系交汇处的一个小河湾南岸的缓坡上,当地村民经常在附近发现一些破碎的陶片,这引起了考古人员的注意。经过考古发掘,考古人员不仅在大地湾遗址发现了"千岁少女"陶瓶,还找到了中国最早的宫殿式遗址和比甲骨文还要早近两千年的文字雏形。经测年认定,大地湾先民曾经在这里生活了3000年之久,

大地湾遗址的人头形器口彩陶瓶

从距今约7800年前开始一直持续到距今4800年前。

为什么大地湾的先民能够在此生活3000年？有学者认为这与当时的气候有关。地球最后一次大冰期在1.2万年前结束，此后地球逐渐升温，在距今8500年左右，进入了暖温期，并一直持续到距今约3000年前，其间，地球温度宜人，自然环境优越，适宜物种生存发展。

中原地区拥有容易开垦的黄土和大面积的平原，南方则多为紧密的黏土并且覆盖有大量植被，加之水网纵横，洪涝增多，以及种植水稻需要更加精细的农业技术等因素，导致这一时期南方稻作农业发展弱于北方的旱作农业。

黄河流域因其良好的气候和充足的资源，让各个族群都有足够的食物，不必为生存争斗，人们有更多的精力和条件追求更好的物质和精神生活。因此，地处中国西北的大地湾遗址成为黄河中游延续时间最长的新石器时代文化遗址，覆盖了仰韶文化的早、中、晚三个时期。在这里能发现中国最早的宫殿式遗址也就不足为奇了。

大地湾遗址聚落复原图

第四章　古国四起，文明初成

宏伟宫殿大地湾

　　大地湾遗址目前总计发现240多座房址，其中一座大型建筑被挖掘出来时，房子的上半部分已经荡然无存，但房子的墙基和部分墙体依然清晰可见，仅从房基留下的痕迹就可以看出，这是一座复杂的木结构殿堂式建筑。由主室、东西两侧室和后室、门前附属物构成，总面积420平方米，和一个篮球场的面积相当。其中主室位于建筑的中心位置，根据对室内的顶梁柱朽痕的检测可知柱子直径达50厘米。主室左右两侧对称设有与主室相通的侧室，主室后面有一间后室，后室与主室并不连通，只能从侧室绕过去。这种平面结构与甲骨文中"宫"字的形象极为相似，像一个院子合围出两间房屋。中国古代皇家流行"前堂后厅"和"前朝后寝"的群组建筑，这也是中国建筑区别于西方建筑的特点之一。大地湾房址的发现使这种群组建筑的雏形最早可以追溯到5000年前。

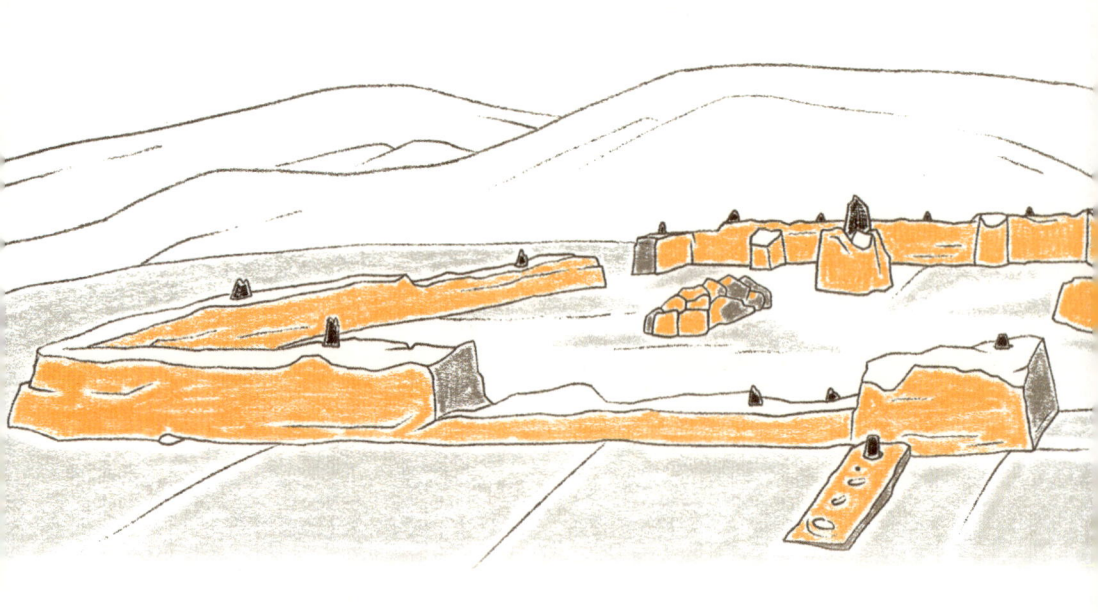

宫殿的主室前面还有与之配套的附属建筑和一片1000多平方米的广场，广场上有12根整齐排列的柱洞和一排青石板。有专家认为这12个柱洞可能是供12个氏族竖立图腾柱用的，也可能是建筑前面的廊柱。青石板则可能是各氏族处理牺牲以供祭享之用。这些大型建筑很可能是部落的公共活动场所，主要用于集会、祭祀或举行某种仪式。

整个宫殿遗址中共有140多个柱洞，根据这些柱洞的位置，可以判断主室被分为九个开间，宫殿周围还有一个长廊，也就是"轩"。唐代大诗人王维写过一首《少年行四首》，诗中最后一句是"天子临轩赐侯印，将军佩出明光宫"，其中的"轩"便是指这类殿前的亭轩。

"高科技"在大地湾

在大地湾遗址的宫殿里，还发现了一项"高科技"创举，就是水泥混

大地湾遗址房址遗存

第四章　古国四起，文明初成

凝土地面。

现在建筑使用的水泥是英国人在1824年发明的，最开始水泥的材料是黏土和石灰石。考古人员在大地湾宫殿的主室内同样发现了类似的水泥材质，该"水泥"层厚约20厘米，是由砂子和"水泥"混合在一起的混凝土，最上面还有一层二至三毫米厚的"水泥"抹面。"水泥"的材料是在附近的河道里普遍存在的一种叫作料姜石的石头，主要成分正是碳酸钙，和现代水泥一样，每平方厘米的抗压强度达到120公斤，相当于今天的100号水泥。大地湾房址地面发现的是目前世界上最早的混凝土。这种就地取材、做土水泥的工艺在5000后的今天也没有失传，当地许多村民的炕台和炕围仍然采用这种古老的方法。

此大型建筑的规模之宏大、规划之用心、保存之完好、结构之复杂、工艺之精湛不仅是中国西北史前建筑的殿中之王，也是中国史前建筑所罕见。在大地湾宫殿周围，经过考古人员详细调查又发现数座大型建筑基址，它们分布在大地湾的半山腰，部分显露于崖面上，由此可知，当时的大地湾可谓宫殿林立。

大地湾遗址出土了很多珍贵文物，迄今已累计出土文物17000多件以及数十万残陶片，其中最著名的就是"千年少女"彩陶瓶了，瓶上的玫瑰花图案大量出现在仰韶文化庙底沟类型之中。

如果说火的掌控和使用是人类进入智人时代的标志，那么在陶器上用抽象的玫瑰花图案则代表人类有了通过符号进行抽象思维和表达的能力。在甲骨文中，"华"即"花"，字形正是由花蕊和花蒂造型组成，意为花朵，这也许是"中华"的"华"字的来源。

在大地湾遗址，我们看到祖先们不懈地努力探索创造出的灿烂文化，大量考古发现表明，陇东地区是中华远古文明的发祥地之一。

庙底沟文化花卉彩陶盆

庙底沟文化花卉彩陶罐

庙底沟文化花卉彩陶罐

第四章　古国四起，文明初成

三

陇东宫城看南佐

**九座方坛——
抵达宇宙之巅的
神力**

距今5000年前左右，当时属于亚热带气候的关中和中原地区，演化为温带气候，农作物常常因为寒潮或旱灾遭到沉重打击。中原文化遗址中发现的这一时期用于捕猎的石刀和石镞突然增多，可见为了应对生存危机，中原先人不得不增加狩猎以获取足够的食物。

在这种环境下，仰韶文化统辖的各聚落只得抱团取暖，铸鼎原、双槐树、大地湾等中心聚落不断涌现。位于甘肃省庆阳市境内距今5100—4700年的南佐遗址，便是在这样的背景下形成的，成为西北边陲的中心性遗址。

南佐遗址坐落在黄土高原第一大塬——董志塬的核心区域，董志塬是黄土高原最大的一块塬面，号称"天下黄土第一塬"，面积超过900平方公里。这里地势平坦、土壤肥沃，农耕文化发达，是汉民族重要的发源地之一。也正是有了董志塬的自然条件，南佐遗址的规模才能达到不可思议的600万平方米，不仅让我们之前介绍的铸鼎原西坡遗址、双槐树河洛古国和大地湾遗址都相形见绌，甚至比被认为极有可能是夏都的1000多年以后的二里头遗址，还要大两倍，成为目前为止发现的新石器时代仰韶文化晚期最大的聚落遗址。

作为大型聚落，为了防卫，自然少不了防御设施。在南佐遗址中，考古人员发现了三重环壕，外环壕东壕2500米，北壕1800米，南壕2000米。遗址中部是由二重环壕与九座金字塔形状的夯土台合围而成的核心区，面积30多万平方米。在核心区中央偏北处又有一圈宫墙，宫墙环绕形成"宫城"区，这样的布局可以称作是中国史前的"紫禁城"。在宫城区发现了年代最早、布局严格规整的宫城，宫城呈长方形，总面积3000多平方米。南佐遗址的宫城布局与双槐树遗址和大地湾遗址一脉相承，宫城南门外设置有军事防御作用的瓮城结构及错位的大门，南门内正对宫城中心的主殿中门。主殿占地面积700多平方米，室内面积有630平方米，由"前厅"和"殿堂"两部分构成，东西两侧各有一间侧室，墙外侧还有散水。前厅内有三排柱洞，前厅和殿堂之间的墙中开三门。地面和墙体均先涂抹草拌泥，再在表面涂抹上多层石灰，可以想见，五千年前的南佐"宫城"在阳光的照耀下，到处都是洁白明亮的。

南佐遗址中展现出帝王气象的不只是其配备了前堂后室和东西厢房的

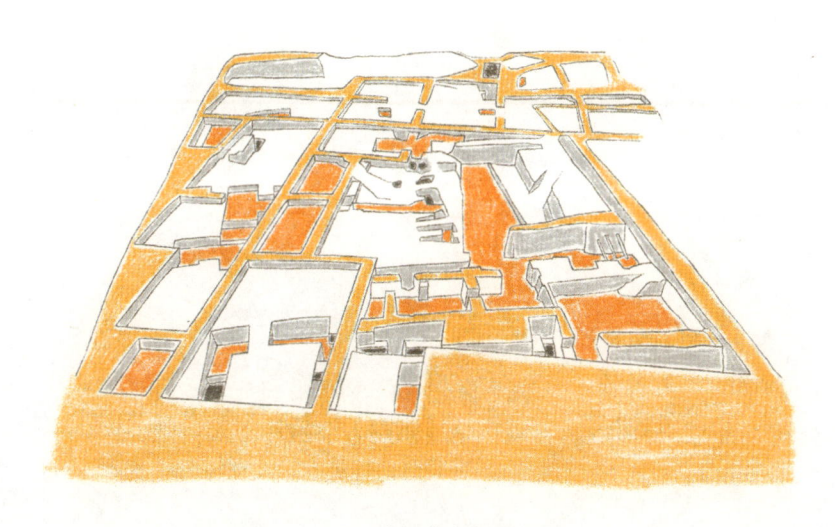

南佐遗址考古探方

第四章 古国四起，文明初成 097

南佐遗址俯瞰图与"九女万花台"

宏大宫殿，还有一个独特的数字——"九"。在中国古代的哲学思想中，"九"是极阳之数，也是单数之最。皇帝自称是"九五之尊"，大禹将天下分为"九州"、铸造"九鼎"，紫禁城太和殿的屋顶上有九尊神兽，朝廷命官设"九品"，京师城墙建造"九门"，就连紫禁城及皇家的大门装饰都是"九路"门钉。可见，中国古人对"九"的崇尚。

在南佐遗址中心宫殿区的外围有九座呈倒"U"形对称分布的大型夯土台基，当地人称之为"九女万花台"。东西两侧各四座土台平面呈方形，位于正中的一座平面呈圆形。每座夯土台约40米见方，现存五到七米高，像九座小金字塔。每座台子外周有宽约20米、深约十米的方形内环壕。这九个夯土台究竟有什么用，目前还没有确切的答案，推测这九座土台是举行祭祀礼仪、原始宗教活动的场所。

九座大型夯土台所围成的区域在遗址的中心，宫殿区在九个土台的中心，中央大殿又在宫殿区的中心，大殿的门到宫城的门是一个南北走向的中轴线，东西两侧的侧室也是一个中轴对称结构，总体上构成一个封闭式的主次分明、中轴对称、层层递进的宫殿格局。如此严整的布局与几千年后的紫禁城的设计理念不谋而合。令人不由惊叹，5000年前的南佐人也许已经开创了中国后世都城宫殿建筑布局的先河。

南佐遗址还有很多神奇之处，在宫殿区不仅出土了形制纹饰类似且成套的彩陶壶，还发现了大量珍贵的白陶和黑陶。彩陶自然是仰韶文化的主要特征，可是白陶、黑陶却是长江中下游地区和海岱地区的"特产"，在南佐遗址宫殿区中发现的黑白陶不仅数量不少，而且极为精致，有的陶胎最薄处仅有一两毫米，与海岱地区的蛋壳陶相似。南佐遗址中的黑陶很多属于夹炭陶，夹炭陶是长江中下游地区的传统，南佐黑白陶的制作工艺和技术竟与千里之外的长江流域的史前文化尤为接近，南佐出土的白陶所用原料为高岭土和瓷石等，也可能产自南方，有些白陶上面的涂层原料或许来自海岱地区，这一现象说明当时的中原地区与长江中下游已经开始了沟

第四章 古国四起，文明初成 099

通和交流，并对各自产生了深远的影响。

随着发掘的进行，令考古人员惊喜和惊讶的事情不断出现，宫殿区还发现了数以百万粒计的炭化水稻遗存，黄土高原的传统农作物——粟、黍出土数量反而极少。中原地区很少发现史前的稻谷遗存，像南佐遗址中一下出土如此大量炭化稻米的情况更是前所未见，这些稻米究竟是怎么来的呢？

科研人员通过科技手段对水稻和粟、黍分析后发现，粟和黍差异明显，很可能不是同一产地，但水稻来源比较单一，一种可能是从长江中游等地远距离征收或贸易获得，另一种可能为当地种植。难道5000年前的黄土高原上还能种水稻？

甘肃庆阳有句流传已久的名言"八百里秦川，比不上一个董志塬的边边"。"八百里秦川"指的是秦岭北麓渭河冲积形成的关中平原，自古以来，关中平原就是富庶之地。当地先民借渭河之水灌溉田地，农业发达，为后世秦国的崛起奠定了强大的基础。南佐遗址所在的董志塬地处黄土高原中心区，附近有多条河流经过，土层深厚，质地松软，也有近百万亩肥沃粮田，号称"陇东粮仓"。从地理条件和产出看，董志塬确实不输关中平原。新石器时代，陇东黄土高原以灌丛草原植被为主，但在河谷地区的气候条件的确可能满足稻作农业的需要。以往，在豫西—关中—甘肃东部一线的其他仰韶遗址中也发现过少量的水稻遗存，因此南佐遗址除了种植本地传统的粟米之外，还真可能广泛种植了从南方传来的稻米。当然，最终答案还需要考古学家和其他科学家进一步研究。

目前，南佐遗址的发掘、研究等各项工作"正在进行时"，还有很多南佐先民的谜团等待破解。但，仅仅到此，南佐遗址已经证明了在5000年前的黄土高原上，可能存在一个以它为核心的、拥有区域王权的"陇山古国"，它为黄河流域文明起源与形成的研究提供了极为重要的实物资料。

小知识

散水是个小斜坡

散水是指房屋外墙四周底部砌筑的向外侧倾斜的小坡面。散水台的作用是迅速排走建筑底部附近的雨水，避免雨水冲刷或渗透到地基，防止房基下沉，以保证房屋的巩固耐久。

海与山之间的海岱地区

海岱，是指今山东省渤海至泰山之间的地带。古代也称青、徐二州之地为"海岱"。唐代杜甫有诗道："浮云连海岱，平野入青徐。"

海岱文化区，以早期大汶口文化为代表，时间在公元前4300—前3500年。

四

礼韵东方大汶口

绿荫之下
装扮一新的贵妇
静听风雨

　　东夷是我国古代对东部各民族的统称，由于善用弓箭，便以表示"大弓"的"夷"字命名。在仰韶文化繁荣期间，海岱地区的部族按照自身的传统发展，形成了大汶口文化。到了距今5000年前，受到寒潮和旱灾的影响，仰韶文化逐渐衰落，不断西退至陕西关中地区和陇东高原上，形成了大地湾和南佐等大型聚落遗址。与此同时，干燥的天气反而使得黄河下游地区海退泽消，露出了大片肥沃的平原，为东夷部落的发展带来绝佳机遇。于是，东夷人则趁机西进，进入中原腹地，占领了河南中东部地区。在长期战争中，东夷与中原文化相互碰撞融合，大汶口文化成为华夏民族的族源之一。作为中华史前文化的东方代表，大汶口文化中有哪些有趣的发现呢？

　　大汶口文化因首先发现于山东省泰安市大汶口遗址而得名，主要分布在山东、苏北、皖北和豫东区域，从距今约6500年开始，一直延续到距今4500年左右。由于山川、江河和大海的阻隔，史前时期海岱地区的文化发展相对封闭，大汶口文化一直保持着自身浓厚的特点。

牙齿去哪儿了？
　　在大汶口文化的墓葬中，有很大比例的头骨都"龅牙露齿"。当然，即使是医疗发达的今天，我们也会因为疾病或外力导致牙齿缺失，然而，大汶口先民这些缺失的牙齿位置特殊，全都是成对儿的上颌侧门齿，未免太过巧合了。经进一步发掘发现，缺失牙齿的头骨年龄最小的仅14岁，考古学家推测，这应该是有意为之的，是大汶口文化的居民盛行的拔牙习俗，可能是作为部落的一种成年礼。

其实，大汶口文化中的拔牙习俗一直流传到了今天，在我国岭南和西南的少数民族地区仍存在着类似的拔牙行为，连远在朝鲜、日本、马来西亚、波利尼西亚的近现代史中也找到了拔牙习俗的记录。

大汶口先民似乎对牙齿情有独钟，在他们的墓葬中，死者手中握着的不是金银财宝，而是獐牙。

獐听起来很陌生，实际上它是一种只生活在中国东部和朝鲜半岛的小鹿。它们长相怪异，不像其他鹿类，没有鹿角，反而生得两颗硕大的犬齿，从上颚向下突出口外，形成獐牙，最大可达八厘米。距今6500—5000年前，海岱地区还是暖湿气候，广阔的低洼平原上形成了众多湖泊、河流和沼泽地带，这是獐最喜欢的生活环境，它们常常通过跳入水沼躲避敌害。可能因为大汶口先民长期与獐生活在同样的环境下，羡慕它们的机敏和水性，为了获得这些能力，就用獐最有特点的牙齿装饰自己，算得上

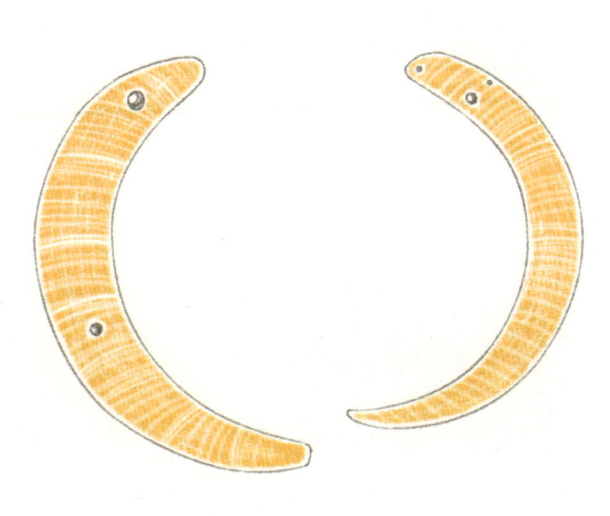

大汶口遗址的獐牙

第四章　古国四起，文明初成

是一种獐崇拜。以獐牙随葬的习俗出现于大汶口文化早期，到中、晚期有逐渐增多的趋势且还出现了由獐牙制作的钩形器等装饰器物。

拔牙和以獐牙随葬的习俗主要流行于大汶口文化时期，到龙山时期几乎消失不见，这些习俗可能源自大汶口先民对獐的图腾崇拜，拔掉上侧门齿以模仿獐的样子，生前随身携带獐牙制作的钩形器，死后随葬獐牙，均可能是图腾崇拜的反映。

口中为何含小球？

考古人员在大汶口墓葬中还发现了一件怪事，一些墓主人的嘴里含有陶球或石球，小球的直径通常在1.5至2厘米之间。起初，这些小球并没有引起考古人员的注意，因为中国自古就有口含物品下葬的习俗。比如，西汉时期流行"葬玉"文化，在死者口中含上玉石或玉蝉下葬，寓指精神不死、羽化

大汶口文化的象牙梳　　　　　　大汶口文化的镶绿松石骨雕筒

升天。但是考古人员仔细观察墓主人的牙齿后，断定口中的小球不是死后放入的陪葬明器，而是生前就一直含在嘴里的日用品，因为齿冠和齿槽都出现了异常的圆弧状磨蚀，这是与球面硬物长期磨损留下的痕迹。考古人员甚至在六岁左右的小孩的尸骨中也找到了口含小球，看来这种行为很小时就开始了。可是，含着小球不仅不舒服，而且容易产生牙齿病变，带来很大痛苦，大汶口居民为何还要如此行为呢？难道是一种刑罚？

恰恰相反！随着挖掘的墓葬越来越多，考古人员发现，口含小球属于少数人的个别行为，这些人的陪葬品非常多，其身份地位应该很高。因此，有学者推断，这不同于前面提到的拔牙等大众风俗，相对高贵的大汶口人希望通过口含小球的行为改变脸部的形态，形成明显的特征标志，彰显其特殊的社会身份。这是骄傲的大汶口先民对精神优越感的追求，身体上的痛苦在高贵的骄傲面前算不了什么，只是必须付出的代价而已。即便死去，他们用尽一生所追寻的骄傲也要留在自己身边。

贵妇的葬礼

大汶口墓葬中大墓和小墓有鲜明的对比，小墓一般长不到两米，仅几十厘米宽，有的甚至没有一件像样的随葬品。而大墓长约四米，宽二到三米，有二层台和棺椁。在一些高等级贵族墓葬中，除了日常所用的陶器、骨器等随葬物品外，考古学家还发现了珍贵的玉石器和象牙器。例如大汶口遗址中的一座墓葬，墓主人是一个50到55岁的女性，根据资料显示，该墓葬具应由多根原木卧叠而成，成本巨大。更值得一提的是，该墓出土了上百件随葬品，仅头部佩戴的石质装饰品就由77个单件构成。此外还有墓主人佩戴的玉臂环、玉指环、玉铲，大型的象牙雕筒、象牙梳与精美的各类陶器若干。仅这座墓中出土的随葬品就相当于该遗址40多座小型墓葬的随葬器物，这在四五千年前新石器时代的墓中出现，其数量之多、财富之巨、分化之悬殊令人惊叹。

墓葬的差异彰显出了鲜明的阶级分化和巨大的贫富差距。大汶口文化遗存表明以公有制为基础的原始母系氏族社会正在解体，逐步进入到父权制社会，但仍处于过渡和交替阶段，难免还带有母系氏族社会的痕迹，这座女性贵族大墓和口含小球的女性贵族墓葬都说明当时部分女性仍然地位尊贵。而此时，在距离大汶口文化遗址仅一百多公里的城子崖，一个全新的史前文化正在汲取着大汶口的养分蓬勃发展着，而它将为海岱地区文明打上最鲜艳的底色。

大汶口文化的玉铲

五

神坛庙冢牛河梁

祭坛，神庙，石冢——
掌管神力之人的
生死场

大约距今五六千年前，一支仰韶部落的"探险队伍"向北穿越燕山地区，在西辽河流域安营扎寨。这群来自仰韶部落的"异乡人"与当地土著融合，创造出了一个全新的文化，考古学家称之为"红山文化"。

"红山"是地名，位于内蒙古自治区赤峰市红山区。这里发现了一支颇具特色的考古学文化，距今约6500—5000年，因首次发现于红山，因而得名"红山文化"。红山文化主要分布在东北西部和内蒙古的中南部。虽然红山文化首次发现在内蒙古，但真正令其声名远扬的却是位于辽宁省朝阳市境内的牛河梁遗址，可以说牛河梁遗址有多"牛"，红山文化就有多"红"。

一只耳朵与一座神庙

考古人与遗址的缘分有千万种。1983年秋，考古队员在一个水沟里发现了一个用泥巴捏成的人耳朵，随后又发现了泥巴做的人鼻子、乳房、手臂等。这些看起来没什么特别的女性泥塑残件却让考古队员异常兴奋，他们顺藤摸瓜，一座中国迄今发现最早的史前神殿遗址"女神庙"重见天日。

牛河梁遗址女神庙遗址

牛河梁遗址的红山女神像

女神庙建筑结构为半地穴式，由土木筑成。整体结构比较复杂，平面略呈"亚"字形。其布局呈多室组合、左右对称，主次分明。室内底面平整而坚实，且与墙面都有不同程度的火烧痕迹，墙面上绘有三角纹几何图案及勾连纹图形，被视为迄今所知国内最早的壁画。

女神庙中出土了大量的遗物，除一些房屋的建筑构件墙面和屋顶的残块以外，还有很多陶制祭器和泥塑造像。在造像中以人物塑像居多，有头、肩、臂、乳房、眼球、手等残件，还有两件孕妇雕像——被誉为"东方的维纳斯"。这些塑像大小不一，有的与真人一样大，有的是真人的两倍或三倍。

在紧靠着女神庙主室一侧的墙壁处堆满了红烧土块，在土块附近出土了一尊较完整的、庙内最大的女性头像，被称为"红山女神"。头像以黄土掺草禾为胎，未经烧制，涂有红彩，与真人头大小相近，面部圆润，眼窝浅浅，鼻梁不高，嘴唇薄而长，下颏略尖。最奇特的是她有世界上独一

牛河梁遗址的女神复原像

无二的眼睛——眼珠是两粒晶莹碧绿的圆饼状玉石,玉石正面凸起抛光,仿佛正迸发出炯炯有神、穿透时空的目光。但值得注意的是,女神像空腔内带有肢骨,因遭火焚烧成了灰渣,专家认为有可能是人骨,由此推测,牛河梁女神像或许是以现实中的人物为依据塑造出来的。5000多年前的红山文化还处在母系社会阶段,这位女神有可能是5000年前真实存在的女性首领。

牛河梁女神庙的发现最重要的意义就在于,不仅发现了明确的庙,更发现了庙内供奉的神像,该女神庙已具有了宗庙的雏形,这就改变了中国奉祖像的宗庙从上古到近古无例证的状况。考古学家苏秉琦先生曾说:"她是红山人的女祖,也是中华民族的共祖。"

在《红山文化考古记》中,考古学家郭大顺写道:从世界范围来看,在距今5000多年的各个文明古国中,像牛河梁遗址这样大规模的泥塑神像群,并无先例,称得上是"海内孤本"。

儒家典籍《礼记》:"君子将营宫室,宗庙为先。"毋庸置疑,牛河梁遗址的陶制女神头像及若干人体塑像残件都印证着那个时代的审美观和宗教观,体现了中华民族的祭祖传统。

同心圆的三重坛

北京的天坛是明、清两代皇帝祭天、祈谷和祈雨的场所。其中,天坛内的圜丘坛、祈谷坛和祈年殿是最核心的祭天建筑,它们有个共同的特点,都是圆形的三重坛台造型。这种造型是北京天坛的原创吗?

1983年,在牛河梁遗址中也发现了神秘的祭坛。祭坛距女神庙1000米左右,位于一处人工夯砌的圆锥形小土山上。祭坛平面呈圆形,用三圈石

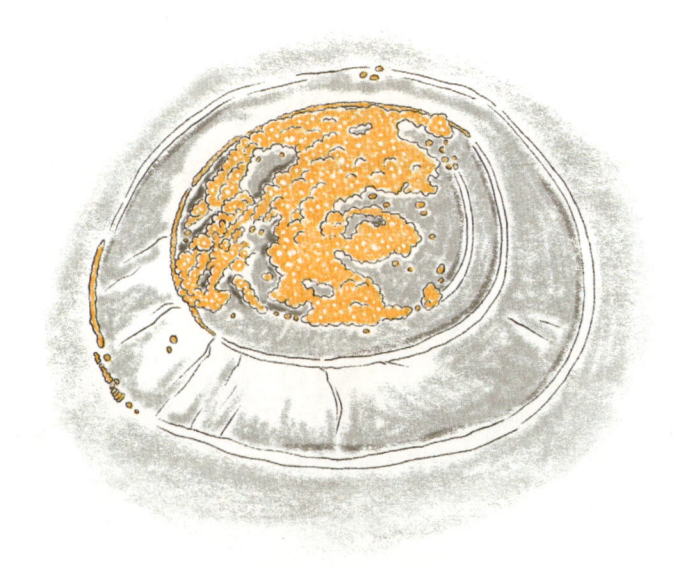

牛河梁遗址的三重祭坛

头围砌起来，分成内中外三层，由外向内逐步升高，最高高度约为一米，形成三重圆坛，和北京天坛的形制几乎一样。牛河梁遗址距今5500年至5000年，可以说，牛河梁祭坛是北京天坛的老祖宗了。那么，为什么5000多年过去了，祭坛仍然是这种三重圆坛的结构呢？

古人祭祀讲究"所祭必像其类"，也就是说，用于祭天的祭坛，形状一定得像天。天长什么样？古人认为天圆地方，所以天坛是圆的，地坛是方的。那为什么要用三个同心圆呢？二十四节气中有四个时间点最为特殊，分别是春分、秋分、夏至和冬至。我们知道，夏至时，太阳位于北回归线上；春分和秋分时，太阳正好位于赤道上；冬至这天，太阳则在南回归线上。古人通过观测，用春分、秋分、夏至和冬至这四天太阳划过天空不同位置所形成的三个同心圆表示天象的变化，因此用来祭天的祭坛都是三层圆环的结构。

积石冢

"冢"即高大的坟，考古学家把用石块堆砌起来的红山文化墓葬形式称为"积石冢"。积石冢内的墓葬规格已有高低之分，其中，中心大墓规格最高，四周砌筑石墙，内部四面砌有石阶，石棺宽大且齐整。在牛河梁

牛河梁遗址的积石冢

遗址的其他地点，也发现多座积石冢，其中一座中心的凿石穴内置石棺的中心大墓，是迄今为止发现规模最大的红山文化墓葬。

在这些墓葬中，发现随葬玉器多件。其中一座墓葬中出土了两件玉猪龙，一青一白，一雄一雌，置于墓主人胸部左右两侧。墓主人双腿交叉，考古界称之为"天地交泰"，亦为阴阳之和，代表的是风调雨顺。故宫里有一个宫殿就叫交泰殿，交泰殿的位置不偏不倚，恰在乾清宫和坤宁宫的中间。"乾"为"天"是"阳"，"坤"为"地"是"阴"，交泰殿位于中间就是取阴阳交通之意。还有一座墓随葬有玉人和玉凤，尤其是玉人的形象极为罕见。这件玉人以巫师的形象雕刻而成，两手十指张开，双肘并拢在胸前，像是祭祀的动作。这件玉人和千里之外位于安徽省的凌家滩遗址中出土的玉人极其相像，后面在介绍凌家滩遗址时，我们会详细和大家聊聊这件玉人和它的"远房亲戚"之间的故事。总之，牛河梁遗址的玉器非常精美，共出土了180多件，这些玉器造型古朴，纹饰精美，制作精湛，数量多寡不一，说明当时已经具有很高的琢玉工艺技术。由于这些玉器只出土于大型墓葬中，

牛河梁遗址的玉凤

牛河梁遗址的玉人

第四章 古国四起，文明初成

表明当时已经出现了严格的等级制度，形成了"以玉为贵"的理念，这对夏商周时期"以玉为礼"的观念和制度产生了深远影响。

祭坛和女神庙是当时先民们进行大型祭祀活动的场所，也是祭祀文化的象征。祭坛后部像"方基"的遗存其实是"冢"。冢上置坛说明红山文化的积石冢不仅是墓葬，同时还兼有祭祀的功能。可见，在新石器时代的红山先民就已经有了复杂的宇宙观和明确的宗教祭祀行为，并在此后传承、交融和发展，延续至今。

牛河梁遗址发现的这种"坛庙冢"三合一的建筑遗址是配套的，有些类似于明清时期北京的天坛、太庙与十三陵，尤其是祭坛，可以说是后世一脉相承的鼻祖。

红山文化基于祭祀礼仪体系的雏形对中国古代的哲学思想、制度等产生了深远的影响，成为中华民族的核心文化基因之一。牛河梁遗址的一系列重大发现，最重大的意义在于提出了辽西地区5000年文明起源的新课题，也将探索中华文明起源的目光更多地吸引到中原以外的地区。至此，红山文化成为研究中华文明起源特征的核心内容之一。

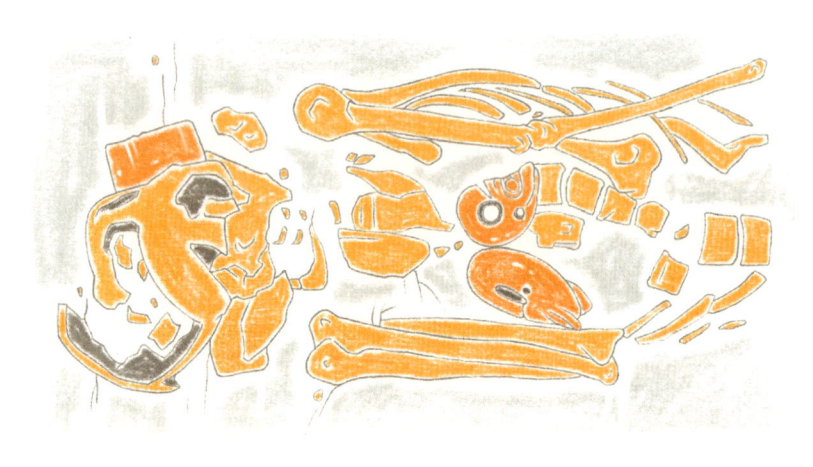

牛河梁遗址的墓葬与玉猪龙

小知识

最早龙形玉猪龙

玉猪龙是一种"猪首龙形器",龙身呈"C"形弯曲,是红山文化的典型器类,被认为是龙的最早雏形。

红山文化的崇龙习俗在后世几千年的时间里,逐渐流行到西辽河、黄河和江淮以及江汉之间,凝结渗入到中国传统文化的深层结构中,直接影响到了商代玉器的发展,商代玉器中的代表性玉器即玉雕龙,其玦形和首部形象都与红山文化玉猪龙有着直接的承继关系。

牛河梁遗址的玉猪龙

第四章 古国四起,文明初成

六

豪门大宅鸡叫城

谁的豪宅
透着楠木香气
在曾经的湖沼之上

中华大地古老而深沉,无论是熙熙攘攘的都市之下,还是只有野风才会光顾的山坳之中,说不定哪天就会显露出令人意想不到的文明遗迹。有时文明就像调皮的孩子一样,喜欢扎堆儿一起玩耍。

6300年前,在湖南省常德市境内的澧阳平原上,出现了目前已知的中

国最早的古城——城头山。1000多年以后,同样还是在澧阳平原,城头山的"后辈"鸡叫城悄然崛起,两地相距仅13公里。有意思的是,城头山的衰落时期,正是鸡叫城的兴起时期。

"鸡叫城"的名字源于一个传说,相传有仙人夜间筑城,鸡叫而成,故有此名。1975年,澧县当地考古工作者在涔(cén)南乡鸡叫村内发现了鸡叫城遗址,它坐落于澧水支流附近的一处高岗上。鸡叫城被发现后并未大规模发掘,而是带着秘密继续安静地沉睡在澧阳平原这片孕育了自己的土地上。直到20世纪90年代,鸡叫城遗址才成为"中华文明探源工程"和"考古中国"课题实施的重点项目。此后,考古人员对其进行连续多年的田野考古工作,发现了鸡叫城聚落群的三重环壕结构体系、规模庞大的灌溉稻田片区以及大型木构建筑群。

三重环壕

鸡叫城城址平面呈圆角方形,城内面积约15万平方米(含城墙)。城

鸡叫城遗址考古发掘场景

第四章 古国四起,文明初成

四周是土筑的城墙，城外水网密布，与护城河和外围的两道环壕一起构成同心圆，组成了复杂的网状水系，拱卫在城周围，最终形成了三重环壕的聚落结构，在长江流域尚属首次发现。

鸡叫城的规模比城头山宏大得多，不过，鸡叫城并不是一下建成的。鸡叫城横跨了4000多年的历史，八九千年前，这里还是一片湖沼时，当时就有人来此定居。后来湖沼逐渐成陆，聚集的部落越来越多，人们开始在村落外围开沟排涝，围堤造田，逐渐演变成了环壕聚落。人们把环壕挖掘出来的土向内侧堆积起来，逐渐形成了城墙，此后，城墙不断向内外加宽，最终才变成底宽28米、顶宽13.6米、高度3.2米的高大城墙，这才演变出鸡叫城的"完全体"。

2.2万公斤的粮食仓储

鸡叫城的功能分区非常明确：第一圈环壕以内是城的主体；第二圈环壕以内是生活区和居住区；二重环壕以外，主要用来种水稻。

考古工作者在鸡叫城二重环壕外发现了数层叠压的水稻田，水稻田里还存有犁痕和足印。之后，又在城中发掘出了谷糠层堆积，面积约80平方米、平均厚约15厘米，这在全国范围内都非常罕见。工作人员初步推算，产生这些谷糠的稻谷重量达2.2万公斤。按照一日两餐、每餐三两米饭的标准，大约可供1000个成年人吃46天。这说明，鸡叫城遗址的稻作农业非常发达，生产的粮食能够供养大量人口。

填补中国史前建筑空白

鸡叫城城内有大型的木质建筑，由主体建筑和外围廊道组成，从东到西面阔五间，其中最大的一间室内建筑面积420平方米，加上廊道总面积达630平方米。这几座建筑距今4700年左右，是目前考古发现的中国最早最完整的木结构建筑基础，也是目前能够确认的长江流域单体面积最大的殿堂式建筑。经检测，有一批建材是楠木和樟木，这两种木头都有耐腐、防虫、喜阴湿、质地坚韧而不易折断的特点。现在的楠木和有些品种樟木都是非常贵重的木材，主要用于制作家具，很少能奢侈地用于建造房屋了。

由于长江流域处于亚热带，气候湿润，房屋通常不得不修建在沼泽地之上，所以，建造房屋时需要先在地上挖好基槽，然后在基槽内垫上又宽又长的木板以增加受力面积，防止柱子在松软的土地上下陷，最后再在上面插立柱，立柱之上才是人们的居住空间，类似于河姆渡人的干栏式建筑。

这些立柱极为考究，以直径约0.5米的半圆形大木柱为主体，间以长方形小木柱，转角处以1/4圆木作为转承。鸡叫城先民能砍伐如此粗大的树木，并加工成方方正正的木板和木柱，做得还如此平整美观和科学，说明他们已经有了很成熟的工具和先进的建筑知识。

鸡叫城的大房子为理解长江流域史前建筑形式与技术提供了重要资料，丰富了中国土木建筑史的内容，填补了中国史前建筑史的空白。

环壕、城墙、谷糠壳和大型木构建筑的发现，反映出鸡叫城当时的生产能力和社会组织能力都已达到较高水平，为稻作农业视野下中华文明起

鸡叫城遗址木构建筑复原图

源和早期国家形成的研究提供了重要资料。

更重要的是,鸡叫城并不是一座孤城,在它周围已发现的旧石器时期遗址就有200余处、新石器时代遗址500余处。以鸡叫城为中心,周围约两公里范围内还分布有数十处近似时期的遗址,构成了庞大的聚落集群,是澧阳平原史前文明的重要代表。

就这样,在距今四五千年前,长江流域的鸡叫城静默无声地证明着中华文明"满天星斗"的格局和连绵不绝的传承。

七

玉料争夺在黄山

遥远的岁月
玉石养育一方
风暴也曾来过

在河南省南阳境内的一个小山村里,考古学家发现了一个距今7000多年前的新石器时代遗址。小山村比周围高出25米左右,形成一座小山包,于是得名黄山村,这个遗址也跟着命名为黄山遗址。和我们之前介绍的其他遗址相比,黄山遗址的面积并不算大,长和宽都只有五六百米,一口气就能从遗址东头跑到西头。别看这个土包小,文化层却非常丰富,包含了距今6500年到4800年近2000年的历史。黄山遗址中最主要的发现就是仰韶文化晚期的房屋遗存以及屈家岭文化时期的房址和墓葬,而将这两者联系起来的一是玉器,二是战争。

中华第一玉铲

黄山遗址的西南面距离独山直线距离不过2.5公里。独山玉是中国四大名玉,其主要产地就在独山。俗话说,靠山吃

黄山遗址的玉铲

第四章 古国四起,文明初成

山,靠水吃水,黄山遗址的先民也是靠"玉"吃"玉"。1959年1月,南阳黄山遗址第一次考古发掘时,就出土了五件独山玉制品,是中原地区最早的玉制品。这些玉制品距今约5000年,是屈家岭文化时期的产物。

独山玉不仅色泽鲜艳,五彩斑斓,而且异常坚硬,比纯铁还要硬上许多。因此,黄山先民最早主要是将玉料做成玉斧、玉铲、玉镰、玉刀等生产生活工具,而非阳春白雪的工艺品——黄山先民和他们的玉制工具绝对可以称得上是"低调奢华有内涵"。不过,第一次考古时发现的五件玉铲中有一件极为特殊,这件玉铲色呈青黄,玉质丰盈润泽,但体形是其他玉铲的几倍,而且刃部无使用痕迹,应该不是用来生产的实用工具,推测可能是祭祀用的礼器。这件玉铲被称为"中华第一铲",现藏于河南省博物院。

玉器经济开发区

随着对黄山遗址的多次调查和发掘,考古人员在这里发现了数以万计的玉石工具,以及大量的玉料、玉片、半成品和废弃品。可是,黄山村这个小小的仰韶聚落一共也没多少人,为什么要制作这么多的玉器呢?在灵宝西坡等仰韶文化遗址中,出土了同样用独山玉料制作的玉器,却均没有发现大规模的玉器作坊。考古人员因此推测,黄山村或许是仰韶人的"玉器经济开发区",整个南阳盆地的相关玉石产业都集中在此处。周边聚落的玉器很可能都是由黄山村统一在独山开采、制作,随后通过贸易的方式,运输到各处。久而久之,黄山遗址不仅发展出来一条完整的玉石加工产业链,而且吸引了优秀的技术人员,形成了远销"海内外"的"仰韶玉器老字号"。

那么,黄山村应该存在着一套从前端原材料采集,到终端生产销售的玉石加工产业链。但是,仰韶时期别说汽车,连马车都没有,黄山村的先民是怎么把这么多玉石从独山搬到村子的?

2018年，考古人员第二次发掘时，在黄山遗址和独山之间发现了一条人工运河，运河宽27米，深约七米，长度在500米左右，运河末端是一处直径约50米的半圆形码头，其后有近半米厚的烧土垫路，与村子相连。这应该就是黄山"玉器加工厂"原材料的运输通道。这条古运河比之前发现的5000多年前的玉铲还要久远，从7000年前的仰韶文化时期一直沿用到5000年前的屈家岭文化时期。

这些玉料从独山运到黄山村后，又是如何加工生产的呢？在黄山遗址内，考古人员发掘出20多座仰韶文化时期的建筑基址，其中就有大型的"玉石加工坊"。作坊为联排建筑，呈长方形，由多个单元套房组成，每个单元套房就是一间小作坊。所有的套房中间都有一道隔墙，将其分为前后两间，隔墙上竟然还发现了推拉门装置——地面有槽，里面装着带滑道的龙骨。前间为制玉工坊，设有长方形的炉台，周围散落着许多残存成套

黄山遗址的玉钺、骨樽、象牙把握饰

的陶器、磨石墩、玉石器以及玉石料和半成品。后间是居室，应是制玉工人平时休息的地方。可以想见，那时的黄山村依山傍水，男耕女织，并有制玉工匠家族，世代以琢玉为生，这里简直是一片美丽、祥和、富裕的世外桃源。

然而，大约在5000年前，黄山村仰韶人世代安宁的生活被突然打破了。长江中游的屈家岭人突然开始大规模强势地向北挺进，其中一支进入了黄山村。他们手持弓箭，依靠武力，驱赶走了世代居住于此的仰韶部落。习惯了和平的仰韶人并没有太多防备，黄山村一下被这些武装到牙齿的屈家岭远征军占领了。

或许是武力让屈家岭人独霸一方，也恐怕抢来的权势再被别人抢走，这种武装防卫一直保持了下来。在黄山遗址中发现的屈家岭时期的男性墓葬中几乎座座都有玉钺、弓箭等武器。在这些屈家岭时期的墓葬中，其中有两个豪华大墓鹤立鸡群。一个墓中，墓主人左手持弓，右手持玉钺，脚踩18个猪下颌骨。另一个则更加豪气，陪葬品有400多块猪下颌骨，还有一副玉钺，一把象牙握饰的长弓以及三捆骨镞箭杆。在远古时代，弓箭象征军事，玉钺象征王权，猪下颌骨象征着财富，这两位墓主显然身份不同寻常。

屈家岭人统治黄山村之后，也许是想向仰韶人学习制玉技术，并没有马上赶走所有的原住居民。仰韶人原来的玉石加工业在屈家岭人的领导下，愈加发达，直到距今约4500年前石家河文化时期，原来的玉石作坊发展成了集约化生产的工厂。自从被屈家岭人占领后，黄山村就开始向着南北融合的趋势发展。

黄山遗址反映了史前时代南北文化激烈碰撞和融合发展的社会复杂化和文明进程，是探讨南阳盆地、江汉平原文明起源和文化发展的关键遗址。玉器与战争，是黄山村用2000年时光铸造出来的一枚历史铜板，在这枚铜板上，正面铭刻着文明的玉铲，背面流淌着野蛮的鲜血。

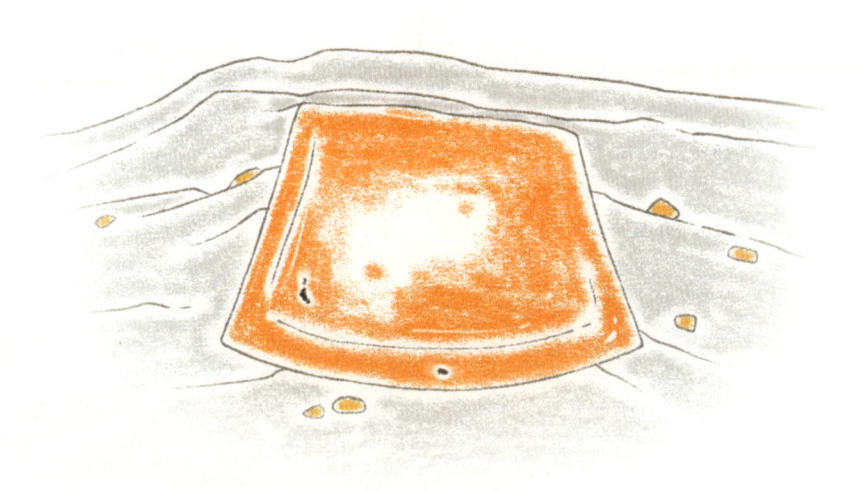

黄山遗址的玉钺

八

长河古城城河城

**蜷卧的巨龙与它
深陷泥土的倒影——
仰望苍穹**

气势汹汹的屈家岭人占领黄山村前，他们住在哪里？

在湖北沙洋县西部有一条叫作城河的小河。城河边上有一座小村庄，得名城河村。1983年，城河村的身世因为一处说不清来历的土岗及其中的陶片而"露出马脚"。原来这里曾是屈家岭人居住的古城之一，称为"城河遗址"。

6000多年前，澧阳平原上城头山先民带头挖沟筑城，建造了中国最早的古城。此后不久，长江中游各地部落纷纷效仿，掀起了一场浩浩荡荡的"史前筑城运动"，城河村就是其中之一。

自2012年开始，由国家级和湖北省等考古机构组成的联合考古队对城河遗址进行了8年的发掘，这才发现那处30年前找到史前陶片的土岗正是古城城墙遗存。经探测整个城墙残高4.8米、南北长600～800米、东西宽550～650米，呈近似椭圆形闭环，像一条懒懒的巨龙包围着古城，城墙外围有护城河。城内，发现了多类遗迹现象，出土了大量陶器以及纺轮、石镞、石斧、石环、玉璜等遗物，确认这是一处距今5000—4000年的大型城址，遗址面积约70万平方米，仅次于后文中将介绍的石家河城址（120万平方米），算得上是已发现的长江中游史前的第二大城市了。

城河遗址航拍示意图

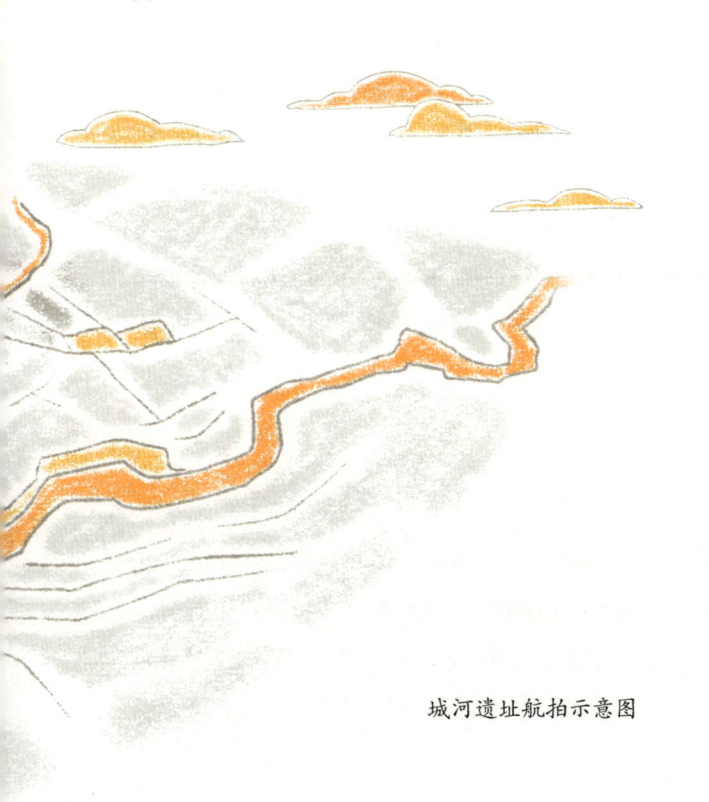

第四章　古国四起，文明初成　127

先进的建城规划

城河村正如它的名字,这里除了城,还有河。古人择水而居,城河先人也不例外,他们定居在汉江西岸、两河相交的三角地带,河水分别从城河村的西、南及东侧流经,汇合于村子的东南方。为了防止多雨季节"水漫城河",城河先民在北城墙建造了水坝,并设有两个进水口,将城外的河水引入城内,城内设置有复杂的水道,保障居民生产生活用水。同时在城墙内坡挖设排水渠,使降水汇聚到其中,同城内废水一道通过南城墙的出水口排入南部城河。当时,对水系的利用、管理是一项"国家级"的巨大工程,必须调动足够的社会资源,说明当时城河先民的社会发展水平已达到相当的高度。

除了排布整齐的水渠,古城内的其他分区布局也十分清晰。城区中心台地上是一座占地800平方米的院落建筑,院落两侧有排房,形成"凹"字形的布局,应该是古城的中枢。院落东侧是一片面积约5000平方米的红烧土遗迹,推测可能为活动广场。院落北侧堆积着废弃的陶片和红烧土,可能是垃圾倾倒形成的。南侧则修建有黄土台,附近散落了一些跟仪式活动有关的四耳器和筒形器等特殊器物,应该是祭祀区。祭祀区的旁边发现有屈家岭文化时期陶窑,可见这里是专门的陶器生产区。一般性居址修建在外围地段,有的陶器内还残留着米制食物,居址面积与大型建筑之间形成鲜明对比,表明当时江汉地区的社会分化已十分严重,这在附近发现的同时期墓地中也有反映。

结伴而眠?

与其他古城在居址就近设置墓地不同,城河先民将墓地设在了城外北边地势最高的地方——现名王家塝(bàng),可能是希望祖先在天有灵,从上面照看和护佑子孙。这里共发掘出近300座大小墓葬,小墓围绕大墓分布,超过70%的墓葬都有葬具——装盛死者遗体遗骨(骨灰)的器具,也

城河遗址的同穴三室合葬墓

就是先把尸骨放在棺材后再下葬。最初，人类没有埋葬亲人的习惯，原始社会时期，逐渐产生了祖先崇拜和灵魂不死的观念，此后，才有了埋葬亲人的习俗。随着丧葬习俗的发展和传承，不同的时代、民族、地域里逐渐出现了多种多样的葬具形式。比如，仰韶文化地区多以陶制的瓮、盆为葬具，称为瓮棺葬，而城河遗址王家塝墓地中的葬具则以独木棺为主。

独木棺即由一整根木材制成的棺木，在制作时将一大树砍倒，取其一段，劈成两半，挖空中间，将死者置于其中，再埋葬。人是群居动物，多以家庭为单位朝夕相处，因此房屋大都是"两室""三室"的多间格局，但当生命走到尽头时，绝大多数人是一个人孤零零地告别尘世，墓葬便多是一人一墓。但是，城河遗址的葬俗十分独特，存在同穴多室合葬墓，即将不同的人合葬在同一个墓穴的不同墓室里。其中，有一处神秘的合葬墓前所未见，这是一处平行的同穴"三室"墓，中间以生土梁隔开，每个墓室内各埋葬一座独木棺，棺内外有石钺、陶器、漆器、象牙器等随葬品。在这"三室"墓旁边紧挨着一座"二室"墓，有意识地要跟"三室"连接

第四章 古国四起，文明初成　129

起来，形成一个五连葬的格局。

是谁在死后也要结伴而眠？他们五个人究竟是什么关系？

考古队带着谜团求助于体质人类学鉴定，希望能够通过DNA确定墓主人之间的关系。可惜由于当地土壤酸性太强，"三室"中只有中间墓室的人骨保存了下来，技术人员没能提取到全部的有效样本。好在，"三室"墓中都随葬了石钺，"二室"墓中都随葬了陶纺轮。钺是武力和军事的象征，墓主人通常为男性，纺轮则为女性的生产工具。考古学家根据随葬品做出初步的判断："三室"墓中三位是男性，"二室"墓中两位为女性。

城河人葬俗另外一个独特之处是墓葬绝大多数为竖穴土坑墓。这是一种将棺木垂直于地面竖直向下埋入墓坑内的墓葬方式，周边摆放随葬品，而后将土回填于墓穴并进行夯实，这种墓葬方式主要分布在黄河流域附近，城河村所在的长江流域却不常见。

竖穴土坑墓非常流行，是农村土葬的主要方式。由于长江中下游地区

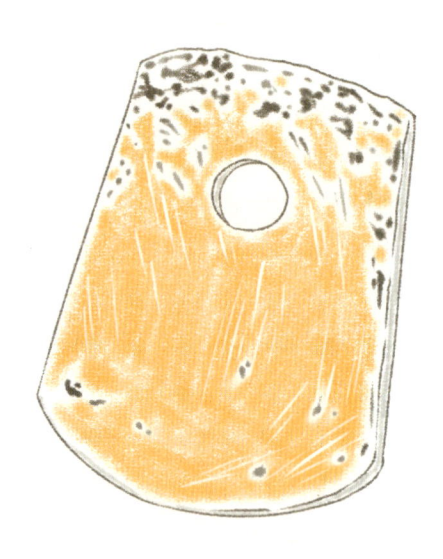

城河遗址的玉钺

城河遗址的四耳器

河流纵横、水网密布，地下水位浅，不适合挖坑掩埋，于是便将尸体放置在地上，再用土掩埋，故而长江中下游主要流行的是土墩墓，这在河姆渡文化、屈家岭文化、崧泽文化、马家浜文化中都有发现。像王家榜墓葬这样竖穴土坑墓的史前独木棺的遗迹，是首次在长江中游大规模发现。

从墓葬规模、葬具、随葬品等情况看，城河城已然存在厚葬之风和明显的等级差别。大多数墓葬都有随葬品，只是数量不等。墓地面积在十平方米以上的大型墓葬就有七座，都有体量较大的棺木以及精美的玉钺、石钺、漆器以及大量磨光黑陶等随葬品。

在中国的先秦文献和人们旧有的观念中，长江中游在商周之前一直是荒蛮之地，各方面发展都比较落后，但城河城遗址中发现的城垣、水利系统、墓葬等一系列相关遗存，足以证明长江中游地区的文明进程在四五千年前已经与同时期的长江下游、黄河中游的区域文明遥相呼应。

第四章　古国四起，文明初成

小知识

奇妙的体质人类学

体质人类学是一门研究人类体质特征、类型及其在时间和空间上的变化规律的科学。应用在考古领域，主要体现在对古人骨和动植物遗存中残存的DNA进行提取、扩增、测序、分析，了解其遗传学结构、性别、年龄、食谱、迁徙、健康状况、生活习俗、死亡原因等。

人骨鉴定场景图

九

玉礼祭坛凌家滩

消失的城
温润的光
闪耀四方

1985年，安徽省含山县凌家滩村一位村民挖坟地时，无意间发现了一些奇怪的石头和陶片。这些石头奇形怪状，不像自然形成的。考古人员闻讯急忙赶到现场，初步调查后认为，这些石头有人工打制的痕迹，应为石器，经发掘探测，这里是一处新石器时代的遗址，后来被命名为凌家滩遗址，距今5800—5300年。

玉的宝藏

和大多数中国南方的史前遗址一样，为了躲避水患，凌家滩也建在村周边的一处高岗上，最初发现石器和陶片的地方就在高岗的最高处。在新石器时代，墓葬通常会选在高处建造，结合附近找到的红烧土块，考古人员推测这里极有可能是一座墓葬。

在随后对凌家滩的勘察和挖掘中，考古队果然发现了墓穴。这座墓穴建造得非常讲究，墓底呈球形，底部是枣红色的填土，填土上还铺了一层光滑的小鹅卵石，墓主人的身份应该不同寻常。可惜的是，墓主人的尸骨被酸性土壤腐蚀殆尽了。随后，考古人员在周围50平方米的范围内找到了四座墓葬，出土了200多件文物。它们几乎都是精美绝伦、工艺精湛的玉

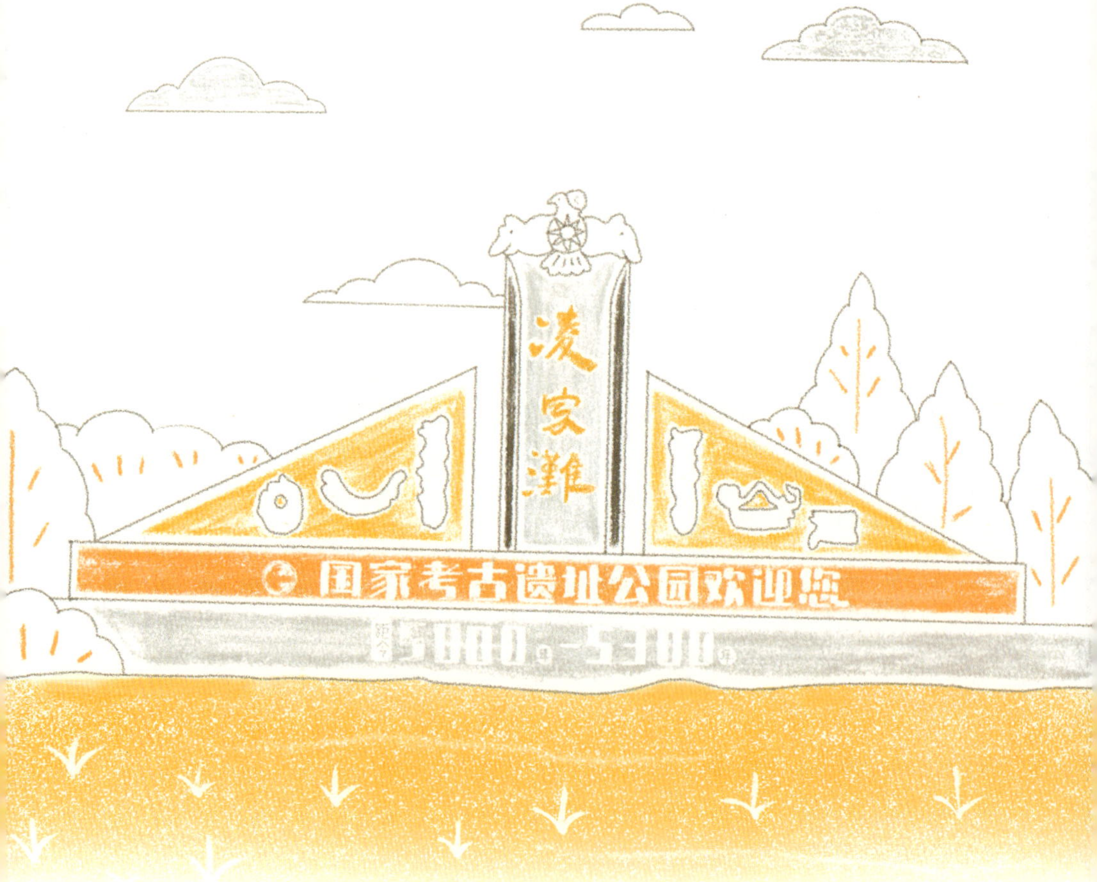
凌家滩
国家考古遗址公园欢迎您

器，有玉龟、玉版、玉鹰、玉猪、玉人等。

后来，考古人员又对凌家滩遗址开始了持续数年的发掘工作，先后共有14次，出土各类文物3000多件，其中玉石器等珍贵文物1200多件。这里面有100多件玉器精品被运到北京，珍藏于故宫博物院。

凌家滩玉器在形制、工艺、文化象征等方面对后世影响极其深远，让考古学家们都感到奇怪和震惊的是，有些玉器甚至还可能藏着中华文明失传已久的上古秘密。

玉龟版的秘密

凌家滩的墓葬已经有了非常明显的分化，1987年最初发现的文物大部分都出自同一座墓葬，这座墓葬仅玉器就多达133件，其中最著名和神秘的当数一套玉龟版。

玉龟版是由玉龟和中间夹着的一块刻画着纹饰的玉版组成，现藏于故宫博物院。玉龟版的玉版上的纹饰正面刻了大小两个同心圆，小圆正中刻

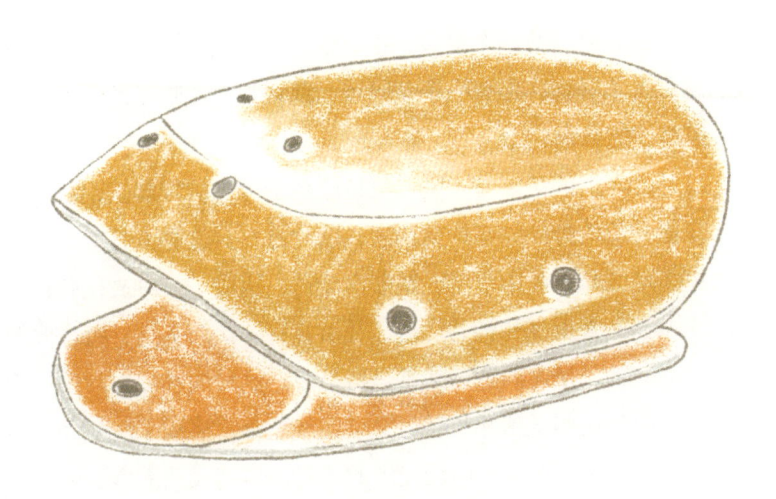

凌家滩遗址的玉龟

凌家滩遗址的玉版

有八角星纹，小圆和大圆之间是八个箭头，准确地将空间分割为八等份，指向八方。大圆之外又有四个箭头，指向玉版的四角。不同专家学者对于玉龟版的解读各不一样，但有一个共同点：都认为其反映了凌家滩先民对空间和宇宙规律的认识。

  总之，5300年前的凌家滩先民们将自己对于世界的理解，记录在玉龟版上，希望借助龟的神性，与神灵沟通，以此占卜。这种占卜文化在太行山以东的海岱地区和长江中下游区域非常流行，达成了一种文化共识。这些地区的先民们非常重视和神的交流，凡事必卜，久而久之，每当要做决定时，总要问问神灵是否同意，结果是吉是凶。这种向神鬼占卜的行为，在2000年后的商朝达到了顶峰，并与文字系统配合，形成了我们如今熟知的甲骨文，甲骨文是迄今为止中国发现的年代最早的成熟文字，就是刻在龟甲和兽骨上的。

玉鹰和玉猪

玉龟版中潜藏的上古秘密或许早已失传，后人只能凭借考古发现的蛛丝马迹和残留至今的模糊记忆，做出合理的推测。不过，可以明确的是，玉版中心的八角星符号较为重要且影响深远，在凌家滩遗址发现的另一件国宝玉鹰上，也可以看到类似的图案。这个图案不仅广泛发现于我国东南部的多个民族文化中，而且存在于全世界多种文化中。

这件玉鹰现藏于安徽博物院，它的造型十分讨巧，可以轻轻托在手心里。玉鹰身体中心和玉版一样刻有两个同心圆，两圆之间刻画着八角星纹。通常认为大汶口文化所在的东夷部落以鸟为图腾，雄鹰为猛禽之首，象征着部落联盟首领，可以推测，玉鹰的造型可能受到了大汶口文化的影响。

凌家滩遗址的玉鹰（两面纹饰相同）

凌家滩遗址的玉猪

让人奇怪的是，玉鹰双翅伸展，似欲高飞，但两翅末端却雕刻成了猪头的形状。凌家滩先人有意把猪同鹰图腾以及八角星纹结合在一起，可见

第四章　古国四起，文明初成　137

在他们心中，猪具有十分特殊的地位。

在凌家滩遗址最为豪华的一座墓葬中，出土了300多件随葬品，其中有一只重达88公斤的大玉猪，这也是迄今为止我国发现的史前时代最大最重的雕刻玉猪。这个玉猪的材质并非普通的青石，而是与和田玉十分类似的玉石料。据推测，当年的制作工匠应是利用玉石料的天然形状加工出猪的吻部、鼻孔与獠牙，并用减地线刻表现眼睛和双耳，最终造就了这只巨大的野猪形象。

猪是杂食类哺乳动物，在石器时代就广泛分布于长江与黄河流域。因其具有勇猛、刚烈、多产的特性，在全世界范围内的原始社会都存在着猪崇拜或以猪为图腾的现象。在我国，自古就一直有以猪作为随葬品或殉葬品的习俗，其用意不仅是祭祀天地神明，更有展示墓主财力的含义。

考古学家推测，在凌家滩发现的这只大玉猪，也许正是凌家滩文化中有猪图腾崇拜的佐证。更有趣的是，在对凌家滩遗址进行第三次考古发掘时，人们又发现了与这只大玉猪形状一模一样的小玉猪。

祭坛和环壕聚落

从凌家滩墓葬中出土的众多玉器形象中可以看出，凌家滩先人笃信神的存在。古代社会，人和神交流的途径，除了占卜，还有祭祀。在凌家滩墓地中心的最高处，考古人员发现了祭坛。这里面水背山，在凌家滩人的心目中，一定是至高无上的地方。祭坛面积有1200平方米，上下分为三层，祭坛的表面残存着几处祭祀圈和祭祀坑，坑内有若干陶器和禽骨及烧灼的痕迹。在史前遗址中发现祭坛不算什么新鲜事，但凌家滩祭坛却非常奇怪，凌家滩的墓葬很多都在祭坛上面，完全和祭坛重叠在一起了。这种独特的风俗在其他遗址中极少见到。

凌家滩墓葬也以祭坛为分界线，分为南北两个区域。祭坛南侧主要是随葬了大量玉器的贵族大墓，而祭坛的北部几乎都是仅仅随葬了少量陶器的平民墓葬。由此可见，凌家滩先民已经出现了明显的等级分化，同时这些不同等级的墓葬又共处在同一座祭坛上面，说明当时社会的分化还不是特别严重。

凌家滩接连挖掘出墓葬和祭坛的消息吸引了很多考古专家的目光，人们都期待在附近也能发现凌家滩先人生活的痕迹。

2012年12月，考古人员果然在凌家滩村东侧，找到一处大型的红烧土遗迹。这片红烧土遗迹面积超过200平方米，很可能是5300年前凌家滩先人生活居住的房址。随后，考古队又在此处找到了木骨泥墙的痕迹。木骨泥墙也是古代建筑的一种方式。建房时，在房屋四周开挖沟槽，在沟槽中挖掘柱洞以立柱，在木柱之间编缀竹条、木条等，形成房屋的骨架结构，再在骨架内外敷上草和泥土，最后用火烤以增加硬度。木骨泥墙的发现，意味着这里的确是房屋的遗迹，也就是凌家滩先人的生活区。

看来凌家滩遗址远非是一片墓地那么简单。这个发现让考古人员极为兴奋，他们继续探索，在北面的裕溪河边发现了一条沟渠。这条沟渠是人

凌家滩遗址的外壕 TG（探沟）

工挖掘的壕沟，宽达30米，最深处距地表达7米多，总长1000多米，与裕溪河一起将凌家滩先人的生活区合围起来。就在考古人员以为这便是凌家滩遗址的边界时，他们又在墓葬区北面几百米处发现了另外一条环壕。这两道外围的环壕既是凌家滩先人的水利设施，又有防御外敌的作用。至此，凌家滩遗址的全貌终于呈现在世人面前，原来这是一处面积160万平方米，有着两道环壕的超大型聚落。

这样一个史前的超大型聚落是如何诞生的？凌家滩人最后又去向了何处？

归去来兮

让考古工作者感到奇怪的是，在凌家滩遗址的地层之下，没有发现人类之前活动的地层，而在凌家滩遗址地层之上竟然直接覆盖着汉代地层。凌家滩人在5800年前凭空出现，在这里生活了500年后又突然消失得无影无踪。可以说，凌家滩这个地方前无古人后无来者，直到3000年后的汉代，才又有人到这里居住。那么凌家滩先人从何而来，最后又去向何处？

在凌家滩墓葬中出土了三件玉人，这三件玉人体积都不大，大约只有十厘米高，厚度还不足一厘米。在凌家滩遗址发掘之前，我国发现的新石器时代人像，一般都是夸张变形的，但凌家滩遗址的玉人却是写实风格的。玉人方脸大耳，耳朵上还有穿孔，头上戴纵梁冠，冠顶平直，中间凸起。仅看头像，神似三星堆出土的大方脸青铜面具。玉人的双臂弯曲，置于胸前，十指张开，手腕和双臂上刻有横纹，应该是手镯或手环之类的装饰，玉人腰间佩有腰带，装扮很是华丽。显然玉人不是普通人，而是凌家滩先民中的贵族。

是不是觉得这个玉人似乎在哪里见过？在红山文化的牛河梁遗址中，也出土过极为相像的玉人形象。它们年代大致同时，姿势一样，大小也相近，只是牛河梁玉人的面相更接近当地蒙古人种高颧骨的圆脸形象，而凌家滩玉人则贴合本土长江流域的方脸型。

牛河梁玉人和凌家滩玉人不仅在形态上高度相似,而且采用了同种的制作工艺。两地玉人背面靠近脖颈处都有两个用来穿绳的隧孔,隧孔非常细小,孔径只有0.15毫米,比人的头发丝还要细。哪怕是在现代科技如此发达的今天,要实现这么细微的孔洞也只能用激光才能完成。可见,牛河梁玉人和凌家滩玉人钻孔技术已达到登峰造极的水平。据此推断,两地玉人的制造上具有承继性,两地族人之间至少有过交流。

两地相距1500多公里,有可能发生交流吗?

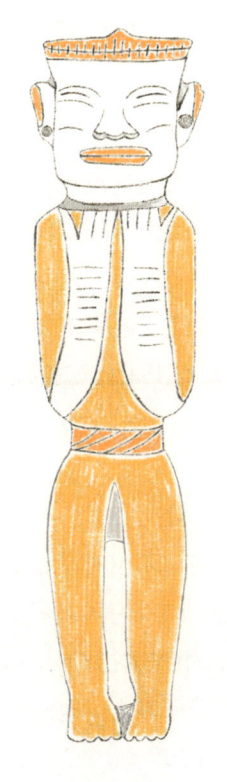

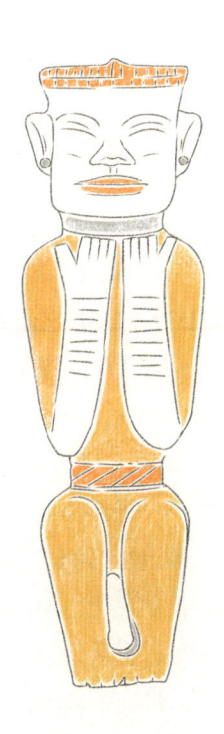

凌家滩遗址的站姿玉人　　　凌家滩遗址的蹲姿玉人

在距今8000—7000年前，跨湖桥先人就已经能够乘坐自制的独木舟海上航行了。5000多年前的红山人和凌家滩人之间发生直接或间接的交流，不是没有可能的。两地发现的玉龙、玉鸟、玉龟，特别是玉人的姿势方面都如此接近，如果为偶然，实在是难以解释。或许当时各个地区的文化可能存在着一个相互交流的网络。

凌家滩遗址的玉龙

后来，凌家滩先人为什么放弃了辛苦经营了几百年的家园，突然消失了？虽然我们无法完全确定当年凌家滩人消失的原因，但有一点可以肯定，凌家滩人遗址没有发现战争的痕迹，他们的消失应该和气候环境有关。长江中下游地区的史前聚落选择在高处生活，主要是为了躲避频发的水患。很可能5300年前发生了一场突如其来的特大洪水，淹没了高岗上的聚落，彻底摧毁了凌家滩先人的家园。凌家滩先人不得不扶老携幼，带上他们精细的制玉工具和引以为傲的技术，再次踏上寻找新家的旅途。

那么，凌家滩先人又去哪里了？

在距离凌家滩文化遗址几百公里外的太湖流域，出现了另外一处以玉器闻名的遗址——良渚。考古学家惊讶地发现，良渚不仅有与凌家滩相同的制玉工艺和玉器造型，就连墓地与祭坛重叠建造的特殊习俗都罕见地一致，更巧合的是，良渚文化出现的时间和凌家滩文化消亡的时间都是5300年前！我们有理由相信，良渚人很可能就是迁徙至此的凌家滩人。他们将自己的习俗、传统和工艺带到了良渚，传承和发展出了另外一个灿烂的文化。

史前遗址中，因发达的玉器，有"南良渚，北红山"之称。凌家滩文化的发现，将贯穿中国南北的两大玉器文化串联了起来，并以其发达的玉器文化，与红山、良渚合称为"史前三大玉文化中心"。总之，凌家滩遗址让今天的我们看到了五千多年前中华大地上各大文化沟通、交流、迁徙的过程，让中华文明起源的图谱变得更加丰富生动。

凌家滩遗址 M23（墓葬）出土玉器俯视图

小知识

减地线刻

又称"剔底线刻"，即沿花纹外廓将石面表层剔去，使花纹部分凸起，然后再于轮廓内以线条阴刻。

第五章

古国文明，高潮迭起

> 文明之风
> 以河流为弦
> 叮咚奏鸣

草鞋山，良渚大墓初现

一座大墓

颠覆认知

聚焦了众人目光

　　1972年，江苏省吴县唯亭镇砖瓦厂的工人在取土烧砖时，意外挖出了玉器，江苏的考古人员顺藤摸瓜探到了位于镇东北两公里处的草鞋山遗址。

　　草鞋山其实算不得山，只是阳澄湖南岸一个十多米高的土墩，因土墩形如草鞋，得名"草鞋山"。与草鞋山隔路相望还有另一个土墩，名叫夷陵山。这两个土墩并不是天然形成的，而是一代一代先民在此生活，人为堆积起来的。

　　先民为什么要堆起这么两座小山？考古人员凭着职业的敏感在土山上挖下去，居然发现这里埋藏着200多座墓葬。

　　一方水土不仅养一方人，也葬一方人。江南地区的墓葬和一般的墓不同，通常墓葬都是从地面向下挖，将棺椁或直接将墓主人深埋在地下；江南地区的墓恰恰相反，先在地面向上堆筑起高大的土堆，然后再在其上挖墓穴。这是古人为了应对南方多河流湖泊、地下水位较高的环境，让棺椁免受地下水的侵蚀而采取的应对办法。这种墓葬形式主要流行于长江下游太湖周边地区的良渚文化中，一直延续到周朝。在草鞋山遗址发现的这200多座墓葬不属于同一时期。该遗址分为十个文化地层，从距今6000多年的马家浜文化、崧泽文化、良渚文化一直到距今2500年的春秋晚期。正因草鞋山遗址涵盖了长江下游地区从石器时代到先秦时期的完整发展序列，有学者把草鞋山称为"江南史前文化标尺"，是一本记录了长江下游史前人类发展的"历史书"。尤其是从下往上依次叠压的马家浜文化、崧泽文化和良渚文化，被称为江南"三叠层"，从地层关系上明确证明了三者之间的年代关系。

草鞋山遗址的一个重要发现是史前时期水稻田的发现。截至2021年10月，考古学家在草鞋山遗址共发现115块水稻田遗迹，发现了众多炭化粳籼（jīng xiān）稻谷，以及与稻田配套的大量浅坑、水沟、水口、蓄水井等灌溉系统，说明草鞋山先民已经有了一个比较成熟的灌溉体系。这是中国最早发现、发掘出的史前时期的水稻田。在此之前，河姆渡等江南史前遗址只发现了石制和骨制的农具和稻粒稻壳等遗存，草鞋山遗址水田的发现，为我国稻作农业的研究提供了实物依据，可见6000年前的苏州就已是"鱼米之乡"了。

草鞋山考古遗址公园

目前，草鞋山遗址总共出土了陶、石、骨、玉等质料的文物1100多件。其中，在一座良渚时期大墓出土的玉琮引起了考古人员的注意。这是玉琮界的"细高个儿"，通体黑褐色，高31.6厘米，两端圆柱形，中段为方柱体，中空相通，分12节，每节转角处刻有凹形牙状纹饰，自下端起第二、三、四、五节处一侧凹形纹饰内还刻有一小圆圈，仿佛眼睛一般。

这件玉琮震惊了史学界和考古界。有关玉琮最早的记载来源于《周礼》："以苍璧礼天，以黄琮礼地。"玉琮外方内圆的形状，被认为是"天圆地方"宇宙观的体现，在周朝是祭地的礼器。

在草鞋山遗址中首次发现良渚文化墓葬中的玉琮，人们才开始认识到这些以往被认作商代或春秋战国时期的玉器原来是距今5000年前后的良渚文化的产物。因此，这件揭开了笼罩在良渚玉器上神秘面纱的玉琮，被称为"中华第一玉琮"。一统中原的周人最为看重的礼制重器，竟在一向被认为是"蛮夷之地"的江南找到了渊源。

这座出土了"中华第一玉琮"的大墓，也是首次发现的良渚文化的大型墓

草鞋山遗址的玉琮

第五章 古国文明，高潮迭起 147

葬，人们认识到该地区在5000年前已经是一个贫富分化非常严重的社会，草鞋山上的这座良渚大墓的主人很可能是当时良渚的贵族或者王族。

在5000年前，良渚先民用玉开启了礼制文明的曙光，显然良渚文化不只是一个小范围的土著文化，也许它像阳澄湖里一朵刚刚露出尖尖角的荷花，会开出一片无穷的映日荷花。

正是由于草鞋山遗址良渚文化墓葬的发现，考古学界刮起了一道"良渚风"，把人们的视线吸引到江浙沪一带，良渚文化乃至长江下游地区文明起源的研究从此进入了一个新阶段。

草鞋山先民生活场景复原图

二

赵陵山，最早人殉墓葬

扭曲、残缺——
骨骼
依旧诉说悲怆

社会文明的发展往往伴随着与野蛮的交织对决，在很长的历史时期中，用野蛮的方式征服与扩张、稳固权力与地位是人类社会向前推进的主流方式。在遥远的年代，野蛮体现得更为赤裸，赵陵山遗址的高等级墓葬附近散乱叠压的人骨便是无声的证明。

20世纪80年代，继苏州草鞋山遗址被发现后，在苏州赵陵山遗址又发现了良渚文化早期的墓葬。从1990年至1995年，由南京博物院与苏州博物馆等单位先后对其进行了三次发掘，共发现90多座墓葬，其中有多座良渚文化的高级大墓，从良渚文化早期一直延续到晚期，时间跨度数百年。赵陵山和草鞋山遗址类似，也是新石器时期的一座人工堆筑的土墩遗址，占地10000平方米，高出四周约九米，周围有古河道环绕。

在赵陵山遗址的90多座墓葬中，按墓主贫富贵贱分区埋葬，其中高等级墓葬位于人工堆筑的土台中部。在祭台下部斜坡附近有19个人骨架聚集在一起，让人感到疑惑。这些人骨南北呈三列，没有墓坑和葬具，随葬品也极少，人骨方向不一，大多都身首异处，有半数还被砍掉下肢或双脚，有的手足被捆绑，他们多是青少年男子，应该不是自然死亡的，更像屠杀或者捆绑后活埋的。因为这些墓葬都在祭台的附近，很可能是举行原始宗

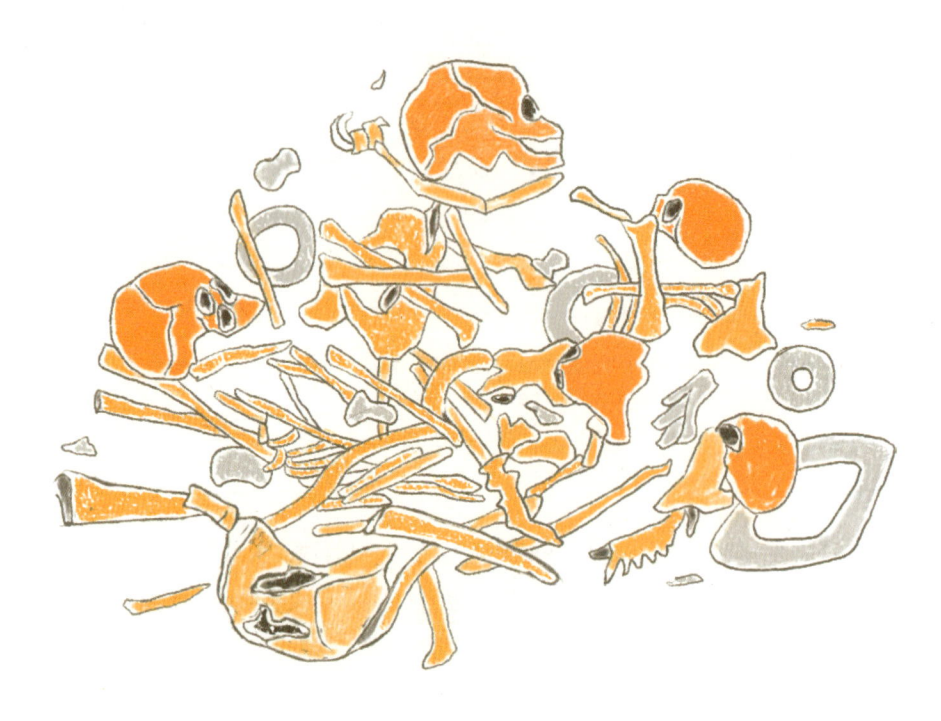

赵陵山遗址墓葬中的人骨

教祭祀仪式时的人牲。

　　进入文明阶段以后的各史前文化都出现了暴力导致的非正常死亡现象。杀殉这种现象在目前发掘的史前遗址中也多次出现。如，石峁遗址的大型墓葬中在墓主身侧往往有殉人，石峁遗址外城东门址曾发现多座人头坑；在山西陶寺遗址宫城中的建筑基址内发现奠基的人骨；在殷墟的大型墓葬附近和建筑内，都有作为牺牲的人群。这些被杀殉的人大概率是战俘或生前供墓主人役使的奴婢，这种奠基、杀殉的习俗一直延续至晚商时期。但是，像赵陵山遗址这般，如此集中、大规模、形式多样的集体杀殉现象，在良渚文化遗址乃至夏王朝之前的全国范围内都极为罕见，说明有些良渚底层人民已经完全丧失了人身自由。可以想见，此时良渚社会的分化已经非常明显,存在着压迫、剥削和阶级对立,生活在同一片土地的良渚人地位和境遇已有天壤之别。

与祭台附近堆叠扭曲的人骨相比,遗址中一座位于土台上中间的良渚文化早期大墓则显著不同。墓主骨骼保存较好,其中出土的物品仅玉器就有上百件。其中,最为珍贵的要数"透雕人鸟兽玉件",如今是南京博物院镇馆之宝之一。它高仅5.5厘米,厚0.5厘米,由透闪石软玉制成,呈白色略带绿斑,整体是一个蹲踞着的侧身人像,头上戴着阴刻五条平行弦纹的冠帽,帽上高耸的弧状物象征一束羽翎,羽翎的顶端悠闲地站着一只浮雕小鸟,仿佛在极目眺望。有一只小兽悄悄地顺着人高举的手臂昂着头向上攀爬,像是用嘴擎着调皮的小鸟,它的前后肢与羽冠相接。考古人员根据众多良渚时期的此类人物形象推测,冠戴羽翎的可能是具有崇高地位的人物,这样异于常态的肢体动作,表达的也许是某种具有特殊意义的行为或仪式。该

赵陵山遗址的透雕人鸟兽

第五章 古国文明,高潮迭起

玉件出土时放置在墓主右脚下的一个石钺圆孔处，推测是钺或其他通天法器上的装饰物。一些学者认为，这件玉器表达的是先人对太阳或飞鸟的崇拜，以及良渚人将"天、地、祖先"三者合一的宇宙观。从出土的物品推测，墓主应是一位握有军权、神权的显贵。

无论是祭祀中的杀殉现象，还是工艺精美的人鸟兽玉件，都说明神灵崇拜在5000年前的长江下游地区就已经形成，当时已经出现了掌握社会财富和军事指挥权的权贵阶层，这无疑为后来王权和国家的产生奠定了基础，文明的萌芽正在悄悄破土。

小知识

人牲、杀殉和牺牲都不能"活着"

在古代，供祭祀用的纯色全体牲畜，如牛、羊、猪等，叫"牺牲"。

"人牲"即杀掉活人作为祭祀品，并埋在专门的祭祀坑中，这些活人可能是战俘或奴隶。

"杀殉"即人殉，指将死者的妻妾或奴婢等用于殉葬或祭祀。

三

良渚城，旷世巨大工程

王的国度
江的下游
盛极一时

从浙江杭州市中心出发，沿杭宁公路西行约15公里，即可看到一个具有浓郁江南水乡特色的古镇——良渚镇，"良"是美好的意思，"渚"则指水中可居的小洲。5000多年前，就在这个美丽静谧的小洲上，孕育了中国最早的国家文明，当它以如此壮丽的姿态突然出世时，世界为之惊奇。

尽管从清代开始，良渚所在的区域陆陆续续出土过很多玉器，但都被当作是周汉时期的产物。1936年，虽然有年轻学者在良渚发现了史前黑陶，确定了良渚遗址的存在，但受限于当时的考古技术和资料，考古学家也只不过认为这是北方龙山文化南下的一脉，并没有给予太多关注。直到20世纪50年代，浙江、江苏和上海等地良渚文化遗址像雨后春笋般钻出地面，大大丰富了该区域新石器时代的文化资料，学者们逐渐意识到良渚

文化有其独特之处，并且与同样以黑陶为特征的龙山文化非常不同。1959年，中国社会科学院考古研究所研究员夏鼐（nài）正式提出，将良渚遗址所代表的新石器文化遗存命名为"良渚文化"，等于给它单独建立了"户口本"，从此可以自立门户了。正当人们为良渚独立的文化身份惊喜时，一场远超预料的考古盛宴才刚刚拉开序幕。

反山王陵

1986年正好是良渚遗址发现50周年，浙江考古所准备在杭州召开一个纪念性的会议。那时，上海和江苏都陆续发现了良渚文化时期的大墓，可是浙江作为东道主和良渚文化的首次发现地，却没有拿得出手的"宝贝"。浙江的考古人员做梦都想找到良渚大墓。

无论是草鞋山遗址、赵陵山遗址，还是后来上海、江苏发现的其他良渚大墓都有一个显著的特点，那就是墓葬全部埋在先民堆砌的土墩高台上，著名的考古学家苏秉琦教授将其形象地比喻为东方的"土筑金字塔"。

20世纪60年代末，余杭县的村民曾在反山南部挖了两个小型防空洞，意外挖出了5000多年前的古玉。考古人员沿着这个线索在良渚遗址偏西部的地区找到了反山遗址，这是一个比草鞋山还不起眼的小土墩，只比周围路面高出四五米。考古人员在这里多次发掘，终于在1986年发现了11座排列有序的良渚文化高等级大墓，其中出土了大量的珍贵文物，共计1273件（组），仅玉器便占九成以上。其中，反山中心的一座墓葬就出土了647件玉器，比当时全国各个良渚遗址出土的玉器总和还要多。

这些玉器中最具代表性的就是玉琮、玉璧和玉钺，它们围绕着墓主人按照一定顺序摆放，似乎在表达着某种信仰和理念。其中一件位于头部下方的大玉琮格外显眼，重达6.5千克，是目前各地已出土的玉琮中最大、最重的一件，被誉为"玉琮王"，其玉料细腻，做工精美，琮体的四面四

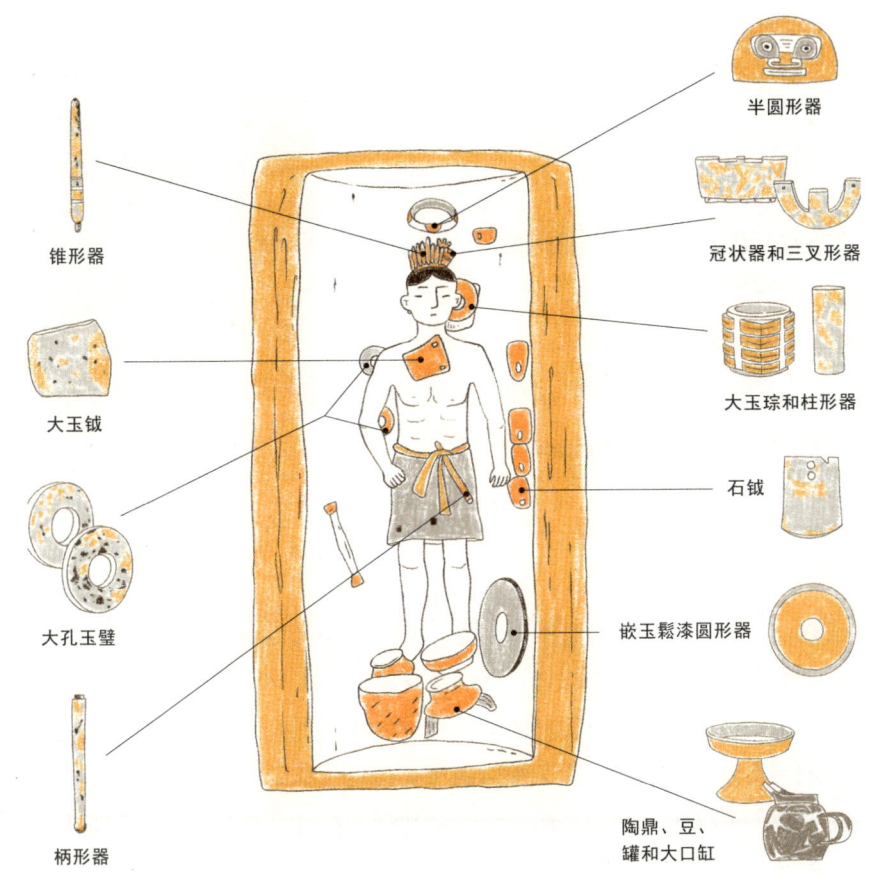

反山王陵墓葬示意图

角都用浮雕技法雕刻了良渚特有的神人兽面像，每面各琢刻了上下两枚神徽，这是人们首次看到的完整的良渚文化神徽图案。

在反山被发掘之前，玉琮上的神徽一直被认为是一种类似于饕餮（tāo tiè）的兽面纹，直到"玉琮王"出土，人们才意识到，这其实是神人骑在神兽身上的神灵形象。神人脸呈倒梯形，和凌家滩玉人的方脸极为接近，双目炯炯，头戴象征着天的羽冠；蹲踞在下的是融合了多种动物特

第五章　古国文明，高潮迭起　155

反山王陵的玉琮　　　　　　　　反山王陵的玉钺

点的猛兽，怒目，獠牙，其重圈大眼，源头可能来自崧泽文化陶器上的纹样，象征着太阳和光芒。或许，这便是良渚人心中神的样子。后来，良渚神徽在上海、常州、苏州的良渚文化遗址中陆续都有发现，并且从良渚文化早期一直延续到最后阶段，神徽由写实转变为抽象。玉琮上的神徽成为良渚人信仰的体现，成为良渚国家的精神标志符号。著名考古学者苏秉琦先生推测，"玉琮王"的墓主人生前极有可能是良渚国王，反山应是良渚的"王陵"。

良渚先人能把这个形象怪异的"神"雕琢得十分精致，一毫米内竟细致地刻画出五六道线条，也许不仅仅是因为他们有巧夺天工的双手，更重要的是他们怀有敬虔之心。

5000年前，良渚的首领能够加冕为王，维持其统治的秘密就藏在这神徽之中——统治者掌握着与神沟通的权力，他们发号施令可以号称是奉了神的旨意。良渚文化的大墓中，既出土了代表祭神权力的玉琮和玉璧，又有制作精致的玉钺。玉钺上也有神徽，应是代表墓主人掌握的军事指挥

源来如此——跟着考古学家去探源

反山王陵的神徽示意图

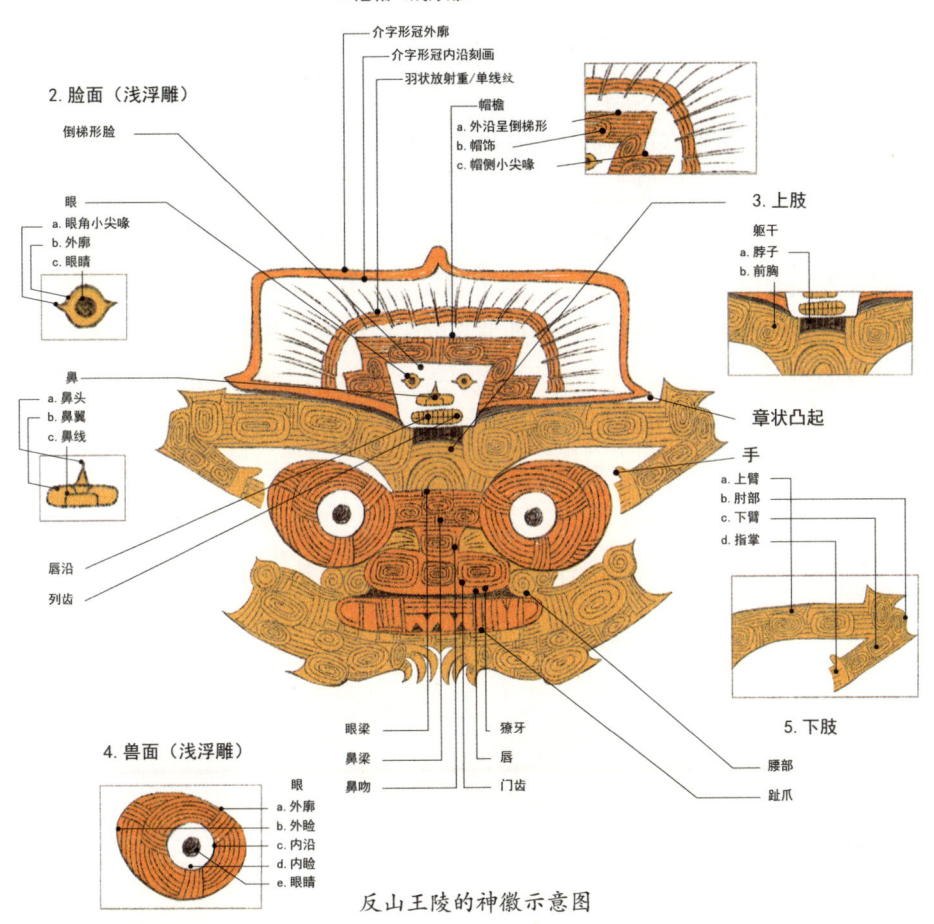

1. 冠帽（浅浮雕）
- 介字形冠外廓
- 介字形冠内沿刻画
- 羽状放射重/单线纹
- 帽檐
  - a. 外沿呈倒梯形
  - b. 帽饰
  - c. 帽侧小尖喙

2. 脸面（浅浮雕）
- 倒梯形脸
- 眼
  - a. 眼角小尖喙
  - b. 外廓
  - c. 眼睛
- 鼻
  - a. 鼻头
  - b. 鼻翼
  - c. 鼻线
- 唇沿
- 列齿

3. 上肢
- 躯干
  - a. 脖子
  - b. 前胸
- 章状凸起
- 手
  - a. 上臂
  - b. 肘部
  - c. 下臂
  - d. 指掌

4. 兽面（浅浮雕）
- 眼梁
- 鼻梁
- 鼻吻
- 獠牙
- 唇
- 门齿
- 眼
  - a. 外廓
  - b. 外睑
  - c. 内沿
  - d. 内睑
  - e. 眼睛

5. 下肢
- 腰部
- 趾爪

权，表明统治者已将神权与军权集于一身。1986年11月，反山遗址的发掘告一段落，反山遗址和出土的大批文物一亮相就惊艳了当年参加会议的学者。良渚文化所展现出来的魅力就像一个远嫁而来的小姑娘，没有人知道这位新娘的身份和来历，当她的红盖头被一点点挑起来后，人们才惊讶地发现，那姑娘头上戴的不是出嫁的凤冠，竟是一顶璀璨的皇冠。

第五章　古国文明，高潮迭起　157

瑶山祭坛与王后墓

良渚学术研讨会上有关反山王陵出土了大量玉器的消息不胫而走,一些盗墓者开始在反山周围寻找古墓,他们盯上了位于反山东北方向五公里处的瑶山,因为有农民在此处种树时意外挖出了玉器,而这也引发了良渚文化的又一次重大发现。

1987年5月,浙江省文物考古研究所组成发掘队立刻赶往瑶山,进行抢救性发掘。与之前发现的良渚大墓不同,瑶山不是人为的土墩,而是一座海拔38.2米的自然小山。在山顶西北部的缓坡地带,考古人员发现了一个奇怪的夯土建筑。建筑中心是一个方形红土台,四周围了一圈宽2米、深约1米的灰色土沟。灰土沟外侧的三面还有一圈黄褐色的夯土台。整个建筑从内到外呈现出红、灰和黄三色的"同心方",从上面俯视,好像一个"回"字形。

5000年前的良渚人,为什么要在这个小山上堆筑这样一个有些奇特的土台?

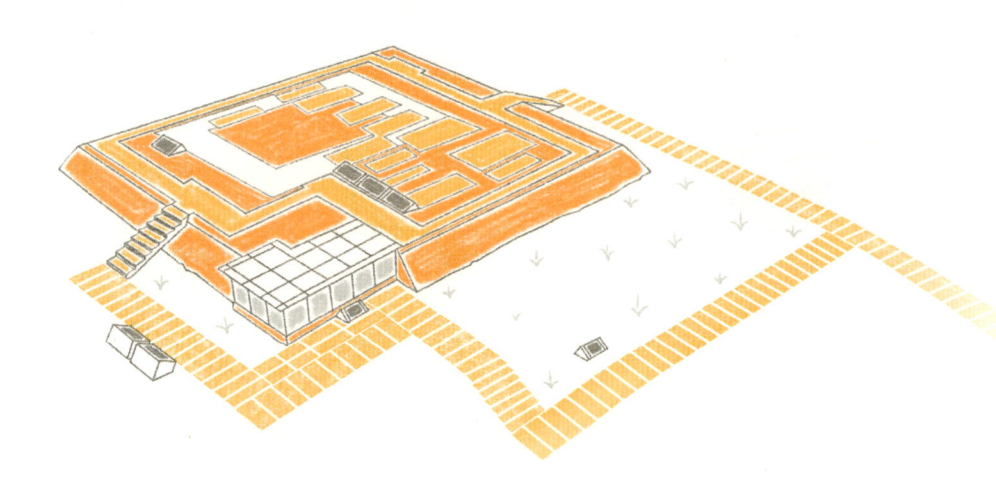

瑶山遗址公园

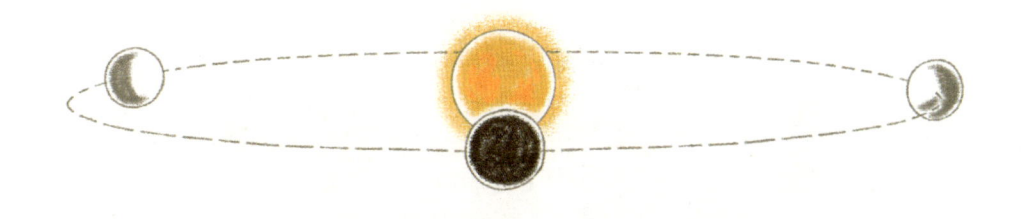

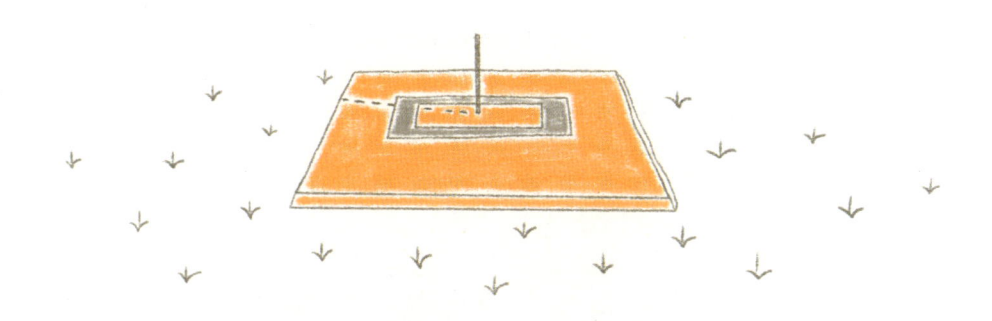

瑶山遗址的观象台示意图

考古人员推测，瑶山是一个经过精心设计的祭坛，同时也是观测日出日落的观象台。土台建在开阔的山顶平台，四边基本正对着东西南北四个方向，如果在祭坛正中间插一根木棍，良渚人就可以根据日出、正午以及日落时木棍影子落在回字形方框的位置，判定节气、确定历法，这对于"看天吃饭"的农业有重要的指导作用。

在方形的祭坛之上，发现了13座良渚文化高等级贵族墓葬。这种墓地与祭坛重叠建造的特殊习俗与凌家滩遗址一致，这也是凌家滩先民迁徙到良渚的证据之一。这些墓葬中的随葬品极为丰富，有玉器、陶器、漆器等共755件（组），同反山王陵类似，玉器同样占了九成，共679件（组）。这些随葬品的种类排布很有规律，玉琮、玉钺等礼器仅见于南排墓内，玉

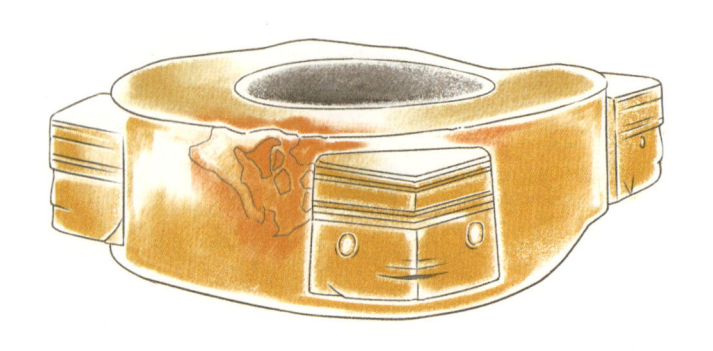

瑶山遗址的玉琮

瑶山遗址的镂空兽面纹玉牌

璜、串饰、纺轮等仅见于北排墓中。说明墓主身份地位存在差别,南排墓应是男性,北排墓则是女性。其中,位于北排的一座墓中的随葬品包括四件玉璜、12件成组玉圆牌以及玉手镯等大量玉器,从上到下铺满了整个棺材,无论数量、种类,还是品质都是良渚女性墓葬之最,甚至超过了多数男性贵族墓,被誉为"良渚王后之墓"。可以想见,良渚王后生前满身的珠光宝气,走起路来一定是环佩叮当。

瑶山遗址的神人兽面纹玉冠状器

莫角山宫殿

反山和瑶山遗址的发掘，让考古人员认识到，这里很可能是良渚文化的中心地带。那么，这些地位尊贵的墓主人生前又住在什么地方呢？

1987年岁末，为了配合104国道拓宽工程建设，浙江省文物考古所在反山和瑶山之间的莫角山东南部进行挖掘，发现了大量有燎火痕迹的红烧土，并发现莫角山也是人工堆筑的高土台。为保护文物，104国道改道绕行，考古人员也开始对莫角山遗址进行新的探索。

莫角山坐落在天目山东南方的C形盆地中心，总面积约30万平方米。土台相对地面高约九米，上面残存着成排的建筑基址痕迹。考古学家最终确认，这里曾经是良渚王城的宫殿区，由大面积夯筑而成的沙土广场和其上的大莫角山、小莫角山、乌龟山三座独立的宫殿群台基共同组成。

大莫角山位于土台的东北部，总面积约20000平方米，是三座台基中面积最大的一个，也是土台最高点。山顶处有几座面积在300到900平方米的宫殿基址，在一座宫殿的正中心有直径近60厘米的柱洞。几千年前，这根巨型的"擎天柱"支撑着这座"宫殿"。据推测，这个大型宫殿可能是反山王陵的那位良渚古国国君的居所，其他面积较小的房基则可能住着高等级贵族。这种择高建城、择中立宫的特点也被后世所继承。

小莫角山相比大莫角山的宫殿，面积要小很多。乌龟山被发现时，台基边界和形态已经遭到了严重破坏，没有发现任何良渚文化的房基等建筑遗迹。

三座相对独立的宫殿台基通过沙土广场相互连接，中间形成一处空旷开阔的区域，应是举行重要活动的场所。无论是沙土广场还是三座大台基，都创新地采用了一层薄沙搭配一层薄泥地逐层夯筑，同时最上面还铺设了纯木地板，尽显宫殿区的奢华和尊贵。

在莫角山宫殿区及其周边发现了大量炭化稻谷的堆积，可能是宫殿区内的大型粮仓所在地。后来，考古人员在莫角山多处又清理出大量炭化稻

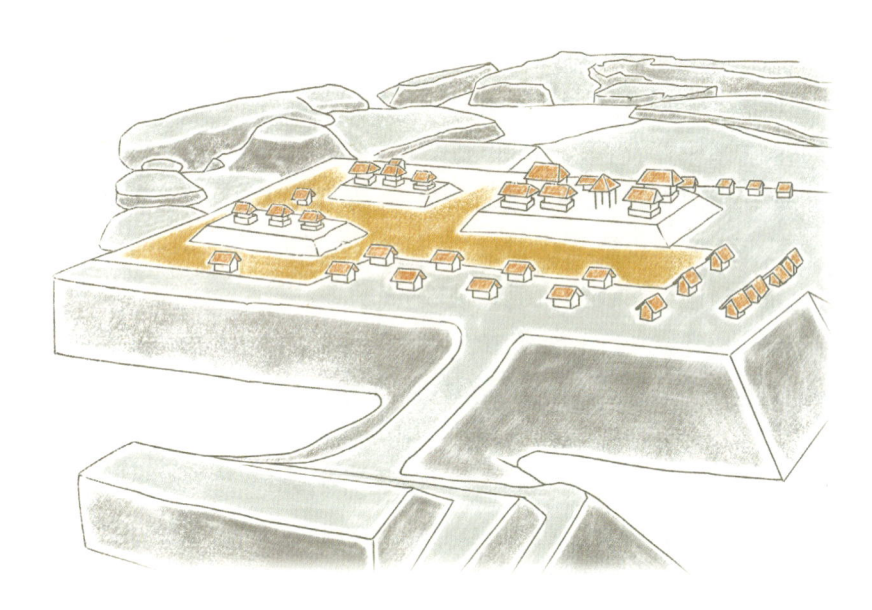

莫角山遗址的王城宫殿复原图

谷，其中，仅两处稻谷的总量近已20万千克。如此大量的稻谷遗存，在中国同一时期的史前文化中，独一无二。这些稻谷从哪来的？

在良渚文化的遗址和墓葬中，往往出土石刀、石镰、石犁等农业工具，显示出良渚先民对农业生产的重视。通过对莫角山出土的大量谷物含有的锶（sī）同位素分析，可以知道这些稻谷来自相当广阔的地区。良渚古城中的王和他的子民的粮食应是靠周边广大地区"良渚农场"源源不断供给的。可见，良渚王国的范围内臣民要向王室和贵族缴纳粮食。

王都水城

2006年，为保护良渚遗址，莫角山附近的农民计划外迁到西边的高地安置。为谨慎起见，浙江省文物考古研究所先行试掘，无意间发现了一条南北走向的良渚文化时期的古河道。古河道宽约45米，深约一米多，河床底下堆积着良渚人的生活垃圾。河道东岸还有一处将近四米高的人工高地，底部铺满了散乱不平的石头，起初考古人员以为是河堤。然而，随着调查和勘探的深入，考古人员在莫角山的东、南、北面都找到了类似结构的遗迹，最终确定这是一个环绕在莫角山遗址周围的古城墙。

城墙大致呈圆角长方形，东西长约1700米，南北长约1900米，宽度在40到80米之间，总面积达290多万平方米，相当于四个故宫。城墙底部先以石块作为墙基，宽40到60米，最宽处达100米。墙基上面再堆筑黄土，加以夯实，部分墙体为了增加防水能力，还特意堆筑有一层黑色的黏土层。专家估算，城墙总共需要120万立方米的泥土和石头，能装满三万多个标准集装箱。如此巨大的工程量，其背后一定存在一个权威机构进行组织、管理和监督等工作。

除此以外，良渚古城墙在设计上也极为巧妙。良渚人聪明地借助了周围的地理环境，将古城安放在天目山脉包围的正中心位置，并将周围自然隆起的小山作为城墙的拐角和制高点。整个古城东面是广阔的冲积平原，

良渚古城俯瞰图

西、南、北则三面环山,虽然城墙的许多地段已被后代所破坏,但是保存较好的北部城墙仍然高达四米,当年恢宏的气势可见一斑。

良渚古城的城墙上共开有九座城门,这九座城门的位置与如今北京内城类似,东、西、北城墙各有两座,南城墙三座。不同的是,这九座城门,有八座都是水门,只在南城墙中间设置了唯一的陆门。四通八达的水门将城墙内外的古河道串联起来,构成内外水网和水路交通体系,人员和物资主要依靠船只往来于城内外。良渚古城跟欧洲的威尼斯一样,是座水城。

良渚古城发现后,专家猜想,在古城的外面会不会还存在外郭城?

外郭城是城市化的产物,"城"指内城的墙,"郭"是外城的墙。

随着城里人越来越多，人口逐渐向外围扩散，市区也就变得越来越大。于是，考古人员开始将焦点聚集在古城墙外围的区域，特别注意寻找那些良渚时期的类似城墙的长条垄状遗迹。

在良渚古城东南部外侧，考古人员发现了长方形的框状结构——北、东、南有三面墙体，西边则与良渚古城的东墙和南墙相接续。由此判断，这里应该是良渚古城的外郭了。

这近一圈的长条形的高地合围面积达630万平方米，外城的发现把良渚古城的面积扩充到八个故宫那么大了！如此一来，莫角山、内城和外郭就把良渚古城里里外外分为三环，形成了类似明清北京城皇城、内城、外郭城的布局。城内沿河居住着各种手工业者，他们生产加工玉石器、漆木器、骨器以及大型木构件，再通过水路运输到良渚古城各处。根据人均遗址面积推算，有学者认为，当时的良渚古城人口可能已经达到2.5万左右。考古学家认为，无论从时间、规模、城墙的建筑方式，还是城内已发现的高等级墓地与祭坛来看，良渚古城都堪称"中华第一城"。

水利工程

良渚古城属于太湖水系，南面是钱塘江，东边有丰富的水系，北方大遮山有很多山谷，这是5000多年前大河穿山而过形成的。良渚古城因水而生，因水而兴，但每到夏天雨季也极易受来自西北天目山山洪的侵袭。良渚人是如何抵挡这些洪水的呢？

或许良渚中一直流传着凌家滩先人被迫迁徙的故事，这次良渚人没有采用凌家滩人那样在高处建房子的方式。聪明的良渚人反其道而行之，他们不躲着水，而是伴水而生、化水为宝。

2009年，当地人在古城附近山丘取土时，发现黄土山内部是青黑色的淤泥。淤泥应该沉在河道或沼泽底下，怎么会跑到山上？显然，这是有意堆积在此的。

良渚古城及外围水利系统结构图

考古人员沿着这条线索，继续探索，目前已发现11处水坝遗址。这11条水坝主要修筑于两山之间的谷口位置，与山体相连，组成了一套的完整水坝系统。有些坝体30多米高，100米厚，最长的一条绵延六公里，在良渚古城的西北侧合围出了一片大型水库，比三个杭州西湖的库容量还大。

良渚古城外围的水利系统的修建年代比传说中大禹治水的年代还要早1000年，是迄今所知中国乃至世界最早、规模最大的水利工程。水坝除防洪外，还有运输、用水、灌溉等方面的用途，显示出当时的经济与社会的发展。

在5000多年前，筑城和修水坝可不像现在这么简单。那时，没有金属工具，更没有运输车，基本要靠人挑肩扛。经估算，修建城内高台、内城、外城和巨型水坝的工程量巨大，如果动用劳动力10000人，连续工作需耗时十余年，总用工量3600万个劳动日。显然，仅靠良渚古城及附近居民，是不可能完成的。良渚的统治者必须有覆盖全国的指挥调度能力才能完成这项"举国"工程。

那时的良渚古城，有"神"在护佑着一方集权，当时的社会等级制度分明，从王陵、宫殿、护城墙到大型水利工程，以向心式三重结构的空间形制与湿地营城技术展示出了世所罕见的极高成就，在人类文明发展史上堪称早期城市文明的杰出范例，超过了世界上许多古老的文明遗址。因此，有学者提出良渚文化中晚期已经进入了文明社会（或称为"古国文明"）。

英国社会科学院院士科林·伦福儒（Colin Renfrew）不远千里，三次来到良渚，这位80多岁的国际考古学泰斗当着记者的面说："中国新石器时代远远被低估了，良渚已经达到了'国家'的标准。因为良渚的发现，中国的国家文明提前了1000多年，国家的起源应该跟古埃及、古美索不达米亚和古印度文明处于同样的时代。对我个人来说，它是研究人类文明的头等重要之地，在我心里它已经是中国乃至全世界最伟大的史前文化遗址之一。"

2019年，良渚古城遗址成功列入《世界遗产名录》。世界遗产委员会认为："良渚古城遗址展现了一个存在于中国新石器时代晚期的以稻作农业为经济支撑，并存在社会分化和统一信仰体系的早期区域性国家形态，印证了长江流域对中国文明起源的杰出贡献。"

我们总说，中华文明有5000年的历史，但之前并没有科学的证据。如今，良渚古城将中华文明的形成年代向前推进了1000年，中华文明5000年的历史得到实证。

如此辉煌的文明，为什么后人对此知之甚少？良渚古城后来的命运又如何呢？

从5300年前开始，此后漫长的千年间，良渚文化所在的长江三角洲和环太湖地区，大部分时间都是适宜的温凉干燥气候，良渚文化因此迅速繁荣起来。然而，到了距今4300年前后，良渚古城周边洪水频发，地下水位与海平面不断上升，长江下游环太湖大部分地区沦为沼泽，农业受到严重打击，盛极一时的良渚文化逐渐衰落。到距今4300年前，良渚人精心建造的水坝也无力回天，滔天的洪水最终淹没了这里，良渚古城消失了，这段历史也被深埋在了地下。

　　可良渚文化也随之消失了吗？良渚古城被淹没的1000多年后，周公在他的著作《周礼》中有这样的记述："以玉作六器，以礼天地四方：以苍璧礼天，以黄琮礼地……"玉琮与玉璧、玉璜等成为周朝重要的玉礼器。作为良渚文化最为典型的代表性玉礼器，玉琮非但没有消失，还在安徽、山东、河北、山西、甘肃、广东、浙江等遗址中都有出土，甚至在一向被认为遥远

闭塞的古蜀地区，在三星堆遗址和金沙遗址中也找到了材质、形制、纹饰极为相似的良渚玉琮。

由此可见，良渚文化没有消失，而是融合在了中华文明之中，它开创了属于中国人的玉器时代，成了中华文明有别于西方的独特标志之一，并且，中国人对玉的审美和信仰，一直传承至今，从未改变。

小知识

"锶"在土壤与海水中

锶（Sr）是广泛存在于土壤、海水中的一种放射性微量元素。锶可以由土壤通过食物链进入动植物体内，并沉积下来。由于锶在自然界里面有多种稳定的同位素，且分布很不均匀，这就导致不同地方的锶同位素比例大不相同。考古学家就是通过有机体内沉积下来的锶同位素比例，判断动植物的产地或栖息地，以及人类的活动区域或迁徙路线。

洪水淹没良渚古城

第五章　古国文明，高潮迭起

四

寺　墩，繁荣堪比良渚

江南拼图——
散落的玉
隔空唱和

著名的良渚古城位于浙江余杭境内，但良渚文化并不局限于此地，它以钱塘江、太湖流域为中心，向北影响到鲁南和苏北，向西引领了江淮地区的文化。可以说，良渚文化遗址在长三角区域星罗棋布，共同组成了远古江南文化的拼图。在众多良渚文化的遗址中，还有一处也令人瞩目，它就是与良渚古城隔湖相望，位于太湖北岸的寺墩遗址。

寺墩遗址属常州市天宁区三皇庙村，是中国长江下游新石器时代晚期

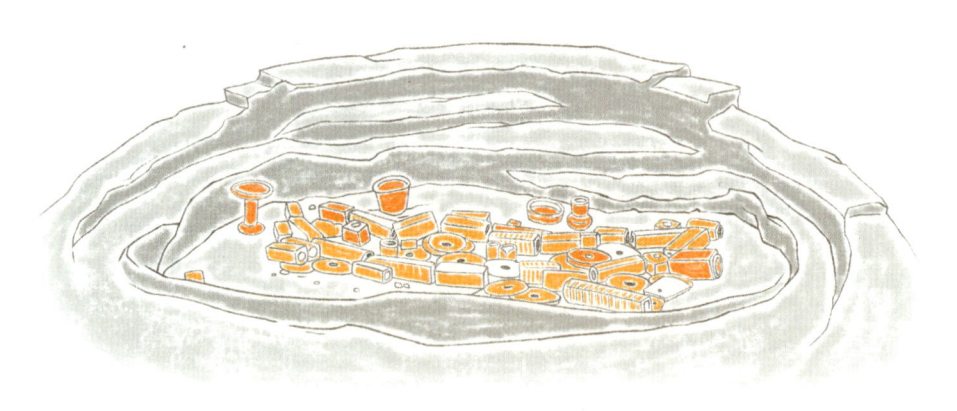

寺墩遗址出土文物

的文化遗址。1973年，当地村民在这里取土时，意外发现了玉璧、玉琮。当地老百姓告诉考古人员，当时挖到的玉璧、玉琮多到需要用扁担来挑，可见地下玉器之多。自1978年以来，南京博物院先后多次对寺墩遗址进行了考古发掘，发现了随葬数十件玉琮、玉璧、石锛的良渚文化墓葬。

寺墩遗址没有发现城墙，遗址外围有三圈河道，内河道环绕的中心部位是一个高约20米的椭圆形土墩。土墩是人工堆筑的，东西长约100米，南北宽约80米，是迄今为止发现的良渚文化最高级的墓葬，面积比良渚城内的反山墓地还大。墓地外围是较低平的居住区，再往外则环绕着其他重要聚落。

寺墩遗址的神人兽面纹玉琮

谁家青年拥玉璧？

寺墩遗址跨越几千年的时间，可分为上下两个文化层，下层为崧泽文化，上层为良渚文化。崧泽文化遗存主要为鼎、豆、壶等陶器，良渚文化层发现了自东向西排成一列的三座墓葬，墓中出土了大量高等级的玉器。

比如，其中一座墓葬的随葬品多达124件，包括33件玉琮、24件玉璧，以及玉珠、玉管、玉锥等组合成的项链，这也是目前良渚文化随葬玉琮、玉璧数量最多的一座墓葬了，等级之高屈指可数。我们都知道，玉璧、玉琮这类贵重礼器在中国古代一直是权力、地位和身份的象征。这座墓葬的墓主人是一位20岁左右的年轻人，他占有如此大量的玉琮和玉璧，很可能是该地域的首领。

从寺墩遗址出土的大量玉器，也可以看到良渚文化琢玉技术的先进程度，玉璧、玉琮这类贵重礼器在江苏草鞋山等地的良渚文化厚葬墓中也都有发现，反映出当时的原始氏族制已濒临崩溃，贫富分化加剧。良渚文化玉器的精美形制和繁缛纹饰，还为中原的商文化所吸收并得到发展，构成了中国古代文明的重要元素之一。

南来北往"日月山"

在寺墩发掘出的文物中，陶器也占有一席之地。不同于玉器，随葬的陶器大多是实用器，比如炊具、餐具、酒水器等，反映了当时良渚人的生活起居。这些陶器里，以陶鬶（guī）最具特色。

鬶是当时人们用来炖汤或温酒的器具，下有三个圆锥状的袋足。胖胖的足袋看起来很可爱，也很实用，能够增大受热面积。使用时，在陶鬶的外壁和底部用柴火加热，很快就能得到温热的汤食或酒水。

寺墩遗址的陶器中还有一件带有"日月山"刻画符号的大口缸。在那时，良渚人已形成了一套自己的宇宙观。"日月山"的符号像是太阳、月亮从山头升起的图景，可能是部落的族徽或者图腾。这种"日月山"的符号本属山东地区的大汶口文化，出现在寺墩遗址群，说明当时良渚先民和大汶口先民虽远隔千里，但是他们南来北往，相互交流，在寺墩遗址附近，融合形成了独特的良渚文化。寺墩遗址也在良渚文化时期走向了高峰，成为太湖北部良渚文化的重要代表。

有考古专家据此推测，当时良渚古国围绕太湖分为了南、北两个聚落群，南部以良渚古城为中心，北部则以寺墩遗址为中心。它们可能分属同一民族的不同族群，代表了环太湖地区的两个政治中心。

寺墩遗址的考古工作仍在继续，还有很多学术问题有待揭晓，但仅从目前遗址和墓葬的规模来看，在太湖北部地区已发掘的多处遗址中，寺墩遗址的等级最高。未来是否会有大的城址出现，寺墩是不是与良渚古城相互比肩、又一个繁华的文明圣地……一切都需要沉默在地下的遗迹或遗物的现身……

寺墩遗址陶器上的"日月山"　　　　　大汶口遗址陶器上的"日月山"

第五章　古国文明，高潮迭起

五

石家河，盛大仪式遗留

信仰
化为不朽
倒映在长江

如果穿越回5000年前的良渚，从古城出发，沿着长江逆流而上，再从汉水一路西行，便会在江汉平原北部的山前地带看到一座古城——石家河。石家河古城位于湖北省天门市石家河镇，地处大洪山南麓。古城依山而建，城墙的拐角很好地利用了山岗地形。

石家河遗址的陶偶

石家河遗址的连体双人头像

与良渚古城类似，石家河古城也是由内城、城壕、外郭城构成的，面积将近350万平方米。为了适应南方多雨防洪的需要，城墙宽度达80~100米，并且古城内外都建设了水利系统。从大洪山南麓到石家河古城北部有三条水系，从高山倾泻而下的水流经过外郭城两座拦水坝缓冲后，再由古城城墙东北水门流入，汇集至内城的小型水库中，以满足农业和生活用水，最后从南部出城的水门流向下游的江汉平原，大有"山随平野尽，江入大荒流"之感。

石家河古城从距今5300年前开始，一直延续到了4100年前，横跨了1000多年的时光，是长江中游地区面积最大、延续时间最长、等级最高、附属聚落最多的史前城址聚落。在它最辉煌的时候，周边呈半月形分布有17个大小不一的"卫星城"，这些卫星城大一点的有70万平方米，小一点仅有几万平方米，像众星捧月般拱卫在左右。石家河古城的地位和重要性不言而喻。

祭祀恒久远

　　作为都邑性聚落遗址，石家河古城内部功能划分清晰，有居住区、工业区、祭祀区。其中，祭祀是石家河文化的一个重要内容。在西城外的护城河边上有一处人工修筑的约1.4万平方米的方形祭祀台，称为印信台。印信台是目前已知的长江中游地区最大的祭祀场所。台基上面铺了一层纯净的黄土，黄土在当时类似现代的红地毯，一般举行重要仪式时才会用到。祭台内出土了陶缸和数以万计的陶杯等陶器，从陶器的形制、纹饰及上面的刻画符号分析可知，这些祭祀用品来自不同区域，表明参与祭祀活动的人群多种多样。可想而知，当时整个石家河城的原始宗教氛围一定十分浓厚，可能是江汉平原的信仰祭祀中心。

　　石家河古城出土了一件连体双人头像的玉器，造型非常奇特，属首次发现。其整体为玦，两端各雕一人头像，颈部弯曲相连，左右对称。头上都戴着一顶帽子，大嘴张开，耳廓清晰，头后有钩状长发。据推测，人头造型有可能是部落首领或巫师的写照，它连同出土的许多玉器都属于祖先崇拜的范畴。

　　从这些祭祀用品来看，那时人们似乎较为友善，他们用泥做的动物、人偶来祭祀，没有残酷的血腥之气。

　　"当一种虔诚的精神信仰发展到一定程度，它就会把管理范围伸向工匠、贵族、文化人士的领域"，石家河遗址的大型祭祀场所证明了这一点。

红陶小可爱

　　在石家河古城西北部，还出土了上万件各种各样的红陶人偶和小动物。其中动物占了绝大多数，且均为手工制作，这些红陶动物中，有如今也很常见的狗、羊、猪、象、猴、兔、鸡等，大小多在五到十厘米之间，形态各异、栩栩如生，虽不那么细腻，却非常传神，表现出远古的质朴和

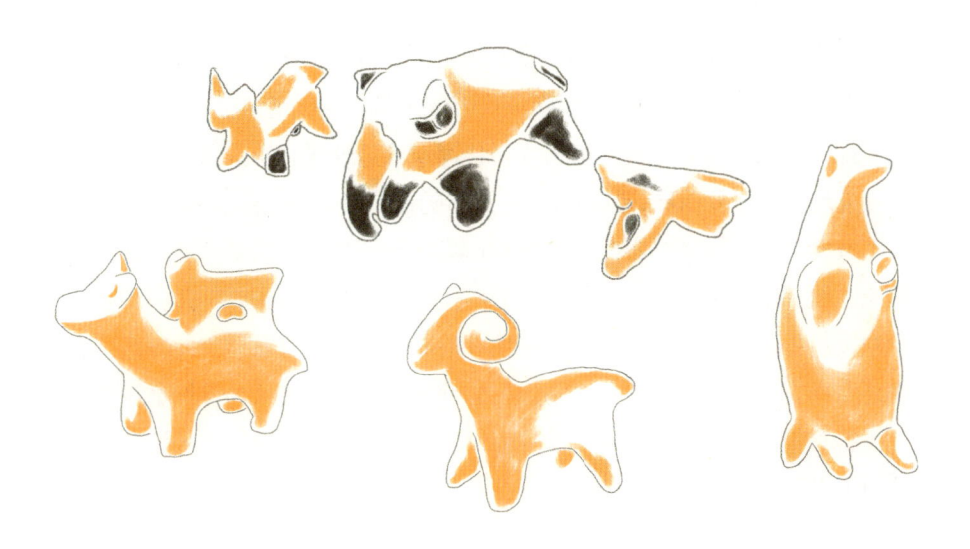

石家河遗址的红陶动物

稚拙。可以肯定的是，石家河人的农业生产技术一定相当发达，才使得一部分人从繁重的农业活动中解放出来，专门从事陶塑的制作。

考古人员在古城西南部靠近城垣处发现一个8000多平方米的制陶作坊，并配套建设了与制陶有关的窑址、黄土坑、储水缸、烧土面、洗泥池等附属建筑。这是一个高度专业化和有详细分工的工厂，仅是制陶作坊里的垃圾坑内发现的残次品就超过200万只。这么多陶器，应该不只是自用，而是用来与周边聚落进行交换的贸易品。这一时期，在石家河遗址内也发现了良渚"特产"——玉琮和玉璧，或许这就是用陶器换来的"进口"商品，说明那时的各聚落群之间存在着一定的交流。

"玉"见交融

在石家河遗址群主要出土了三批玉器，它们都出土于作为墓葬葬具的陶罐中，分别发现于罗家柏岭、肖家屋脊和谭家岭。

谭家岭城区位于古城中心，总面积17万平方米，是石家河的"天安门广场"。该遗址内发掘出一座残存的石家河早期房屋，面积达144平方米，很可能是宫殿的遗存。就在考古人员在谭家岭遗址寻找宫殿遗迹时，却意外地发现了九座瓮棺葬，其中五座有玉器随葬，共出土玉器240余件。

瓮棺葬是我国新石器时代的墓葬形式之一，特点是以瓮、盆为葬具，常用来埋葬幼儿，多数埋在居住区的房屋附近，现在我国西南边疆的一些少数民族中还保留着这种习俗。瓮棺葬的葬具一般是日常使用的陶器，底部通常钻有小孔，作为死者灵魂出入的地方。有研究者认为瓮棺是在模拟"子宫"的环境，是死者转生前的临时居所，与后世的石棺、木棺一样都体现了灵魂不灭的信仰和观念。

位于石家河城外东南角的肖家屋脊遗址面积约15万平方米，在这里进行的发掘出土遗物包括陶器、石器、玉器、骨器、角器和铜矿石等。在发掘的随葬品中，玉器有110多件，几乎都出自瓮棺葬。

石家河周边并不出产玉石，可是这里出土的玉器不仅做工精致，且

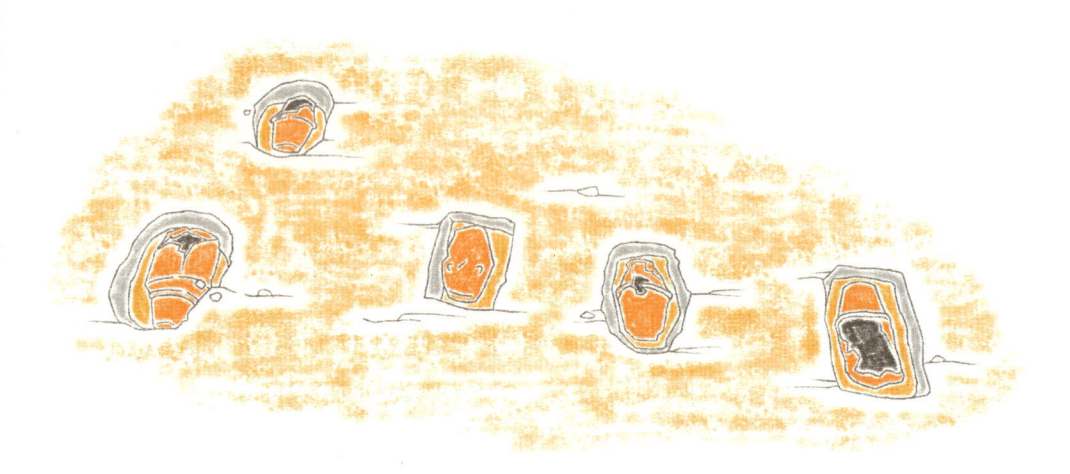

瓮棺葬

石家河遗址的虎脸座双鹰玉牌饰

玉料质地极好。这些玉器到底是石家河先人自己生产的，还是"进口"的呢？考古人员在其中一个瓮棺里面发现了玉器的废料以及一个加工玉器的石英钻头。工具和废料的出现，说明石家河的玉器的确是自主生产的，但玉料很可能是"进口"的，非常珍贵。正因如此，石家河玉器都有一个普遍的特点——尺寸很小、造型精美。

因为珍贵，所以石家河先人对玉料的珍惜到了"一分钱掰成两半花"的程度，他们极力地在很小的玉料上面表达更多的内容。石家河古城出土过一个虎脸座双鹰玉牌饰：两只大鹰，对向伸展，颇有气势，立在兽首之上。兽面较为抽象简洁，重圈大眼，头戴"介"字冠，神似良渚神徽下面的神兽。

第五章 古国文明，高潮迭起

仔细观察，双鹰和兽首中间合围成的镂空区域形成了青蛙的造型，构思巧妙。鹰是石家河文化后期玉器中常见的动物题材，在凌家滩遗址中也出现过玉鹰的形象，可能都受到了山东龙山文化的影响。鹰翱翔于天空最高处，被先民们视为与上天沟通的神鸟，寄托了某种信仰或者崇拜。

说起神鸟，自然绕不开传说中的百鸟之王——凤凰。凤凰和龙一样，都是古人创造出来的祥瑞，是吉祥和谐的象征。石家河遗址中出土了一件玉凤，称为"中华第一凤"，被认为是凤文化的重要源头。这件玉凤团身扁平，冠羽后卷，有两条长长的尾巴，直径只有4.7厘米，厚0.6至0.7厘米，现藏于中国国家博物馆。石家河玉凤对商代凤凰的形象产生了很大的影响，殷墟出土的玉凤大多与之相像，都是两条长尾。

不过，石家河玉器形象中最多的不是鹰，也不是凤凰，而是玉蝉，共计33件。新石器时代晚期的很多遗址中都有蝉的形象，一直延续了几千年。到汉代时，蝉同时被用于生者的佩饰和死者的殓葬。玉蝉在古代深受人们的喜爱，是因为蝉能羽化登仙，饮而不食，古人视蝉为神虫。石家河遗址出土的

石家河遗址的玉团凤 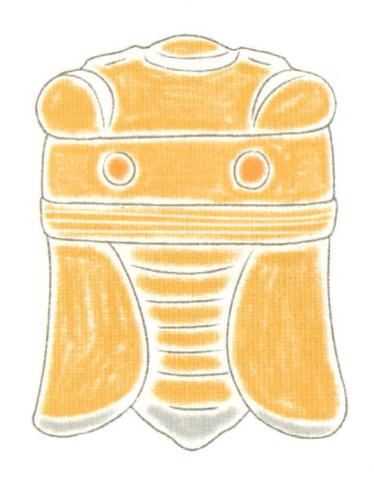　　　　　　石家河遗址的玉蝉

石家河遗址的玉人像

玉蝉都是带羽翼的成蝉，身长一般为两到三厘米，雕琢得稚拙可爱。

除动物外，石家河的玉器中最引人注目的是玉人。石家河玉人头戴平顶冠帽，眼目凸出，宽鼻大耳，口含獠牙，表情庄重，很可能是被神格化的祖先或巫师的形象。眼睛凸起，是千里眼；耳朵很大，是顺风耳；鼻子隆起，嗅觉灵敏。有学者认为，这种形象后来被进一步夸张放大，出现在了六七百年之后的三星堆神人头像中，其神化的内涵是一脉相承的。可见，在距今5000年到4000年前，中华大地上的文化交流和交融更加频繁，中华文明也因此生生不息，绵延不断。

六

宝　墩，古蜀文明初始

天府之国
一方领唱
渐入和声

在"蜀道难"的古蜀大地，三星堆遗址和金沙遗址都是大名鼎鼎，却极少有人知道"宝墩"的名字。

4800年前，在长江上游，石家河古城正西约900公里的地方，一支部落带着祖先留下的粟黍栽培技术和仰韶文化特有的陶器，从甘肃南部翻过岷山，沿着岷江，从长江的源头一直南下迁徙到平坦的成都平原。因为当时成都平原的地下水位很高，环境不太适宜居住，这里是人迹罕至的荒野。随着环境的变化，这支远道而来的部落和当地为数不多的土著逐渐融合，在这里筑城而居，荒野从此有了人类的喧嚣。如今，宝墩遗址那些曾见证

了繁华的城墙早已在风雨的冲刷中化作一条条脊梁似的黄土墩子，横在一马平川的绿色沃野上。

成都平原是一个平坦的冲积平原，突兀的土台、土墩基本是人为营建的。千百年来，人们对这些土墩并未加以注意，只给这里起了个相称的名字——宝墩村。直到1995年秋天，考古人员首次在这里发现了城墙，又经过近20年的考古挖掘，宝墩古城才清晰地呈现在人们面前。

宝墩古城位于四川省成都市新津区西北五公里处，面积约276万平方米，是长江上游迄今发现的最早和最大的古城，距今4500多年，比三星堆的城址要早数百年，有可能是蜀国开国之都。

宝墩古城建造前后历经两个时期。一期总面积只有60万平方米，随着人口的快速增长，聚落开始向城外扩张，不得不继续扩建二期城墙，最后形成了我们今天所见的276万平方米的内、外双重城墙结构。不过，二期城墙在建设时共用了一期东北方向的城墙，没有形成良渚那样的标准回字形。

宝墩先民为了防洪，将城墙建成像堤坝一样宽阔的梯形结构，用以削减洪水对城墙的冲击。在外城城墙还有一条宽十几米的壕沟，在城墙之上又发现了建筑留存的柱洞痕迹，由于成都所处的冲积平原几乎没有高地，这些搭建在城墙上的建筑很可能是避水的临时避难所。

除城墙上的建筑痕迹，考古人员还在古城内发现了三座重要的大型建筑基址。其中一号基址是由三栋建筑组成的建筑群，主建筑为长方形，面积210平方米，在其南北两侧各有一间厢房，组成了一个"品"字形复合建筑。二号基址最小，位于一号墓址北侧。三号基址最大，位于一号墓址的南侧，面积约300平方米，可能是聚落的议事厅或祭祀的宗庙场所。4500年前的古蜀人盖这么大的房屋全都是就地取材。考古工作者在房屋的柱洞和墙壁残留的红烧土基址中都发现了炭化竹片，证实这些建筑其实就是四川盆地常见的竹骨泥墙房屋，也就是先在要建墙的地方栽埋一排竹竿墙，然后在竹竿墙的两侧敷泥做成墙。这种建筑技术虽然原始，但延续了相当长的时期,至今在我国西南地区乡村民居中仍有保留。

宝墩时期的古蜀人吃什么呢?虽然宝墩没有找到大量的炭化稻米,但考古学家还是通过植物考古判断,宝墩古蜀人主要吃稻米。因为在宝墩遗址附近找到了含有大量水稻植硅体的稻田。不同植物的植硅体形态不同,考古学家根据土壤中植硅体的形态判断植物种类。按照这种方法,考古学家发现宝墩先民除喜欢吃水稻外,粟、豆类、草种以及野果都是他们的美食。同时,他们还很讲究荤素搭配,在宝墩遗址中不仅找到了家猪的骨骼,还挖掘出各种各样捕鱼狩猎使用的磨制石器。在遗址中出土的陶器中,考古人员找到了设计十分精巧的陶锅和陶灶,上面有各式花纹,有绳纹、水波纹和稻穗纹,等等,宝墩先人把自己对生活的热爱用这种形式记录和保存了下来。

商代的甲骨文上的记载是我国最早的文献,其中多次提到了"蜀"。

宝墩遗址复原图

宝墩古城遗址的发现改写了"蜀国"的历史。它证明一向被认为是蛮夷之地的古蜀地区，其实早在4000多年前，就有如此规模宏大的古城。城是聚落发展到一定阶段的产物，修建城墙这种大型工程体现了阶级分化和公共权力，说明这一时期已经开始出现文明。只是由于古蜀地理位置相对封闭，形成了一种与中原文明不同，却又有着千丝万缕关系的独特古蜀文明。

为什么宝墩古城这样籍籍无名呢？

在宝墩古城内外城墙的西北方向，有两个缺口，缺口之间有一处古河道，河床底部躺着两棵古树，且古树延伸方向与古河道水流走向一致，城墙和古树应该都是被突如其来的洪水冲倒的。根据碳-14年代测定，两棵古树均距今3800年左右，而这恰是宝墩古城消失的时间，据推测，肆虐的洪水冲毁了宝墩古城。

宝墩古城被废弃了，但宝墩先人的生活依然持续。在宝墩古城的周围，考古工作者相继发现了郫（pí）县古城、温江鱼凫（fú）城、高山古城等七座古城遗址，它们都有着类似的文化和习俗。不仅如此，宝墩先人还沿着成都平原向北，迁徙到100公里处的广汉地区，开始建设新的家园，几百年后，著名的三星堆古城出现了。

宝墩遗址的发现填补了成都平原发展的空白，成都平原也因此被认为是中华文明起源的多元中心之一。不过，由于水患频发，长江流域的文明发展进程受到了极大影响，中华文明的中心逐渐转移到黄河中下游的平原地区，历史的车轮快速转动起来。

小知识

植硅体

植硅体是植物吸收水分后，水分中的可溶性二氧化硅在植物细胞间和细胞内沉淀下来，形成的二氧化硅颗粒，是植物的"结石"。

七

城子崖，精美蛋壳黑陶

黑如炭
薄如蛋
在山与海之间

　　1928年，在黄河中下游的山东济南章丘区龙山镇，考古人员偶然发现了一处早期城址，因发掘出版筑城垣，得名"城子崖"。在发现城子崖遗址的七年前，瑞典地质学者安特生在河南仰韶村发现了大量的彩陶，随后发现了中原地区大名鼎鼎的仰韶文化。然而，安特生认为仰韶文化出土的彩陶与东欧和中亚地区的彩陶非常相似，因此推测中国文化是从西方传播而来的。因为当时中国考古才刚刚起步，还没有发现那么多史前遗址，所以中国文化西来说得到了广泛认可。

自19世纪以来，众多中国学者受到伴随西方列强的侵略而来的科学知识的冲击，中国文化来自西方的说法让中国学者倍感屈辱。要想还原历史真相，重建中国没有文字记载的史前社会，必须借助考古学的力量。

殷商是中国有文字记录的最早朝代，在殷商之前中国是什么样的，殷商是如何发展而来的呢？安特生发现的仰韶文化虽然在地理位置上与殷商遗址一致，但两个文化有明显的差异，它们之间应该存在着一个过渡的文化时期，城子崖遗址的发现成为解开二者关系的一个契机。

城子崖遗址南北长530米，东西宽430米，面积约22万平方米，可粗略分为上下两层。上层大致属于春秋战国时期，下层属于新石器时代中晚期，距今4600—4000年，正好对应了文献中记载的太昊、少昊和舜所处的时代，那时我们的祖先已经迈入了文明社会的门槛。

在城子崖遗址下层中出土了一种以泥质加沙为主的黑陶，质地坚硬，薄如蛋壳，和中原仰韶文化地区流行的彩陶、红陶完全不同。这是一种非常古老的传统制陶技艺，以"器壁极薄、漆黑光亮、器型规整、少饰纹缕"而著称，称得上是远古时期陶器工艺的"高科技"。

黑陶之所以薄如蛋壳，是因为龙山先民使用了当时世界上最为先进的"快轮拉坯法"。相比传统的手捏拉坯，快轮拉坯技术利用了轮盘快速旋转所产生的惯性力，通过双手的捧托、挤压、提拉将泥料直接拉坯成型，因此器物形体较为规整，胎体明显变薄。快轮拉坯虽是一种古老的制陶工艺，但直到今天仍有很多地区使用。

黑陶的黑色并非涂抹的染料，而是烟熏形成的。在陶器烧制的最后阶段，封闭陶窑的排烟孔，从窑顶徐徐加水，熊熊燃烧的松木在"吱""吱"的"沐浴"声中升起阵阵浓烟，浓烟裹着炭灰和松脂中的油脂，在窑中循环熏绕，烟中的碳颗粒慢慢渗入陶器的胚体微孔里，直到出来一个乌漆油亮、亭亭玉立的"黑美人"。现在收藏于山东博物馆的黑陶蛋壳杯就是其中的杰出代表，它黑光油亮，杯壁厚度最薄处只有0.3毫米，重量不超过70克，敲击时却能发出类似金属的声音。即便是今天，依靠当代的技术，仍然没能复刻出这样成色的陶器，4000多年前的古人，如何能烧制成功，至今仍是一个谜。

不同于如重瓣花朵般绽放的仰韶彩陶，典雅肃穆的黑陶文化在世界范围绝无仅有，它们土生土长，独树一帜，因首次在龙山镇现身，后被命名为龙山文化。

这一红一黑、一繁一简的器物，表面看似完全不同，但考古人员从中发现了殷商文化与龙山文化血脉相连的证明。

有专家认为龙山先人偏爱黑陶与当时的图腾崇拜有关。山东古时为东夷，而东夷各个氏族，均以鸟为名号，也被称为"鸟夷"。相传少昊是黄帝的长子，为东夷族的祖先和首领之一，曾设置了24个以鸟命名的官职，也就是以鸟为图腾的24个部落，玄鸟是其中一支，即《山海经》中记载的神鸟。玄是赤黑色的意思，一般认为玄鸟就是燕子。为了表达崇拜和敬意，龙山先人便以黑为贵，也就把陶器制成了黑陶。同时，鸟的蛋壳又很薄，黑陶也模仿蛋壳，做得非常薄。

在《诗经·商颂》中有这样的记述："天命玄鸟，降而生商。"说的是，一个叫简狄的女孩，在玄丘水中洗澡，有一只玄鸟飞过来下了一个鸟蛋，简狄吃了鸟蛋之后，怀孕生下一个儿子，这个儿子就是商朝的始祖。当然这只是传说故事，但仍能看出殷商崇拜玄鸟，这与龙山文化的信仰相符。

"蛋壳黑陶"如此珍贵当是专门用于祭祀盛酒的高级礼器。那时的龙山人将吃不完的粮食用来酿酒，祭祀之余，也饮酒娱乐，正如《后汉书·东夷传》中记载的那样："东夷率皆土著，喜饮酒歌舞。"也许，这正是山东人好酒的渊源。

同样，殷商人也颇为好酒。在商朝贵族墓葬中，发现的青铜酒器就占了七八成。商朝是我国历史上酒文化的第一高峰期，周人灭商后，坚信殷商亡国就是酗酒误国造成的。所以，周人得了天下之后，周公马上颁布了

《酒诰（gào）》，这是中国历史上最早的禁酒令。如此看来，龙山先人在祭祀礼器和饮酒习惯上也与商人别无二致。

在龙山文化遗址中还发现了用于占卜的牛髀骨。尽管牛髀骨上面没有

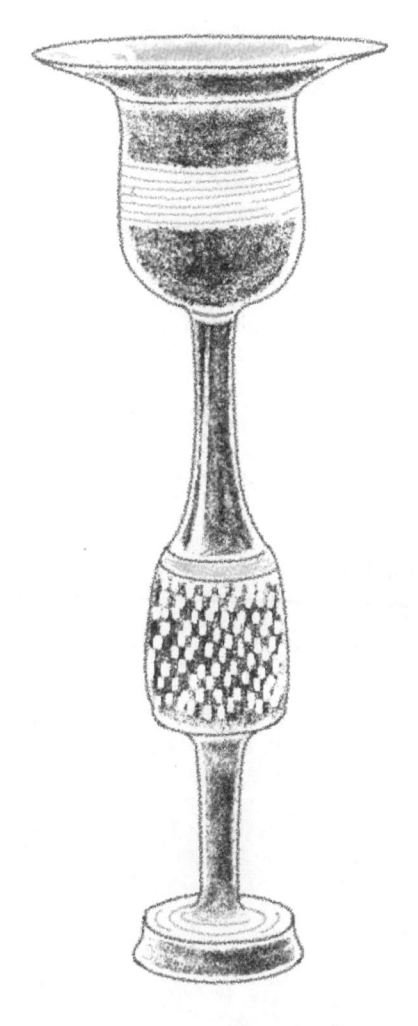

城子崖遗址的蛋壳黑陶杯

文字，但钻灼痕迹清晰可见，同商人钻烧肩胛骨和龟壳用于占卜的方式如出一辙。

龙山文化和殷商文化相似的因素远不止这些。城子崖遗址的发现让考古学家们确认，至少殷商文化的重要来源在东方，而非由西方传入。中国文化西来说不攻自破。

在中国现代考古史上，城子崖遗址还有值得骄傲之处：在这里，中国考古人第一次绘制了考古地层图，出版了中国第一部田野考古报告集，为中国考古，特别是史前考古的发展铺垫了重要的基石，城子崖遗址也因此获得了"中国史前考古圣地"的殊荣。

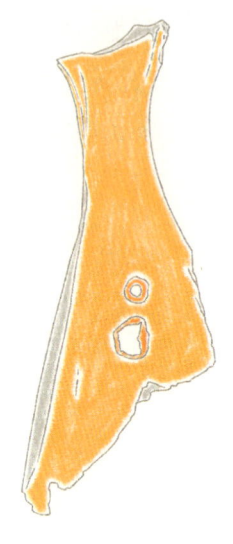

龙山文化的卜骨

小知识

"黑又薄"的 龙山文化

龙山文化泛指黄河下游地区新石器时代晚期的一种文化，分为山东龙山文化、庙底沟二期文化、河南龙山文化、陕西龙山文化、龙山文化陶寺类型等几种类型。

山东龙山文化年代距今约4500—4000年，陶器有黑陶、灰陶、红陶、黄褐陶和白陶等，制陶工艺水平比仰韶文化有很大提高。黑陶是该文化最具代表性的作品，尤以"蛋壳黑陶"最为精美，因此也有人将该文化称为"黑陶文化"。

八

西朱封，曾经玉映红颜

红颜已逝
簪——
依旧

城子崖遗址的发现与发掘，激发了考古学家对龙山文化的探索热情。此后，陆续在山东、河南西部、安徽北部等地发现了多处龙山文化遗址，与大汶口文化晚期分布范围基本一致。其实，龙山文化就是在大汶口文化的基础上发展起来的。5000年前，仰韶文化衰落，东夷人的大汶口文化趁机西进，占领了河南部分地区。大汶口文化与中原仰韶文化发生了密切交流，融合成了山东龙山文化。因此，在山东龙山文化中仍然存在许多大汶口文化的元素，在西朱封发现的女性贵族墓葬就是代表。

在如今的鲁中革命老区沂蒙山一带，潍坊临朐城南5公里处，有个依山傍水的小村庄叫"西朱封"。考古人员在这发现了一座罕见的龙山文化重椁（guǒ）墓葬。

墓葬在西朱封村弥河西北岸的台地上，这片台地高出河床八米，比周围地面高两到三米，是一座被人"仰望"的罕见的墓葬。此墓东西长4.4米，南北宽2.5米，深1.8米，面积十多平方米，像我们现在的一个小房间。葬具为两椁一棺，两椁的形制相同，内椁的南边放置棺材，北面是"边箱"，在外椁的西部死者脚部的为"脚箱"。

墓主人是一位中年女性，她仰身直肢，两手交于腹部，右手在下，左手在上，手中握有獐牙，头部与胸部分别放有绿松石耳坠及玉管饰。她的随葬器物主要放在"脚箱"内，有鼎、豆、盆、罐、骨匕、器盖、蛋壳陶杯、陶罍（léi）等30多件；在边箱内，还放置两件蛋壳陶杯，虽然与"脚箱"相比，放置的器物少了许多，但更精致。其中，蛋壳陶高柄杯和磨光黑陶罍极为珍贵，是龙山文化的王牌奢侈品，可见墓主人生前有较高的社会地位。

西朱封遗址 M1（墓葬）平面图

与这座古墓相距仅数米的地方，考古学家又发掘出了另外两座重椁单棺的大型墓葬。从墓中出土的遗物来看，墓主可能都是女性。遗物中有大量的玉器饰品，其中一件玉笄（jī）更是稀世珍宝。

玉笄由"笄首"和"笄杆"两部分组成，可自由拆卸组装，笄杆长19.5厘米，为圆润光洁的竹节状，一端有卡槽，用于嵌插笄首。笄首底部两面均在鼻下磨出长方形凹面，凹槽两侧各有一圆形小穿孔，用于捆缚加固。笄首为片状扇形，对称镂雕纹饰，顶部为冠状，笄冠周边镂雕出花牙，最上缘有三层卷翘突出的花牙，正是龙山时代神祖纹饰中常见的构成元素。笄首的中部、下部以左右对称、形状各异的镂孔体现眉、目、鼻、口，两端为翼状耳，左右耳垂部位镶嵌四颗圆形绿松石，构成一幅"神徽"图案，既高雅又庄重。这件可拆卸组合的玉笄玲珑剔透，汇聚了镂空透雕、阴线刻纹、玉件复合等多种工艺，堪称龙山文化玉器工艺的集大成者。

另有一件单体玉簪，长10.3厘米，玉质温润而纯净，簪首雕成卷云式，两侧分别雕出三个浮雕人面。这件玉器造型生动而抽象，线条流畅，雕造精致，是一件难得的艺术精品，也是新石器时代龙山文化的代表性玉器。这两件玉笄目

西朱封遗址的玉笄笄首

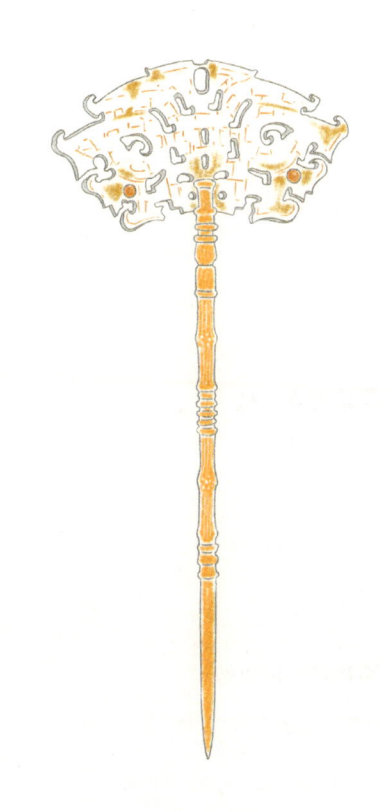

西朱封遗址的玉笄

第五章　古国文明，高潮迭起

前都收藏于中国社会科学院考古研究所中。除玉笄外，这两座大墓中还出土了玉钺、玉刀、多件绿松石饰物以及980多片绿松石薄片。

西朱封遗址出土的玉器，代表了龙山文化时期海岱地区琢玉工艺的最高水平，由此可见那时的龙山人农业已经较为发达，使得一部分劳动力能够解放出来，专门从事其他高技术含量手工艺的生产和制作，并且，玉器已不仅是富贵女性的日用饰品，也是表明等级身份的礼器和仪式用器，是社会地位的象征物。

考古学家认为，龙山文化时期是山东史前人口最多、发展最为鼎盛的时期，经济社会快速发展，阶级社会和早期国家已经形成。

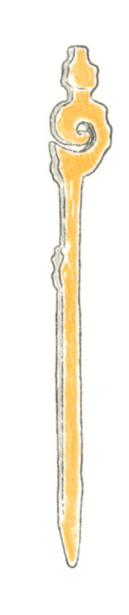

西朱封遗址的玉簪

小知识

椁是棺外之材

椁是套在棺外的大棺材，重（chóng）椁就是在棺材外面又套了两个外棺。木椁出现于新石器时代的仰韶文化时期，龙山文化时已出现木椁，主要用于氏族首领。这种用棺椁下葬的形式被后世继承，在殷墟商王陵墓室中，多用大木条叠压成方形或亚字形的椁室，其正中安放商王棺木。至周代，棺椁制度化，《庄子》中记述："天子棺椁七重，诸侯五重，大夫三重，士再重。"

笄礼过后可出嫁

笄是古代女子的一种簪子，用来插住绾起的头发或帽子。在古代，汉族女子十五岁称为"及笄"，与男子加冠一样，笄礼是一个隆重的成人礼，表示到了可以许配或出嫁的年龄。在此之前，幼年的儿童不梳头发，要么绾成小髻，称为总角，要么头发下垂，称为垂髫（tiáo）。

194　源来如此——跟着考古学家去探源

九

清凉寺，人殉触目惊心

一层、二层、三层
尊贵与卑微
重叠

如果临朐西朱封遗址中的三座龙山文化大墓给我们带来的是惊艳和赞叹，那么接下来要介绍的山西芮城清凉寺遗址的墓葬则令人生畏。

始建于1303年的清凉寺位于山西运城芮城县东北部，清凉寺史前墓地因靠近清凉寺而得名。该墓地于1955年被发现，历时半个世纪，直到2003年才开始大面积发掘，总面积近5000平方米，共清理发掘墓葬355座，出土玉璧、玉钺、玉琮等玉石器200余件。

清凉寺的墓葬鳞次栉（zhì）比，排列有序，考古人员按照时间的先后和墓葬之间的关系，将这355座墓葬划分为四个时期。它们虽然都挤在一起，但是不同时期墓葬的埋葬习俗差异很大。

一期墓葬距今已经5000多年，正处于庙底沟文化时期，墓葬中发现了中原流行的瓮棺葬。这些墓葬分布较为零散，都是薄葬的小型墓，几乎没有随葬品，说明当时人与人之间的地位没有明显的差别。

二期墓葬大部分距今4300—4050年，这正是尧舜作为中原盟主的时期。此时墓葬的规模开始显现差异，出现了贫富分化和阶层差别，甚至有用活人陪葬的情况。

二期墓葬中有一处较为典型的墓葬，墓内发现两名男子遗骨，年龄均

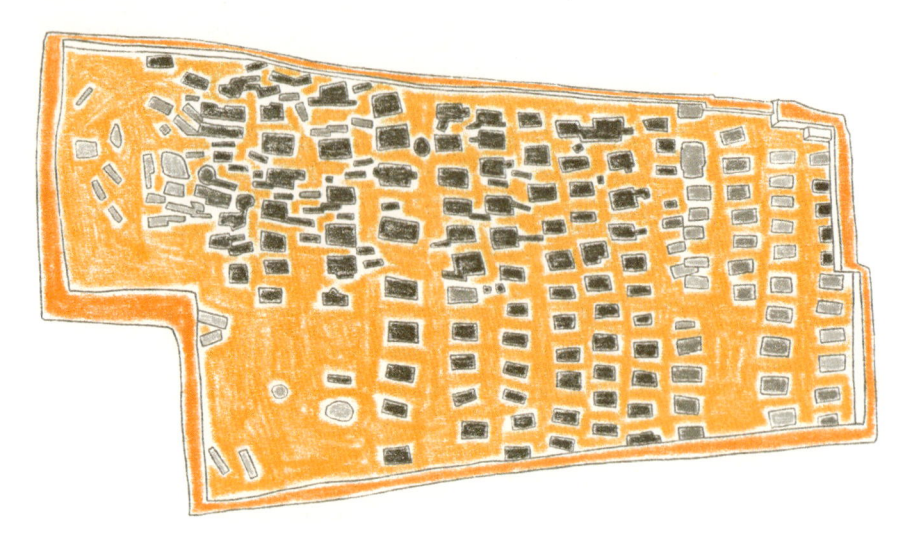

清凉寺遗址考古发掘场景图

为40岁左右,两名男子一躺一跪,可以看出明显的地位区分。墓中随葬了四件玉石器。两件玉璧套在躺着的男子右臂腕部,一件五孔石刀放在南侧的墓壁旁,从横置在躺卧男子腹部的石钺可知其生前地位不凡,他被发现时仰身直肢,规整地躺在墓葬中,其双脚被压在另一个男人的膝盖之下。跪着的男人双手被反绑着,面对墓主人,屈跪在墓主的脚踝之上。今天,我们虽然已经无从知晓两位墓主人生前有怎样的关系,但这种埋葬方式表现出当时的社会存在着极端严重的不平等。

清凉寺史前墓地第三期,殉人的现象变得更为普遍。一半以上的墓葬都有殉人,多的一座有四人殉葬。殉葬者绝大多数是十来岁的小孩子,他们入葬姿态各不相同,有的蹲坐蜷缩在一边,有的面朝下俯卧在墓葬一端,有的尸骨则是随意丢弃堆叠在角落……从那些扭曲的骨骼和姿态上,似乎还能感受到死者最后的哀号和绝望。

血腥和牺牲是文明成长过程中的副产品,4000多年前,清凉寺一带的先民用他们自己的方式在探索和尝试，这是黄河中游地区社会发展的一个缩影，也是中华文明在成长过程中经历的阵痛。

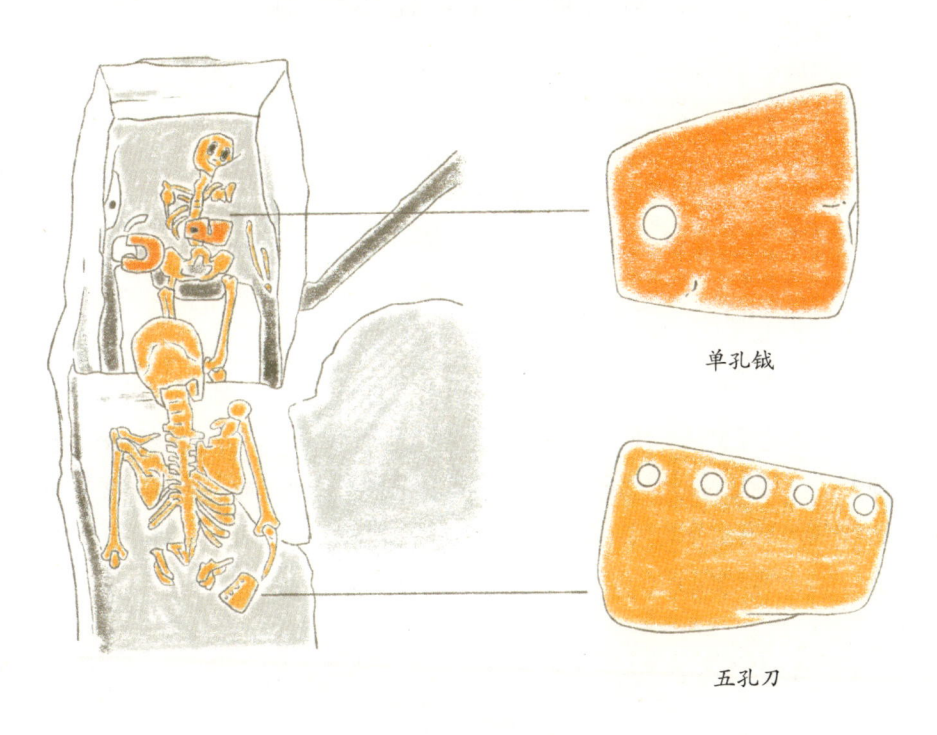

单孔钺

五孔刀

清凉寺遗址的墓葬及玉器

第五章 古国文明，高潮迭起

十

陶寺城，鼓磬礼乐初创

旭日东升
蟠龙苏醒
鼓磬齐鸣

20世纪50年代进行文物普查时，工作人员在清凉寺遗址北偏东150公里的地方发现了另一处史前遗址。它坐落于太行山和吕梁山环抱形成的盆地内，与太原、郑州、西安相邻，自古就是兵家必争之地，这便是位于山西省临汾市襄汾县的陶寺镇、堪称中华文明探源工程"四大早期都邑性遗址"之一的陶寺遗址。

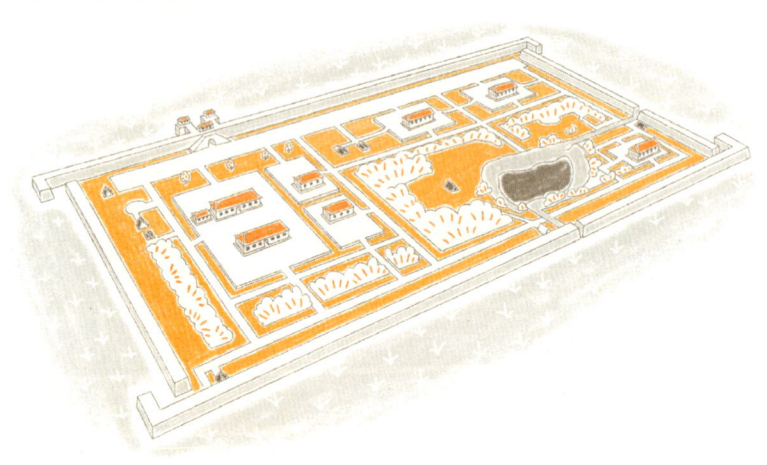

陶寺遗址宫殿区微缩景观模型

筑城卫君

"筑城以卫君,造郭以守民。"春秋以来的都城,大多都存在内外双城的结构,陶寺古城也是如此,外城墙将古城围成了一个东西长1800余米,南北宽1500多米,总面积280万平方米的圆角长方形大城。

在大城的东北部,用城垣圈出一处约13万平方米的宫城区域。宫城属于内城,城墙高大厚实,设计复杂。东南门是宫城的正门,从正门的南城墙两侧向外延伸出两座对称的"L"形建筑,像两只并排码放的巨型靴子,这就是古代的阙楼,兼具防御和礼制的作用,任何从这里经过的敌人,都必须经受来自两侧高大阙楼和正面城墙上的多角度攻击,经此往来的居民,也会因为周围高耸的阙楼肃然起敬。以前人们一直以为,阙楼最早出现于西周,直到汉代才被广泛使用,成为帝王宫殿大门的标配。陶寺古城的发现,将阙楼出现的时间提前了1000多年,并一直沿袭至今,如北京紫

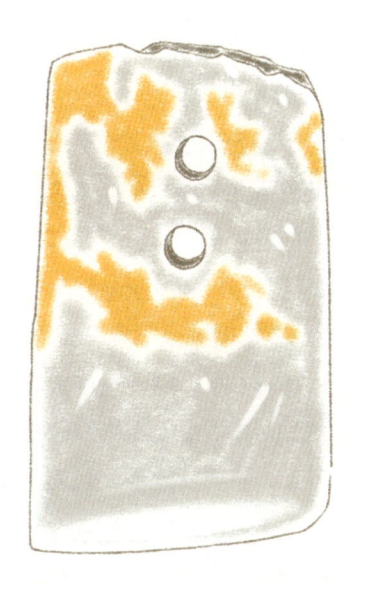

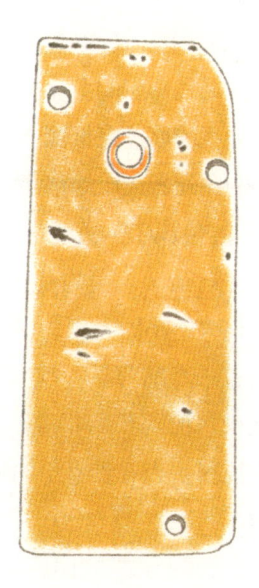

陶寺遗址的多孔玉钺

第五章 古国文明,高潮迭起

禁城午门便继承了陶寺遗址宫城的阙楼模式。

阙楼的出现证实了陶寺的确是一座国都，宫城内气势宏伟。其中最大的建筑的基础面积有8000平方米，位于其北部正中的一间主殿就有540多平方米。虽然称为宫殿，但史前的"宫殿"建筑材料都较为原始和单一，通常是草拌泥和木头。而陶寺宫殿则不同，考古人员在这里发现了104片陶板残片，应该是专门烧制后放于宫殿屋顶上的瓦片。瓦片呈平行四边形，上面有孔洞，可以穿钉固定，瓦面上的纹路除美观外，还能更好地排泄雨水，设计极为巧妙。虽然形制上还略显原始，但陶瓦的出现，基本上解决了传统草拌泥屋顶渗漏的问题。这一发现颠覆了传统的认知，把瓦出现的年代从距今3000年前的西周时期提早了1000多年。瓦在当时自然是"高科技产品"，即便是后来的盛世大唐，在屋顶铺瓦也是富贵人家的门庭。

墓之城

尽管城墙和宫殿已经显露出了陶寺遗址的"王者之气"，但是以土木材料为主的城墙和房屋的主体早就在几千年时光里荡然无存，考古人员只能通过残留在地下的痕迹来推测当年的辉煌。相比而言，古人事死如事生的丧葬观念，反倒在死者久居的墓葬中保留了更多墓主人生前的生活图景。

在陶寺宫城以南600米处是陶寺早期的墓葬群，有近万座墓葬之多，是黄河中游史前最大规模的墓葬群。从清理出的1300多座墓葬来看，墓葬的规模已出现大中小的差别，面积较小的墓葬宽度甚至不到墓长的1/4，仅能容身，没有一点随葬品。与平民寒酸的墓葬不同，陶寺贵族大墓虽然发掘得相对较少，但陪葬品非常丰富，其中六座大墓出土了大量的珍贵文物，包括有象征墓主人尊贵身份的鼍（tuó）鼓、石磬、龙盘和代表军事指挥权的玉石钺。

经统计，陶寺遗址出土的乐器共有29件，其中鼍鼓很是特殊，这是一种形似桶状的陶器，有一米多高，鼓面是用鼍皮制成的。用扬子鳄皮制作的鼍鼓在《诗经·大雅·灵台》中有这样的形容："鼍鼓逢逢。"相传，鼍鼓是五帝之一的颛顼（zhuān xū）发明的，因此鼍鼓成为帝王专属乐器，只出现在帝王级大墓里，代表着礼乐制度中最高的等级。这样的制度，一直延续到商周时期。

礼乐文明是一套制度，如果只单独出土一件鼍鼓，未必能说明什么，但陶寺大墓中还发现了配套使用的磬，可见当时已有礼乐制度。磬是中国最古老的打击乐器，可能起源于某种片状石制工具，最早被称为"鸣球"。古人敲击着石头，装扮成各种野兽跳舞，以此为乐。后来，这种敲击的石头逐渐演变为体形扁薄的磬，上端有一孔，使用时，孔中穿丝，悬挂敲击。后世，磬和鼍鼓组合使用，共同成为历代帝王庙堂上用于雅乐的礼器。这套礼乐组合的出现，说明陶寺古城已经有了礼制的雏形，而礼制是伴随着国家的兴起才出现的。同长江流域的良渚不同，陶寺的统治者不依靠通神，而是通过创建礼制规定权利和地位，而礼乐正是周朝以后几千年间中华文明最鲜明、最核心的特征。

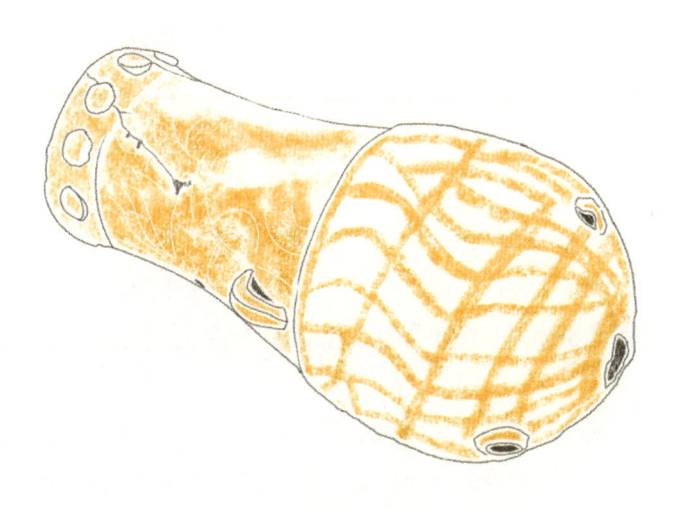

陶寺遗址的土鼓（鼍鼓常和磬、土鼓组合）

陶寺遗址的四个龙盘

陶寺遗址所展现的文明因素，不仅仅有以鼍鼓和石磬为代表的礼乐制度。在陶寺早期的王墓中，还出土了一种特色鲜明的陶盘，陶盘中心均栩栩如生地绘制着一条蟠龙。在整个陶寺遗址中，类似的龙盘在四座王墓中各发现一件。

陶盘中的蟠龙身似蛇，带喙有牙，这种形态已经非常接近后世中龙的形象，是当时特有的图腾和标识。越来越多的学者认为陶寺的蟠龙盘不仅是王者和地位的象征，也是证明陶寺是尧都的证据之一。因为龙盘中蟠龙红黑相间的斑鳞与赤链蛇极为相似,而传说中,尧的母亲就是梦到赤龙上身后才怀孕生下尧,且同款龙盘在全国其他地区均没有发现,由此推断陶寺的赤纹蟠龙专指"尧"。

尧之都

陶寺宫城、王墓等所体现的"王权"社会,鼍鼓等各类礼乐器的出土所反映的"礼制"文明,以及可能代表着尧和龙图腾的赤龙盘,均与夏代以后的华夏文明有明显的传承关系。陶寺遗址所处的年代在距今4300—4100年,遗址所在的晋南地区,是古史传说中尧活动的中心区,陶寺遗址是这一时期黄河中游地区规模最大、等级最高的。这一系列考古证据链表明,陶寺遗址可以被认为是最初的"中国",与尧所居都城相吻合。

1984年,在陶寺遗址内一个不起眼的灰坑里,挖掘出了一个残破的扁

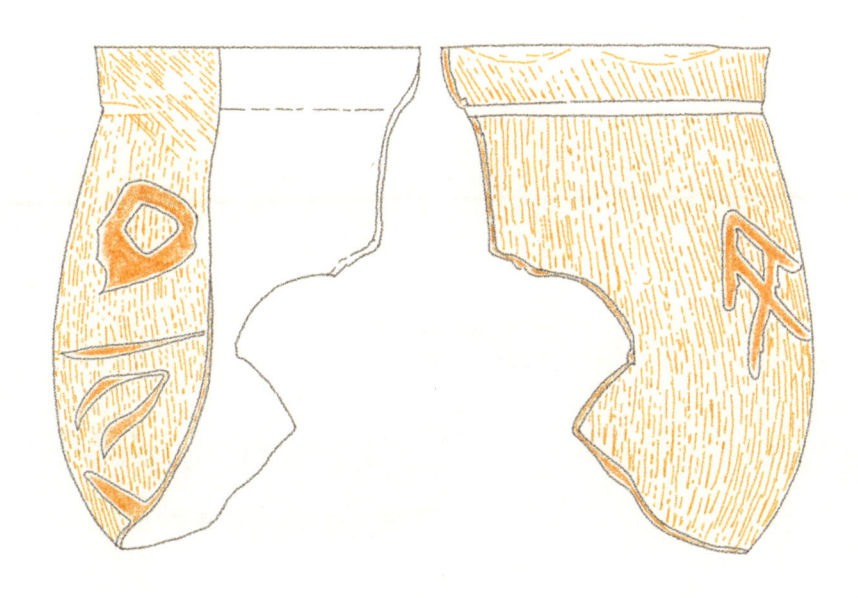

陶寺遗址的朱书陶文

壶，壶身正反两面用朱砂写着两个清晰的字符，引起了极大的轰动。正面的字符没有太多争论，与商朝甲骨文的"文"字写法几乎完全一致；而背面那个字符，有学者认为是"易"，也有学者觉得是"命"，还有学者释读为"尧"，尚无定论。尽管存在分歧，但毫无疑问的是，这两个字符和甲骨文有关，而且比甲骨文还要早了近800年。

如果说扁壶上可能的"尧"字证明陶寺是尧都的身份还有争议，那

陶寺遗址观象台复原图

么接下来的几个发现成为证明陶寺遗址为尧都的重要佐证。在古籍《尚书·尧典》里有关于尧的记载，记载中近乎一半的篇幅都在讲尧帝"历象日月星辰，敬授人时（观象授时）"的故事。恰巧，在陶寺遗址的中晚期王族墓地中，出土了一件圭表，这也是已知的世界上最早的圭表。

圭表是古代利用日影进行测量的天文仪器，由垂直的两个杆组成，水平放置于地面上带有刻度的标尺叫"圭"，垂直于地面的直杆叫"表"。

当太阳照着"表"的时候，"圭"上出现了表的影子，通过观察记录"表"正午时影子位于"圭"的位置就能确定季节和节气。冬至日时，太阳位于南回归线，日影最长；夏至日时，太阳位于北回归线，日影最短。汉武帝时期，人们把圭表测得的两个冬至日之间的时间分割成24段，称为"二十四节气"，并纳入农事的历法中。不过陶寺先人使用的历法与"二十四节气"不同，考古学家认为，这很可能是另外一套失传的历法。

2003年，在陶寺墓葬群的旁边，发现了一座半圆形的坛状建筑遗迹。遗迹台面向东南方，有13根夯土柱子基础，呈弧形排列。这样的建筑在以往的考古遗址中从未见过，专家一时也摸不清它的功用。直到考古人员将各个柱子的位置在图上还原，才发现原来这13根柱子并排围向一个圆心，形成了一面有12道缝隙的墙，日出时分，阳光有时能透过其中一道缝隙，照射到观象台的圆心点，考古学家经过几年的观察和记录后发现，一年中共有特定的20天，阳光能从不同缝隙透射过来照射到圆心点。也就是说，4000年前的陶寺古人可能将一年分为了20个节令。这20个节令中，有四个节令与二十四节气中的春分、秋分、夏至、冬至完全一致，很可能是中国二十四节气的祖源。

据此，考古专家和天文学家得出结论，该建筑遗迹应该

就是观测天象决定时令节气的观象台,其建造于约4100年前,比著名的英国巨石阵观象台还要早,是目前考古发现的世界上最早的观象台。陶寺的统治者正是依靠圭表和观象台掌握天文历法,敬授民时。这恰好与《尚书·尧典》中记录的帝尧数法日月星辰、敬授民时相吻合,为证明陶寺就是尧都增添了新的证据。

城之亡

无论陶寺遗址是否真的是尧都,这座古都所展现的历法和礼乐制度,都令人难以置信。然而,陶寺古城却在大约4000年前突然被废弃了。这究竟是什么原因呢?难道也像良渚一样,遭遇了天灾?

经考古发现,推测灭亡陶寺的并非天灾,而是人祸。在陶寺内部可能曾经发生过两次重大变革,考古人员据此将陶寺划分为早、中、晚三个时期。三个时期内的陶寺人文化习惯有诸多不同,这种变化往往意味着政权或者人群的更替。

在陶寺中期的王族大墓和贵族墓葬中普遍出现了极为明显地被捣毁的现象。其中一座大墓的上方被挖开了一个四米长的大扰坑,扰坑内的填土属于陶寺晚期早段,也就是说,墓主人下葬几十年后,就被人刨了坟。填土中夹杂着一块一块的人骨,大多数已经支离破碎,看不出样子,不过有一具还算完整。这具完整的人骨呈现出一种怪异的姿势,上半身仰卧,下半身屁股扭曲向上,是死后被拖拽到此处的。墓主人的木棺也遭到了严重的损毁。墓室内杂乱不堪,泥土中散落着各种玉器和陶器的碎片,这些应该都是被捣毁的陪葬品,显然毁墓者不是为了盗取墓中的财物。一个合理的推测是,毁墓者对墓内的陪葬品不为所动,掘墓实则是在泄愤。被捣毁的墓室内还有五颗被砍掉的人类头骨,被刻意扔在这里。种种迹象表明,这可能是胜利者对被征服一方实行的"厌胜"法事,用来诅咒和亵渎墓主人,使他们永世不得超生。

陶寺古城兴盛时期战争频发，因此，他们才将城墙修建得十分坚固，甚至特意在宫城城门处设置了有防御功能的阙楼。可惜，哪怕布置了如此森严的防卫，他们仍然没能避免祸事。陶寺宫城内有被大肆破坏的痕迹，宫殿区周围的坑里掩埋着大量的器物碎片和人类尸骨，这些尸骨绝大多数都是青壮年，身上和头部有多处砍切痕迹。

究竟是谁与陶寺王室有如此深仇大恨？不仅手段残忍，甚至在人死后都要刨其祖坟，锉骨扬灰？

陶寺被损毁的遗迹集中在中期，而早期和晚期基本保存完好。陶寺惨案的真凶极有可能就是陶寺晚期的统治者。考古人员在陶寺晚期的墓地中找到了一种独有的大袋足陶器，这是4000多年前，中国北方特有的陶器形制。可见这支北方文化是5000年前辽河流域红山文化与黄河流域仰韶文化

陶寺遗址的墓葬示意图

第五章　古国文明，高潮迭起

融合后产生的,他们除了喜欢使用大袋足器外,还特别擅长以石头筑城。

在陶寺古城以北300公里处的陕西省榆林市神木市石峁(mǎo)村,有一座和陶寺遗址同时期的石头古城,称为石峁古城。石峁先人的日常陶器即为大袋足陶器。或许从陶寺中期开始,陶寺先人就一直与石峁先人发生争战。连年征战,导致双方积怨已深,最终石峁先人攻陷了陶寺古城,怒火倾泻而下,几乎将陶寺贵族屠戮殆尽。

国都被毁,先人受辱,陶寺古城由此废弃。

小知识

鼍

鼍是扬子鳄的古称,作为中国特有的鳄鱼品种,古人视之为龙,是中国龙的形象来源之一。扬子鳄的叫声像猪发出的哼哼声,民间也有"猪婆龙"的俗称。

十一

柳　湾，绝世彩陶风华

彩绘之陶堆砌——
谁的
一世繁华？

1974年，青海省海东市乐都区柳湾村的村民，挖水渠时发现了一些石器、骨器、陶片和腐朽的棺木，揭开了柳湾遗址的神秘面纱。原来这是一处新石器时代的古人类墓葬群，里面有1700多座墓葬，也是中国已知规模

最大、保存最为完整的原始社会晚期氏族公共墓地。那些墓主人就这样并排在一起躺了4000多年，陪伴他们的除了泥土，还有4万多件陪葬品，其中彩陶就有2万件。一下出土这么多件彩陶，在中国考古历史上仅此一处，因此"柳湾"也被命名为"彩陶王国"。

柳湾遗址位于柳湾村北侧一处凸起的高坡上，总面积约20万平方米。

柳湾遗址的蛙纹彩陶罐

根据墓葬和彩陶数量推算，平均每个墓葬里埋藏了十多件彩陶。然而，平均数不能反映事实。实际上，有的墓葬中仅出土了两三件，有的墓葬则多达百件。可见，同一氏族内部已经有不小的贫富差距。贫穷者一生饥寒交迫，食不果腹，逝去时仅陪葬几个粗简的陶罐、陶盆；显赫者，死后也在炫富，层层叠叠的彩陶隆重相伴。

无论贫穷富贵，这些彩陶大都是墓主生前使用的器具。因此，我们虽然无法完全知晓先人生前的生活，但这些彩陶上刻画的丰富图案，仿佛依旧附着古老的灵魂，讲述着远古先民朴素而真实的生活，那是比司马迁的《史记》还早的"历史书"。

4000多年前的彩陶究竟书写了什么故事呢？柳湾彩陶器用极为浓重的色彩绘出流畅的线条，形成了各种纹样，有螺旋纹、波浪纹、蝌蚪纹、蛙形纹等。

在众多彩陶器中，有一件陶壶尤其引人注目。这只彩陶壶嘴小肚大，在壶腹上还用浮雕和彩绘的方式，捏塑了一个奇特的裸体人像。只见这裸体人身材魁梧，面目夸张，小眼高鼻，眉作八字，一对招风大耳，正双手捧腹，叉步站着，露出似笑非笑的神情。最为诡异的是，裸体人像的胸部有凸起的女性乳房，然而下腹部却塑造了一个十分夸张的男性生殖器，竟然是一位两性人。

这件彩陶壶颠覆了人们对史前雕塑的认知，被誉为稀世珍宝，现收藏于中国国家博物馆。2013年，它被列入第三批禁止出境文物名单。至于为什么要在彩陶上刻画一位两性人的形象，学界仍有争论。有专家认为，这是一种对生殖的崇拜，这件彩陶是用来祭祀的法器或明器。远古社会，人类面临着各种生存的威胁，人口数量决定着氏族的力量和生存能力，因此，繁衍是人们十分关心的问题。在人像两腿的外侧绘有蛙形纹。青蛙的生殖能力很强，于是，人们崇拜青蛙，希望以此增强女性的生育能力。有部分学者认为，蛙拟人化身为女娲，成为中国古代神话故事中孕育人类的女神。

不管怎样，这些彩陶精美的器形和丰富的纹饰

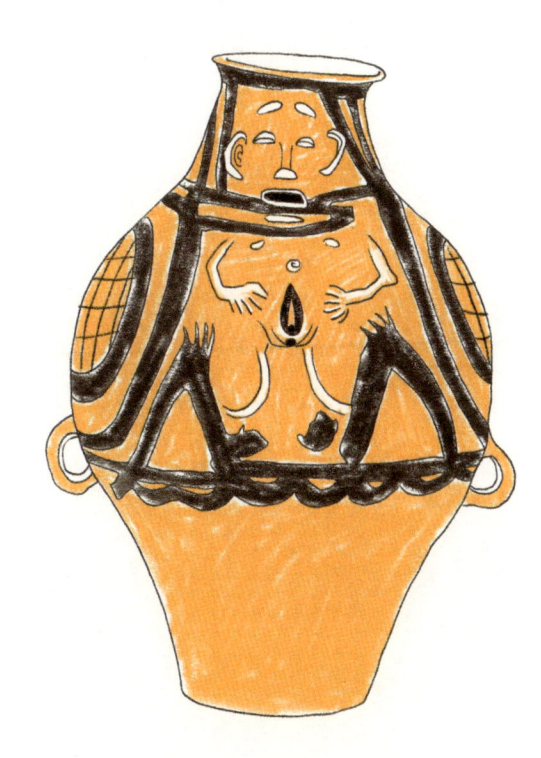

柳湾遗址的裸体人像彩陶壶

带着浓郁的原始艺术气息，展现着史前艺术的魅力，说明柳湾先民早已不只是追求陶器的实用性，他们也追求美和艺术带来的精神享受。

在柳湾彩陶中，除了纹样以外，还有很多神秘的符号。有些类似现在的符号，比如"＋""√"和"X"等，还有的和汉字很像，比如"巾""中""工"和"北"等。这些符号有什么意义？是原始文字吗？的确，符号是文字的来源，当符号被赋予固定的含义，并将不同的符号组合起来用于表达复杂含义时，便成了文字。迄今为止，柳湾墓群是史前考古发掘中发现原始符号数量最大、种类最多的遗址，经过整理确定的符号至少有195种。据专家推测，这些符号应该有记事的功能，与甲骨文很接近，甚至在我国西南地区的部分少数民族中，使用的文字与柳湾彩陶符号非常相似。因此，学术界认为，这些彩陶刻画和纹饰已"具有较为稳定的文字特点"。

柳湾遗址彩陶中的符号

通过这些异彩纷呈的彩陶，我们有理由相信，在与现代人时空相隔久远、物质贫乏的柳湾，人们低层次的物质需求与高层次的精神需求是共存的，他们和我们一样，有着对真、善、美的追求和对平等、尊重与爱的渴望。

早在4500年以前，我们的祖先已经在黄河上游踏歌起舞。柳湾遗址墓葬中出土的数以万计的彩陶身上，蕴含着中华文明的痕迹，我们至今仍能从这些彩陶的纹饰、符号和器型上找到他们留给后世子孙的影子。

小知识

蛙与女娲

现在女娲的形象出自汉代的画像石，是人首蛇身的女神。其实，最早关于女娲的具体形象并无描述，有学者根据文字考据，认为女娲的"娲"字古人读"呱"，正是蛙发出的声音，于是"娲"通"蛙"，女娲其实是母蛙。

在远古社会，很多部落的确把蛙当作崇拜的图腾。这是因为早期人类平均寿命很低，要想延续种族，只能不断繁衍，提高生育率。如此一来，就出现了生殖崇拜的现象。青蛙是一种常见的动物，一次能繁殖几千甚至上万只蝌蚪，古人非常羡慕这样的繁殖能力。而且，蛙大肚子的形象和孕妇相似，象征子宫和怀孕。于是，在远古的母系氏族中，产生了对青蛙的生殖崇拜感。考古中出土的早期陶器中有大量的蛙形纹存在，这也被视为母系氏族时期的产物。

为什么原本是"蛙"的女娲后来变成了"蛇"身呢？其实，"蛇"也是远古生殖崇拜的符号。蛇是地上的龙，形象与男性生殖器相似，是男性生殖崇拜的象征。女娲的形象从"蛙"转变到"蛇"，似乎也体现着华夏民族从母系氏族社会到父系氏族社会的过渡。

第五章　古国文明，高潮迭起

十二

石峁，陕北巨型山城

石砌之城——
皇城台
谁主沉浮？

时光流转，沧海桑田。昔日的繁华之所沦为今日的僻静之地，今日的高楼大厦也许矗立在从前的荒冢之上。

在陕西神木高家堡镇有一个叫石峁（mǎo）村的小山村，地处黄土高原北部、毛乌素沙漠南缘，以黄土梁峁、山丘和沙漠地形为主，沟壑万千，山峁起伏，给人一种苍凉斑驳之感。石峁遗址就位于石峁村北侧，属新石器时代晚期至夏代早期遗存，距今约4100—3900年。

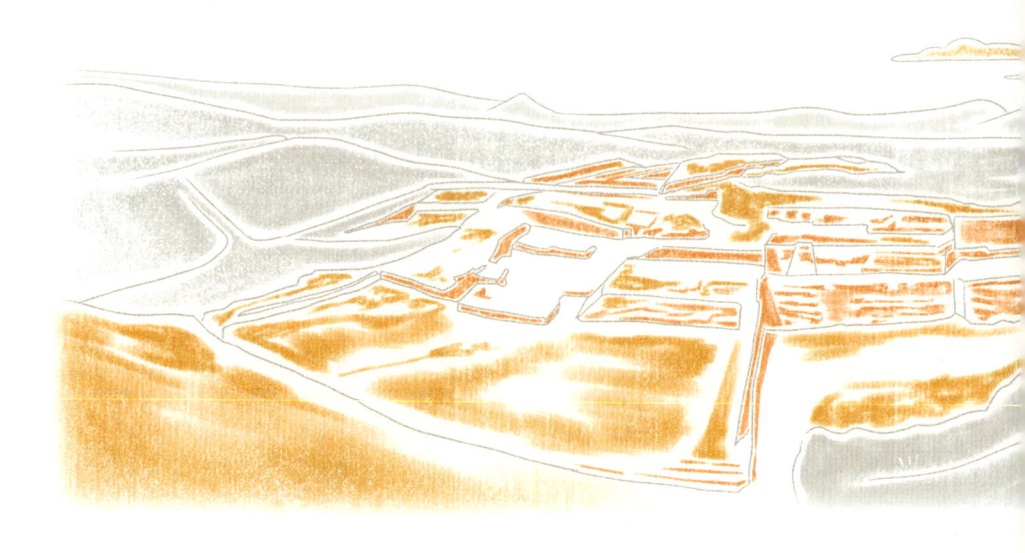

皇城台

石峁遗址以西北部的"皇城台"为核心，构建起了宫城、内城和外城的三重城垣结构。内城为长方形，把皇城台包裹其中，外城则巧妙地利用了西部河谷断崖作为天堑。现在内、外城墙残高在1.5米以上，总长度约10公里，合围形成的古城面积共计约425万平方米，大致相当于六个北京故宫，比同时代的良渚和陶寺遗址还要大。

位于古城中心的皇城台底大顶小，呈梯形结构，四面被护坡石墙包裹起来，阶梯状的石墙从沟底一直修筑到山顶，像套娃一样，层层相叠内收，高差最大处达到了70米，远远望去，蔚为壮观。阶梯状的石墙有利于蓄水保土，防止山体滑坡，同时更能彰显统治者的威仪。

皇城内有面积达数千平方米的大型宫殿建筑及通向城内的道路和高大门楼，门址外有一个2000多平方米的长方形广场。皇城台内清理出多件筒瓦、板瓦残片，说明这里存在着覆瓦的大型宫室类建筑，应为贵族或王族的居所。除宫殿、广场外，皇城内还发现了手工业作坊区。

不同于良渚、陶寺、石家河等其他大型古城，石峁城墙不是用夯土建造的，而是由石头"砌"出来的，据估算，建城所用的总石料超过12万立方米。单一聚落绝不可能承担如此大体量的建筑，石峁的主人显然有能力整合和控制更大范围的人力和资源。

一直以来，人们认为华夏文明的发源地，应该是南边陶寺遗址所在的肥沃平原地区。谁能料到，在那个时期，在这荒凉的山脊之上，竟然有人用石头建造出如此宏大而复杂的城市，更让人惊奇的是，他们还在这些石头上雕刻了神秘的纹饰。

石峁遗址皇城台考古遗址

第五章　古国文明，高潮迭起

雕刻与音乐

考古人员在皇城台发现了70多件精美的石雕，其中有20多件仍然镶砌在皇城台长达130米的南护墙上，显示了皇城台在石峁城内的核心地位。这些石雕包括人面、神兽、动物等形象，造型古朴、大巧若拙，水平绝不亚于现代艺术，很难想象它们诞生于距今遥远的年代。其中一座是人面图案，长约80厘米、高约50厘米，头戴冠饰，是石雕中尺寸最大的单体图像，可能就是石峁先民"王"的形象。还有部分石雕为神兽造型，尤其是其中的龙形与后面将要介绍的二里头遗址中的绿松石龙颇为相像。

"万物有灵"是史前先民普遍的精神信仰，石峁古城中的这些石雕已

石峁遗址的神面立柱石雕（一）

216　源来如此——跟着考古学家去探源

不再是具体的人或动物了，它们是沟通天地的媒介，都是神的象征。将刻有图案的石雕嵌入墙内与石峁人的精神信仰有关，体现了他们对皇城台的精神寄托，希望石刻上的"王"及神兽，能够护佑这方土地的平安。这个失落的古城所展现出来的物质和精神文明比想象的更为先进，对中国后世商周时期青铜礼器的创作理念和艺术风格产生了很大影响。

谈及精神与艺术，不得不提石峁陶鹰。在皇城台台基下，埋藏有大量的陶器和玉器，它们同出一处，不像是实用器，应该是石峁人的祭祀用品。从这些陶器中，专家们复原出20多件大小不一的陶鹰。陶鹰双足站立，鹰展翅伸颈，似欲乘风，最大的

石峁遗址的神面立柱石雕（二）

石峁遗址的人面双虎石雕

尺寸近1米，和其他陶器相比，简直是庞然大物。也许是石峁先人在山坳中每天仰望着雄鹰在天空中翱翔，羡慕它们的自由和潇洒，因此鹰成了他们的精神崇拜和信仰。

石峁遗址的大型陶鹰

或许也正是出于对鹰的崇拜，皇城台上还出土了世界上最早的口弦琴，因为口弦琴发出的声音很像雄鹰划破长空发出的悠远而尖锐的鸣叫。《诗经·小雅·鹿鸣》写道："呦呦鹿鸣，食野之苹。我有嘉宾，鼓瑟吹笙。吹笙鼓簧，承筐是将……"这里的"簧"就是口弦琴。在先秦的文献中，簧是贵族使用的一种"高雅"乐器。口弦琴是石峁人自己制作的，因为遗址中同样发现了制作口弦琴的骨料与坯料以及骨笛、骨哨等其他乐器。或许石峁已经出现了合奏的皇家乐队，说明礼乐制度在当时或已开始形成。直到现在，口弦琴仍在我国部分少数民族中流行。

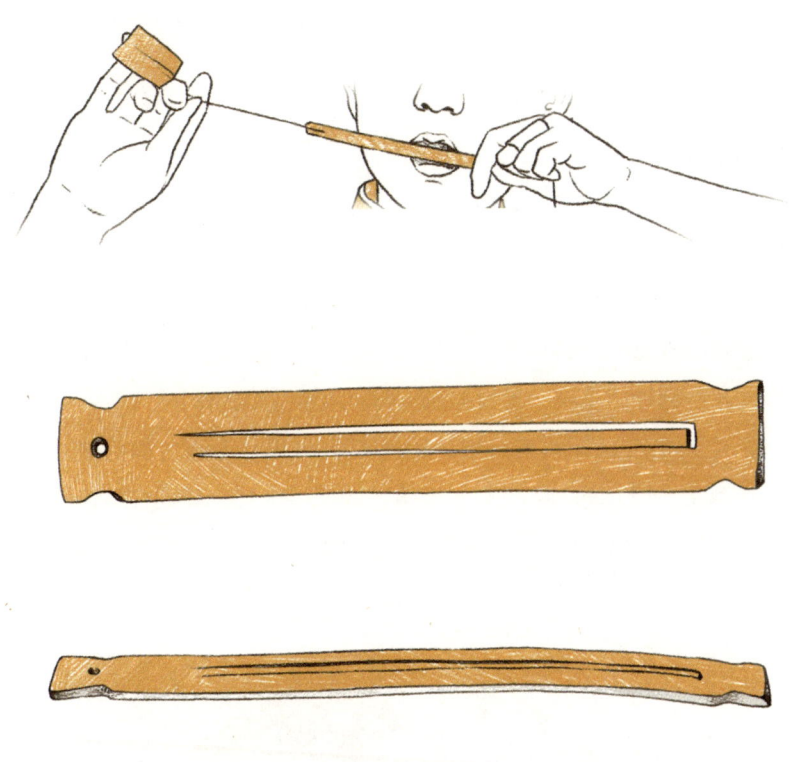

石峁遗址的口弦琴

其实，口弦琴在陶寺遗址中也有发现，除此以外，牙璧、铜齿环等器物也在陶寺和石峁两地同时出现。当时的黄河流域，石峁在北，陶寺在南，它们一南一北，几百年来，互相学习争斗，直到石峁人攻陷了陶寺古城。

两地为什么会爆发战争呢？

石峁古城所处的位置十分特别，古时这里恰是草原边缘地区。这种地区受气候影响较大，农业经济脆弱，石峁人不得不向自然条件更加优越的南面扩张，便不可避免地经常与南边的陶寺人"擦枪走火"。因此，为了生存、安全，双方开始"军备竞赛"，与陶寺相比，石峁古城的城防工事有过之而无不及。

城防工事

外城东门是石峁城址的制高点，作为控制交通、外防内守的实体屏障，那里有石峁最为严密的城防工事：瓮城和马面。

瓮城又叫月城、曲池，是古代城池中的附属建筑，主要的防御设施之一，一般修建在城门外或内侧，依附于城门，与城墙连为一体，形成一个半圆形或方形的护门小城，起到加强防御、阻滞敌军的作用。

石峁瓮城由内、外两重瓮城、门道、南北两个大墩台和门塾共同构成。外瓮城是一段长约21米的U型城墙，像屏风一样，将通往城内的门道完全遮蔽；门道两侧各有两个大型墩台，墩台由夯土打实，再以石块包

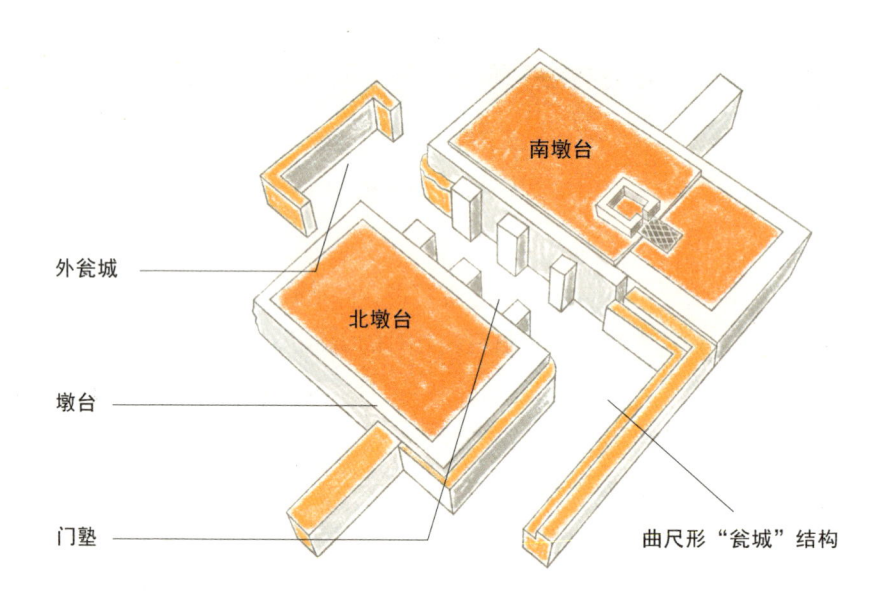

石峁遗址东门复原示意图

砌；内瓮城在甬道尽头，与外瓮城相对。一旦敌人企图入城，必然经过甬道，两侧墩台上的守军就能"关门打狗""瓮中捉鳖"。过去认为瓮城始于汉唐，到宋代才成为制度。石峁瓮城的形态虽然比较原始，但已经具备了基本功能。

在东城门北面城墙处有一突出的矩形墩台，外观狭长如马面，因此称为"马面"。由于城墙多是直线，一旦敌人突破防线，攻到城墙脚下，守军受到角度遮挡，无法对其实施有效打击。马面既可以稳固城墙结构，又能够消除城下死角，形成交叉火力，通常会根据弓箭的射程等距分布，在石峁城址至少发现十多处马面遗迹。以前一直认为马面出现在战国汉代之后，石峁城墙上的马面把这个防御设施的出现提早了一两千年。

藏玉于墙和头骨祭坑

石峁人以石筑城，并配合先进的城防工事，足见这一地区斗争激烈。在主要布防的东城门处，考古人员又有两个重要的发现——"藏玉于墙"和"头骨祭坑"。

"藏玉于墙"是石峁文化极为特殊的现象。考古人员在瓮城中发现，城墙的缝隙中嵌入了很多精美的片状玉器，包括玉钺、玉铲、牙璋等。这种用玉观念和做法与其他地区截然不同，但并非石峁人暴殄天物。"藏玉于墙"反映了石峁人尚玉辟邪的观念，统治者将昂贵、稀罕的玉器和石头砌在一起，置于最为重要的东城门处，是表达自己的虔敬之心，以期城址安稳永固。

在外瓮城外和门道处发现多处"头骨祭坑"，其中最大的坑内放置有24颗头骨，摆放整齐，埋在事先挖好的城基下。这些头骨以20岁左右的女孩居多，部分有明显的砍斫（zhuó）创伤，个别枕骨与下颌处有灼烧痕迹。在商代甲骨文中，也有"斩人牲首"的类似记载，也就是在用人头祭祀。通过脱氧核糖核酸（DNA）检测比对，这些被杀戮的少女来自北部内蒙古草原上的游牧部落，很可能是被抓获的战俘。显然，这是一场大型的集体屠杀，是血腥的献祭奠基，与"藏玉于墙"一样，石峁统治者希望献祭头骨，以求神灵保佑城池永固。

从石峁遗址可以看出，在距今4000年左右的陕西，阶级分化已相当突出，有部分人在这场内部斗争中逐渐脱颖而出，掌握了越来越大的权力和资源，成为贵族和大王。随着时间推移，石峁的社会分化，并最终演变为具有国家形态的都邑。同时，这一时期战争频发，这些见证就藏在高高的城墙内、祭祀的头骨中、凝结的血迹里……

在战争与和平的摇摆中，石峁同各区域文化产生了交流与融合。距今4000年前后，各地区先进的文化因素向中原汇聚、整合，中华文明形成以中原腹地为中心的发展趋势。中国第一个王朝——夏朝也即将沿着石峁和陶寺等文明留下的足迹，继续前行……

石峁遗址的城墙局部

第五章　古国文明，高潮迭起

十三

芦山峁，四合院落人家

山梁上的四合院
炊烟
早早升起

你知道中国最早的陶瓦和"四合院"在哪里吗？

陕西延安境内有一个叫作芦山峁（mǎo）的村子，1965年早春时节，芦山峁的一位村民早起翻地时，只听咣当一声，锄头不小心砸到了土里的一块硬石头上。这位农民连忙把"石头"刨出来，却发现这个石头很像是

芦山峁遗址的七孔大玉刀

  一个开刃的石铲，一边薄，一边稍厚，上面还有几个不规则的圆孔。他觉得石头有些奇特，就带回家丢在门口，成了孩子的玩具。这位农民怎么也想不到，这块石头以后会成为国宝"七孔大玉刀"。

  此后，村里不断有人挖出一些稀奇古怪的玩意儿，比如玉璧、玉琮、玉碗、玉铲等。除了小孩子们，没有人把它们当宝贝。直到1981年，芦山峁经常发现玉器的事，引起了相关专家的注意。1992年，专家根据玉器初步判断芦山峁是龙山时代的遗址。2013年，考古人员开始对芦山峁遗址正式钻探和挖掘，结果一下发现了4500年前的夯土台城，芦山峁的真面目终于显露出来。

  芦山峁遗址地形呈"山"字形，核心区域为"大山梁"——大营盘梁，遗址总分布面积约为两平方千米，它的出现将延安的筑城史向前推进约2300年。

  芦山峁古城中有多处房址、灰坑和墓葬，尤其是它们的建造技术让人大开眼界。先民们已经告别了窑穴和茅草屋，他们掌握的制陶技术相比过去的时代更加娴熟，不仅将陶制作成各种日常使用的大小物件，而且利用陶质材料做建筑构件建造更坚固的房屋。不仅如此，他们还在房屋地面

芦山峁遗址地貌与发掘区远景

芦山峁遗址的板瓦

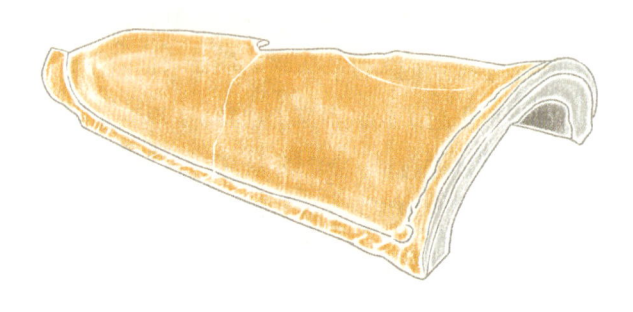

芦山峁遗址的筒瓦

及墙裙上涂抹白灰,用来防潮。

在小小的山梁之上,面对贫瘠和匮乏的物质条件,芦山峁先人用自己的智慧充满创造性地进行了一场建筑革命——把陶做成了瓦,在遗址中发掘出残存的100多件筒瓦及槽形板瓦,是迄今为止能确认年代的我国最早的瓦类建材。当然,珍贵的瓦片只出现在大型建筑附近,这种瓦房应当也是等级、身份和财富的象征。

在遗址核心区的山顶分布着三到五座恢宏的宫殿,它们建在梁峁的最高处,这是中国史前最早的四合院式宫殿建筑的布局形态和构筑方式。其中已发掘的一个顶部面积最大的院落遗址坐北朝南，东西宽度超过90米，南北进深150米，由围墙、门厅、门塾、门阙、主干道、广场、集水池、主殿、厢房等要素构成，构成了规划严谨、布局规整的四合院式建筑群落。

那时的建筑布局已经有了"中轴线"的理念，整个院落以主殿为中心，延伸出一条南北向大道，正对着南大门，成为一条中轴线。在中轴线东西两侧各有三四间整齐排列的厢房，十分对称，与主殿和南门围成个四方框，同今天的四合院极为相像。

在这座"四合院"中，有三间单个面积超过200平方米的主殿，并排坐落在中后方，将院落横隔成较大的前院和较小的后庭，后庭最北面有四间和主殿平行而建的房屋，屋内有火塘。院落的主殿间有三米宽的过道，连通了后庭和前院。从过道向前院望去，能看到一片大大的池塘，几乎占了前院的大半。这池塘除了有排水和蓄水的实用功能外，说不定周围还种着各色花草，大概也算得是宫殿的"御花园"了。

院落南门外，另有并排分布着的两座独立的小型院落，院落内建有多间几十平方米的房屋，有可能是负责警戒安全的两个"卫戍区"，与北边的大院构成了"品"字形布局。

说不定，在某个月朗星稀的夜里，风声、虫叫和鸣，"卫戍区"的哨兵像往常一样，站在宫殿门口，立在苍穹之下，成了梁峁上凝固的剪影，守护着中华文明的星星之火。

第六章

三代王朝，王国文明

群星闪耀
中原
突显

二里头，中原首座王都

雾散了
华夏之光
照神州

3300年前商朝的甲骨文中没有发现关于夏朝的记载，在西周的青铜器上，却发现了关于夏朝的只言片语。因此有些学者怀疑"夏朝是否真正存在过"。

那么，夏朝到底存在过吗？如果存在，夏朝又在哪里？

过去，我们对于夏朝的认识通常来自汉代史学家司马迁的《史记·夏本纪》中关于夏朝的记载，其详细程度接近于被考古学证实的《史记·殷本纪》，具有极高的可信度。

《史记·夏本纪》中说，大禹本意是要把王位传给自己的助手，但是大禹死后，民众更愿意服从大禹的儿子启，于是启继承了天下，改变了

二里头遗址房址遗存

第五章　古国文明，高潮迭起

原来的禅让制，开创了中国近四千年的王权世袭先河，建立了第一个王朝——夏朝。《三字经》中便有了"禹传子，家天下"的说法，意思是帝王把天下的土地、臣民据为己有，世代相袭。这是私有制产生后，必然形成的一种政治制度。不仅如此，周人在《尚书》中多次自称为"有夏"，意思是周人认为自己就是夏朝人的后裔。

虽然到目前为止，二里头遗址中还未发现与夏朝有关的文字记录，但是越来越多的证据指向二里头就是夏朝晚期的都城。根据史书记载，夏朝的控制范围为现在的河南省全境、山西省南部、山东省西部、河北省南部和湖北省北部等地，地理中心是今河南伊洛河交汇一带。夏王朝形成的时代一般认为是在公元前2000—前1550年。河南偃师二里头遗址的年代为公元前1800—1500年，与夏王朝后半段的年代基本吻合。同时，二里头文化内涵中涉及的择中建宫制度、青铜容器工艺技术、礼器制度等，不仅对周围有广阔的辐射影响，而且直接被商王朝所继承。商王朝的社会机制及生

二里头夏都

产水平肯定不会是突然之间凭空出现的，商之前一定有一个强大且影响深远的较为成熟的政权。

华夏第一王都

自古有这样的说法：得中原者得天下。二里头遗址就在中原，在黄土高原和华北大平原的交界处，河南洛阳盆地东部的偃师境内，南有古洛河，北依邙（máng）山，背靠缓缓流淌的黄河，如此河流交错、土地肥沃的环境，为二里头先民在此发展壮大创造了极好的自然条件。

二里头遗址存在时间相当于古代文献记载中的夏朝后期。虽然遗址北部已被河水冲毁，但现存面积仍有300万平方米，在发掘时便是中原乃至以南广大地区规模最大的遗址。

在这里，华夏第一王都的建筑布局清晰显现。中心区域有南北和东西两纵两横四条宽10到20米的道路，最宽处已经接近现代城市中双向六车

道的标准,其中还发现了宽度达一米的两道车辙的痕迹。这四条纵横交错的道路形成了一个规整的"井"字形,把遗址分为了九个不同的功能区:正中心是宫殿区,周围有祭祀区、"官营"作坊区、贵族居住区、墓葬区等,它们自北向南竖直排列在城址正中,分别对应着宗教、政治和经济功能,构成整个都城的中轴区域。

这是一套严整有序的布局,根据实用性规划了明确的功能。可见,当时二里头的社会结构清晰、等级分明,统治者已经摸索出一套较为成熟的制度模式。这套模式与后世《吕氏春秋》中所记载的"择天下之中而立国,择国之中而立宫"的原则相当接近。

二里头遗址最中心的宫殿区呈长方形,占地近11万平方米,周围有两米宽的围墙,多座宫殿基址集中在此。由于中国古代建筑多为土木建筑,无法像古埃及石头堆砌的金字塔那样盖成丰碑式的高层建筑,为了彰显身份和权利,便在院落的纵深和排布上大做文章。比如,北部正中是主殿,

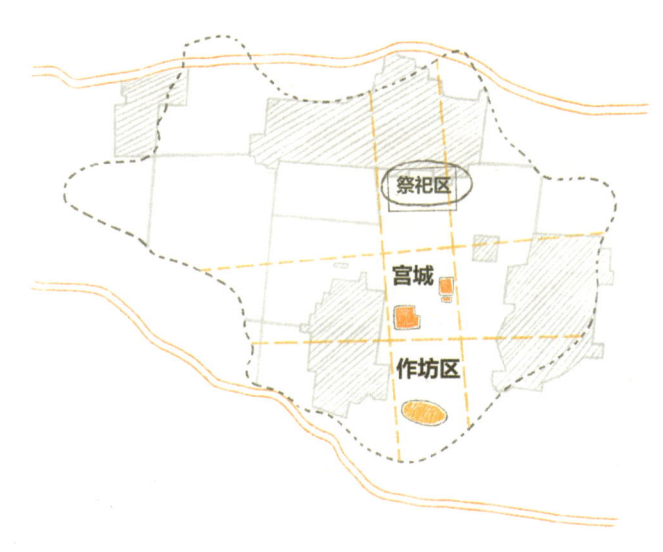

二里头遗址多网格式布局示意图

东西两侧各配有厢房，南边再建门塾，把城门也设为三道（根据汉唐以后的规制，中间的门道为帝王专用，两侧门道供官民使用），形成了结构复杂规整的中轴线四合院布局。这种宫殿布局在此之前的其他地区也发现了一些雏形，但在二里头时期才开始形成定式，特别是在中轴线左右对称的建筑理念，被后世继承、发展，一直延续至明清时期。

青铜礼器兴起

我国的青铜时代从公元前2000年前后开始，到战国时期结束。夏朝应该是第一个进入青铜时代的朝代。在此之前，各地发现的铜器大都为小件的工具和装饰品，数量很少。

进入夏代之后，经过工匠们反复尝试摸索，才慢慢进入了青铜时代。为什么叫青铜时代，而不是铜器时代呢？其实，纯铜的熔点高，质地软，不适合加工制作器具，青铜是在纯铜中加入了锡和铅的合金，与纯铜相比，青铜强度高且熔点低，更方便铸造。不同用途的青铜器，锡和铅的比例也不一样，这便需要工匠深入研究了。显然，二里头先人已经掌握了青铜铸造技术。

在二里头遗址出土了青铜的爵、斝（jiǎ）等酒器和一件网格纹青铜鼎，后者是迄今考古发现最早的青铜鼎。与商、周时期的青铜器相比，夏朝青铜器显得较为原始，不过，这更能说明它们

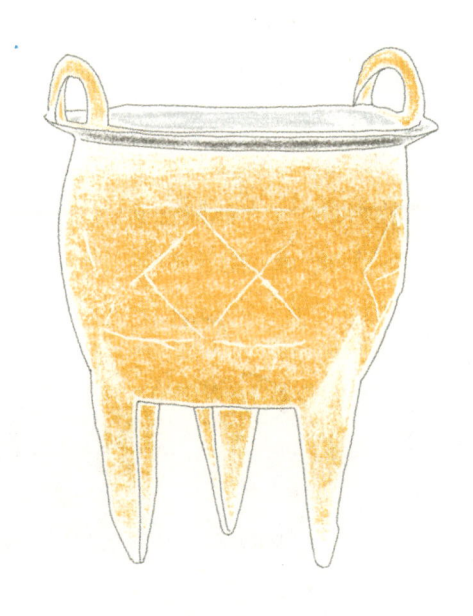

二里头遗址的铜鼎

"最早"的地位。冶炼青铜需要很高的技术，因此青铜器只能是上层社会的奢侈品，是贵族身份的象征。对广大的老百姓来说，使用最多的还是石器和骨器，即便到了几百年后的商周时期，农具仍然是以石器为主。虽然以前玉器也能彰显身份，但玉器质地脆软，不能实用，而青铜器的出现，让贵族和皇室真正拥有了镇压民众的绝对武力，因此，二里头的统治者就可以相对安心地聚拢财富和集中权力。

二里头都城建立后，王族打造了一些具有压倒性优势的青铜武器，比如戈、戚、钺、镞（zú）等，它们成为目前已知最早的青铜兵器。不过，奇怪的是，在这些兵器中，除镞外，其余的不仅没有开刃，而且往往装饰着华丽的纹饰，似乎并没有用于实战。看来，二里头当时的统治者可能也把青铜兵器作为军事威慑和表现威仪的礼器，并没有将其用于战争。他们将青铜工匠严格保护起来，放在离皇宫最近的地方，似乎有意将青铜的秘

青铜器范铸法示意图

密保守在宫墙之内。所以，考古人员在二里头遗址中，发现最多的青铜器不是武器，而是容器、乐器和一些装饰品。

二里头人的确有值得保密的核心技术，他们最早掌握了青铜范铸法。我们现代语言中的"模范"一词就来源于这项工艺。范铸法是先用泥制作模型，阴干烧制后，再在模型上严丝合缝地包裹上一层泥，称为外范。将外范分开取出后再黏合在一起，就形成了和模型一样的中空内胆。最后，将配比好的铜水浇铸其中，待冷却凝固后，将外范打碎，青铜器便破土而出了。范铸法铸造的青铜器是"一范铸一器"，因此每件青铜器都是独一无二的，这种工艺一直延续到商周时期。

夏代晚期的青铜斝

这些独一无二的青铜器中，尤其以觚、爵、盉等仿造陶器制成的青铜酒礼器对后世影响最深。它们不仅是身份的象征，还体现出一套完整的礼仪制度，影响和教化周围的部族，达到以"礼"服人的目的。后来，这套礼制系统被商、周继承，而这些青铜礼器则成为中国青铜时代的代表器物。

玉的时尚礼俗

礼器是礼制的代言人，中国是世界上独一无二的"崇玉"之国，二里头都邑的王者除了独有的青铜礼器外，自然也少不了玉礼器。如前所述，在8000年前的兴隆洼遗址就已出土玉器，那时"以玉为美"，玉被做成了

第六章 三代王朝，王国文明

装饰品；到了5000多年前的红山和凌家滩，以及5000年前的良渚王国，玉器又被用以彰显持有者拥有通神之力，于是"以玉事神"，玉器成为祭祀的工具；进入夏王朝之后，玉器成了礼仪制度的代表，于是"以玉崇礼"，用玉表明人的尊贵身份，久而久之，便形成一整套玉礼器，包括牙

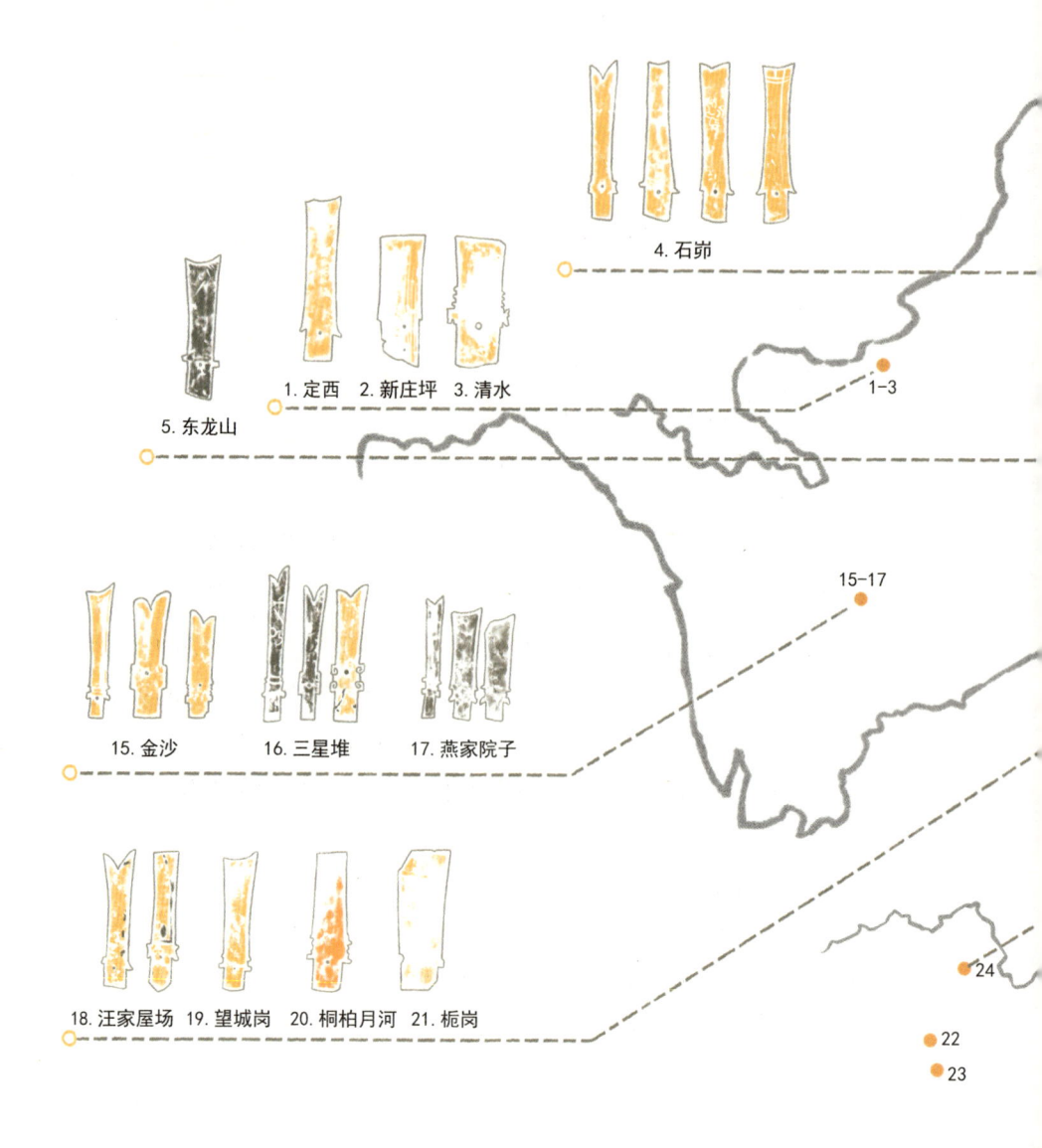

4. 石峁

1. 定西 2. 新庄坪 3. 清水

5. 东龙山

1-3

15-17

15. 金沙 16. 三星堆 17. 燕家院子

18. 汪家屋场 19. 望城岗 20. 桐柏月河 21. 栀岗

24

22

23

236　源来如此——跟着考古学家去探源

璋、玉刀、玉钺、玉璧等，其中以牙璋最具代表性。目前，二里头遗址总共出土了四件牙璋，牙璋的两侧牙上会有类似锯齿状不规则的凸起，横看这些锯齿像是一个张着嘴的龙。这些玉器开始引领"时尚"风潮，影响范围包括湖北、湖南、四川、广东、福建、香港，甚至到了越南北部。夏王

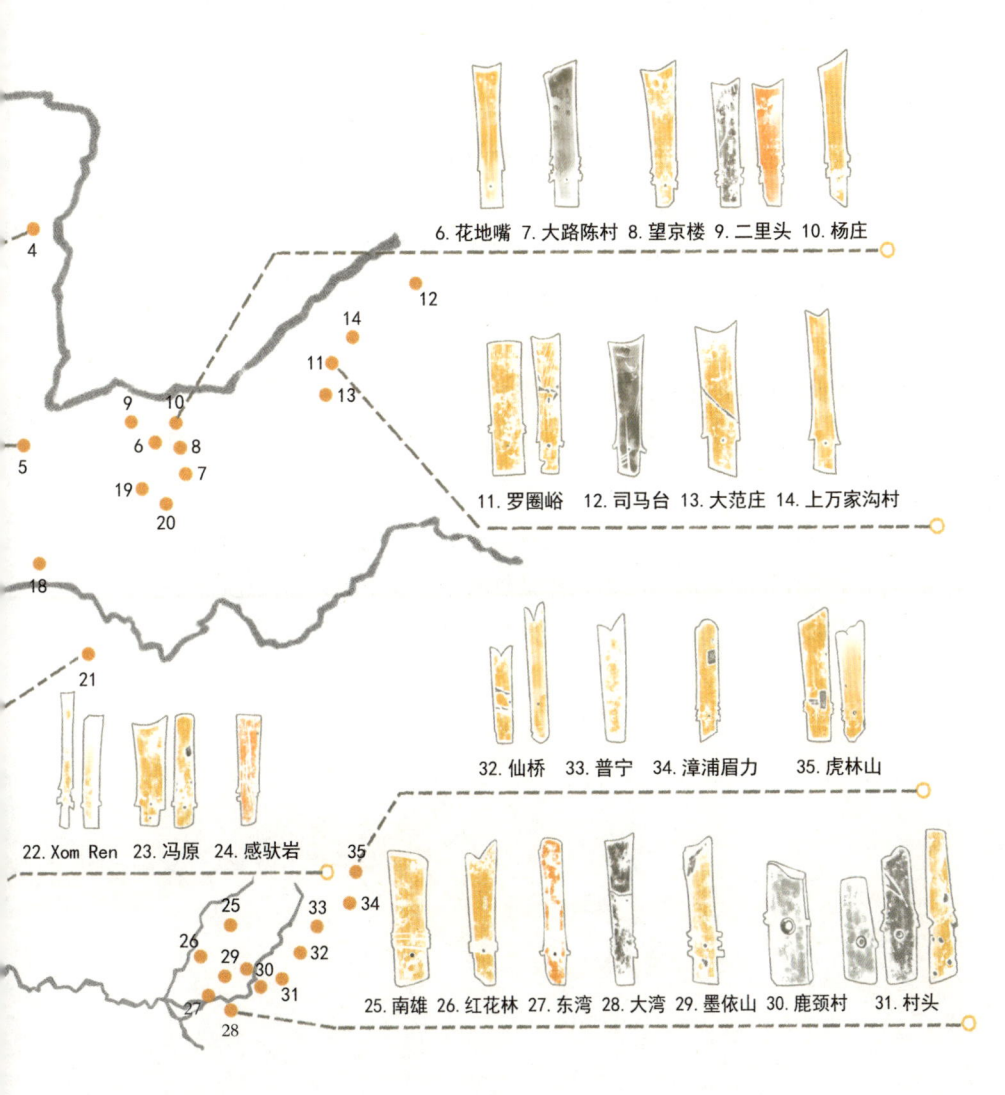

6. 花地嘴 7. 大路陈村 8. 望京楼 9. 二里头 10. 杨庄

11. 罗圈峪 12. 司马台 13. 大范庄 14. 上万家沟村

32. 仙桥 33. 普宁 34. 漳浦眉力 35. 虎林山

22. Xom Ren 23. 冯原 24. 感驮岩

25. 南雄 26. 红花林 27. 东湾 28. 大湾 29. 墨依山 30. 鹿颈村 31. 村头

牙璋的分布示意图

朝的青铜礼器和玉器这对刚柔并济的"金石搭档"共同构成了夏代的礼器制度，向周围地区进行强势的文化辐射。

除此之外，二里头遗址中发现的龙形象对后世影响同样深远。在此之前，各地多种龙并存，比如红山文化中的玉猪龙、凌家滩的玉龙、陶寺的蟠龙等，这些龙大都是非常可爱的"C"形状。二里头宫殿区三号宫殿院落内的一座贵族墓中发现的是一条完全不同形态的龙，它身体细长，尾部卷曲，全长将近70厘米，是由2000多片细小的绿松石拼嵌而成，绿松石的大小都不相同，厚约一毫米。尽管绿松石片非常细小，但每一片经过了精心打磨，十分光滑，历经岁月，依旧碧绿如洗。这些绿松石片构成了龙身遍布的菱形龙鳞，整条龙略有起伏蜿蜒之态，似舞似飞。这件距今3700年左右的大型绿松石龙形器在中国早期龙形象中独一无二，成为后来龙造型的主要风格。

制作如此精湛的绿松石龙，显然需要高超的技艺和大量的精力，这些只有在手工业极其专业化的前提下，才有可能实现。出土绿松石龙的墓葬的墓主人是一位30岁左右的男性，能拥有这件龙形器物，且被埋在宫殿的院子内，其身份应当很高，很可能是夏王朝的王室成员。这件绿松石龙旁边还出土了一件铜铃，两者应当具有某种联系。有学者认为，这位墓主人可能是为王服务的祭司，这个男性的墓葬中没有发现任何兵器，也许与其祭司身份有关。

夏都沦陷，风光不再

夏朝的和平只持续了400多年。考古学家发现，在二里头遗址的最后阶段，都城被外人占领了。虽然宫殿仍在使用，但方式完全不合规矩。部分宫城设施失修破损，原本整洁的道路堆满了垃圾，墙根底下随意埋葬着尸首……往日辉煌的夏都成为杂乱的贫民窟。

谁把夏都变成了这般景象？

根据史书记载，大约在距今3550年前，商汤带领商人攻灭了夏朝。相传商汤祖上是东夷人的一支，他们骑在水牛背上，四处迁徙。《史记·殷本纪》中写道："成汤，自契至汤八迁。"契是商人始祖的名字，意思是，从始祖开始到商汤时，这支部族一共迁徙了八次。在不断迁徙的过程中，他们学会了如何与周边的部族互通贸易。后来，我们便把做买卖的生意人称为

二里头遗址的绿松石龙形器

第六章　三代王朝，王国文明

商人了。这支东夷族人从山东西部一路向西,来到了河南中东部,后商汤出生,其出生地得名商丘。

可能是游历四方的商人见多识广,消息灵通,他们听说二里头宫城中藏着夏人关于青铜器的秘密,便联合东夷等其他部族,伺机攻占了二里头都邑,推翻了夏王朝。考古人员在二里头遗址晚期文化层中,发现了东夷特色的陶器,恰与古籍中商汤灭夏的记载相符。

二里头遗址镶嵌绿松石兽面纹铜牌饰

或许是出于仁慈,又或许是觊觎夏人的青铜铸造技术,商汤占领二里头后,并没将夏国遗民斩尽杀绝,反倒是允许他们继续留在这里。商人一方面把二里头的宫城改造成了实用的"高新技术开发区",安排原先的青铜工匠继续在此铸造青铜器,另一方面在二里头东面仅六公里外的偃师建造了一座新城,称为偃师商城。一些考古学家认为,商人在离二里头这么近的地方建立偃师商城,作用可能有两个,一是监视夏人的动向,二是在眼皮子底下学习夏人的青铜冶炼技术。

就这样,在商人的严密监视下,夏人把冶铸青铜器的技术一五一十地传授给了商人。最后,商人还是把夏国遗民迁移到了别处,二里头古城因而废弃消失。从此,夏朝终结,商人的时代到来了。

二

郑州城，继往开来商都

埋藏全家福
回首——
繁华

商汤攻陷二里头之后，只留下一部分人在偃师监视夏人，自己则带领大部分族人向东回撤到100多公里外的郑州，建立了新的大本营——郑州商城，从此开启了商朝长达五个多世纪的王朝时代。

郑州商城位于如今的郑州市区内，直到现在，老城区内仍然矗立着数段残存的夯土古墙。如今生活于此的郑州人，估计大都不知道，这些古城墙竟始建于3500多年前的商代早期，又经过战国至汉代多次修补和改造，最后融进高楼林立的现代城市之中。

郑州商代遗址的夯土古墙

繁华多元的王都

兴许是商人早期迁徙游商的生活帮他们结交了诸多其他部族的朋友，又或许是周边的各个部落也都想一睹被夏人雪藏的青铜器的风采，郑州商城一建立便吸引了八方来客。仅仅几十年，就从最初一个小小的宫城，不断发展扩建，形成了宫城、内城、外城三重结构的超大型都邑，很快成为当时的"大都会"。

考古人员对城墙及墙基勘探和计算后，认定郑州商城遗址总面积达25平方千米。其中外城城墙依地势而建，近似于圆形，城墙底宽20~30米，顶宽五米多，高约十米，与护城壕及东部湖泊共同构成防御体系；内城呈长方形，由夯土城墙和城壕围合而成，现全部被掩埋在郑州市区之下，约三平方千米。郑州商城这种三重城垣的形制，为中国未来城市的发展奠定了基础。

随着人口的不断迁入，郑州商城不仅越建越大，其布局和结构也愈发复杂。宫殿区位于内城东北部，面积40万平方米。目前已经发掘出了20多座宫殿，形成了气派的回廊式宫殿建筑群。这些宫殿大小不一，大的有2000多平方米，小的也有100多平方米，不但外形美观，建造也很讲究。房基由十多

层夯土堆垫而成，殿内地坪都要用白灰砂和砂姜粉铺筑，很是讲究。同时在宫殿区北部还配套有规模宏大的蓄水池、大型水井和网状供排水系统，构成一个完整的城市供水体系，是世界上最早的城市"自来水"。

在内城，出土了祭祀场、祭祀坑、青铜器窖藏坑等遗存，祭祀坑内除了牛骨架、猪骨架以及卜骨等遗存外，还发现了人头骨和人骨架。这是早商时期用人祭祀的习俗的见证。不过，当时这种情况并不多见，人牲出现最多的地方也不在内城，而在手工业区。

手工业作坊区分布在内城与外城之间，相当于城乡结合地，是最为热闹繁华的地段。这里铸铜作坊、制骨作坊、制陶作坊等一应俱全，可以满足城市居民的生活需求。从四处投奔而来的移民也大都居住于此，有平民、农户，也有小业主和小奴隶主。中国各地多元的文化汇聚在郑州商城，催生出了五花八门的手工业制品，形成了史无前例的杂糅风格。商朝的经济和贸易也因此快速发展起来。由此可见，商汤以仁德施与天下，不仅将夏人纳为己用，还能够巧妙地处理各个不同族群之间的关系，得到臣民的拥戴，难怪后世诸多典籍中对商汤大加歌颂了。

既然商汤如此开明仁慈，为什么还要用极其残忍的人牲祭祀手工业作坊呢？其实，人牲主要埋在铸铜作坊的地下，这是继承夏人的方式。一方面说明商人非常重视青铜冶铸技术，另一方面也证明当时的技术还不成

第六章 三代王朝，王国文明

熟,存在很大不确定性。与石峁古城在城墙下埋人骨的作用类似,商人在铸铜工作区祭献人牲,同样企求神灵保佑能够铸成大器。

对古人来讲,冶金带有神秘色彩,这种用人祭祀的方式,至少延续到了春秋时期,《吴越春秋》里就有类似的记载。在今天的浙江省德清县内,有一山名曰莫干山,相传春秋时期吴国的铸剑师干将莫邪夫妇在这里铸剑,莫干山因而得名。相传,他们为吴王铸剑时,为了铸造出"神兵宝器",不惜"以身殉剑",双双跳入熔炉,用自己的身躯铸成两把传世名剑——阳曰干将、阴曰莫邪。

这么看来,早商时期的人祭只不过是受限于认知和传统,不得已而为之。那时候的商人,还不似《封神榜》中演绎的商朝晚期时那样残暴。相反,早期商人融合吸收了多种非商文化因素,将各部族同化到一起,诞生了一个全新的商民族。

青铜全家福和金覆面

青铜铸造是那个时代最尖端的科学技术,商人对青铜器制作技术的开发水平远超夏人。郑州商城内的铸铜作坊分为南、北两区,总面积约2.5万平方米。这里发掘出大量的陶范残片、炼渣、铜矿石、冶铜坩埚等铸造器具和原料。根据陶范形制可知,商人用青铜制造了不少兵器和工具,比如青铜刀、斧、镞、镰、铲等,将科技转化为了军事实力。

一些铸铜作坊成了商人的兵工厂,它们从建城开始一直运转到郑州商城废弃,从未停歇。于是,商人装备的青铜

244 源来如此——跟着考古学家去探源

兵器数量急剧上升，建立了规模更大的军队，作战能力大大碾压周围部族。商人敏锐地抓住了这个时间点不断征伐和扩张，等到200年后的中商时期，商朝的统治范围已经超过夏朝十数倍。

商人除了用青铜铸造兵器外，也熔铸了许多青铜容器，尤其是高等级的青铜礼器。在中商阶段，郑州商城出现了一种全新的祭祀方式埋藏青铜器。考古人员在遗址中发现了三处青铜器窖藏坑，均位于商城内城墙附近，共出土各类青铜器28件，光青铜方鼎就有八件，一些小件青铜器则整齐码放在大鼎腹中，堪称"全家福"。其中有一对大型铜方鼎最具代表性，做工精湛，雄浑大气，古朴肃穆，庄重威严，最能体现商代王城的都城地位。这对方鼎中大一点的叫杜岭一号，通高一米，重达86.4千克，年代比殷墟后母戊方鼎早了一二百年，如今已成为郑州市的标志，现藏于中国国家博物馆；小一点的叫杜岭二号，现为河南省博物院的镇院之宝。

郑州商代遗址的"青铜全家福"

这对大型铜方鼎与夏朝朴素的青铜礼器不同，上面均刻有精美的乳钉纹、夔（kuí）龙纹和兽面饕餮（tāo tiè）纹，尤其是饕餮纹和良渚古国玉器的神人兽面纹极为相似。鼎上铸刻出神的图像，应该是希望天人相通，得到诸神的庇佑和力量。拥有如此阵容的青铜"全家福"的人，只可能是商王本人了。在如此贵重之器所藏之地的附近，会不会也有商王或者贵族墓葬？考古人员心心念念，继续寻觅。

终于在2022年，考古人员在内城内的东南角发掘出一处面积10000余平方米的高等级贵族墓葬区，出土了数量众多的青铜器、玉钺、玉戈以及贝币等重要文物，此外，还首次发现了商代中期的金覆面、金泡、金箔等。

金覆面作扇贝形状，出土时位于墓主人头部附近，四周略微向内弯曲，大小正好能覆盖面部。专家推测，金覆面可能是覆盖在墓主人脸上，用来聚敛"精气神"的。在中原地区同时期的墓葬中，还发现用真的扇贝覆面的墓葬，表明当时流行以扇贝覆面的习俗，地位高的贵族则用扇贝形状的金饰品覆面。这让我们不禁联想到三星堆的青铜面具和金沙遗址的金面具，它们和郑州商城

郑州商代遗址的杜岭一号方鼎

246　源来如此——跟着考古学家去探源

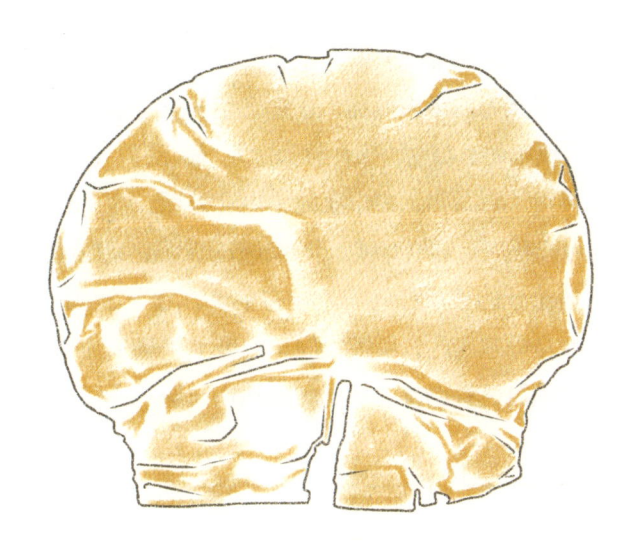

郑州商代遗址的金覆面

的金覆面之间有没有渊源关系？有学者认为，三星堆金面具年代晚于郑州商城发现的金覆面，极有可能受到了中原文化的影响。至少，郑州商城出土的金器为中国西南地区出现的黄金面具的来源研究提供了新的材料。

王都迁徙

在青铜"全家福"被商人埋入窖藏不久后，显赫的商代王都似乎突遭变故，繁华一时的郑州商城被废弃了。或许商王早知会有此劫难，所以才将最精美的青铜器献于神明，祈求先祖和神灵的庇佑。然而，天命已定，劫数难逃，商王不得不带领臣民迁往别处。

作为中原霸主的商人究竟面临着怎样的灾难，才不得不放弃苦心营建了两个多世纪的王都？

根据考古研究，郑州商城没有像良渚那样遭受天灾。如果不是天灾，那只能是人祸了。难道商王朝也像陶寺一样，面临着异族的威胁？可是，

第六章　三代王朝，王国文明

商王朝正如日中天,又有谁是它的对手呢?对此,学术界有不同的解读和推测。主流的观点认为商王族内乱,连续发生王位纷争,内乱历经五代、九王,《史记·殷本纪》将这一事件称为"九世之乱"。

九世之乱持续了百余年,史学家归为中商时期。这一时期,郑州商城废弃,商王很可能移居至郑州商城西北约20公里处的小双桥暂居。

关于小双桥遗址的性质和功用也颇有争议。它至少有600万平方米,拥有规模宏大的宫殿宗庙区,以及大面积的夯土建筑基址和数量丰富的祭祀遗存,尤其是陶器、青铜器,其形制与郑州商城一脉相承。郑州商城废

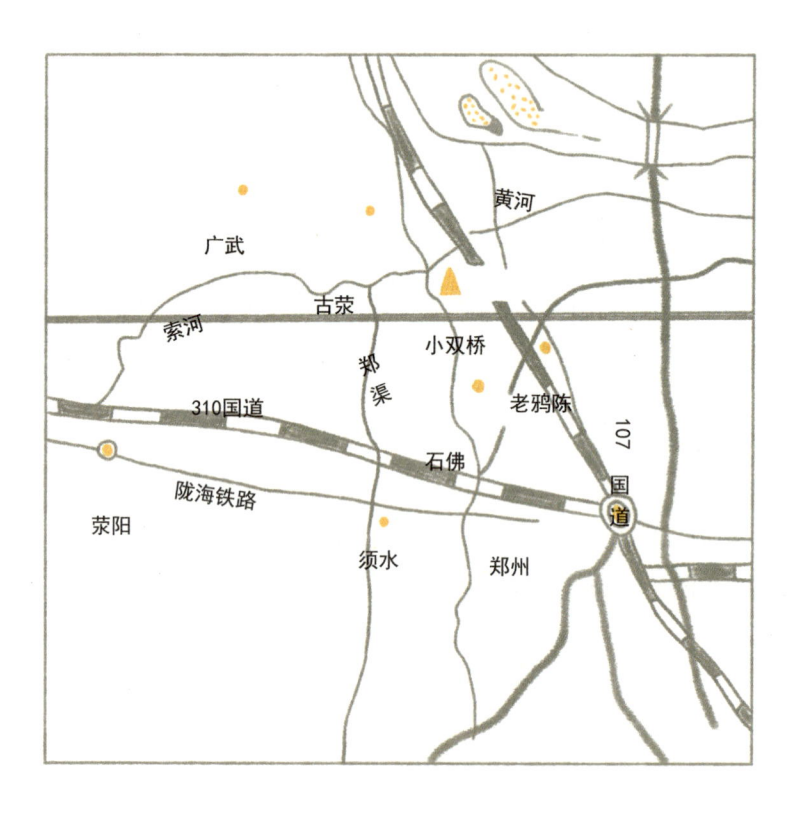

小双桥遗址位置示意图

弃后，小双桥在年代上正好衔接，可能是商王朝中期唯一繁华的地方。因此，有学者认为，这里应该是中商时代商朝的都邑之一。但相比于郑州商城，小双桥的聚落规模明显小了不少，考古人员也没有找到城墙和城壕，算不得"商城"。加之，留下的文化层也比较薄，说明存续时间也不太长，所以，还有一部分学者认为小双桥只不过是当时商王举行祭祀的一个重要场所。

不过，小双桥的祭祀要远比郑州商城血腥，坑里出现了大量支离破碎的人骨。比如，被砸裂、贯穿的头盖骨，一只只孤零零的胳膊，甚至还有连着骨盆的半截大腿……或许长期的战争抹杀了人性，让一部分商人杀红了眼，他们的心也不再存有怜悯。

内乱结束后，胜利的一方又有几次迁都，他们最终远离了是非之地，向北来到现在的河南省安阳市，建立了商朝最后一个都城——殷墟。然而这种崇尚暴力、热衷人祭的文化却没有就此消失，反而一直传承下去，而且愈加残忍，变得一发不可收。商王朝从此进入了晚商时期。

小知识

埋在地下的青铜器窖藏

窖，是指收藏东西的地洞或坑。窖藏，是指古人因为某种原因将一批物品埋置在土坑里，它们出土后被称为"窖藏文物"。青铜器窖藏，是指青铜器从窖内出土。

三

殷　墟，青铜文明顶峰

文明之都
甲骨文
书写华章

战国的史书《竹书纪年》中记载："自盘庚徙殷，至纣之灭，二百七十三年，更不徙都。"盘庚是商朝的第19代王，商朝经历了近乎百年的动荡，终于在盘庚迁都殷地后，摆脱了低迷衰微的迹象，逐渐安定，学界称这一时期为"晚商"，晚商的都城则称为"殷墟"。

为什么叫殷墟呢？"殷"字最早出现在甲骨卜辞中，称此处为"殷"。后来，武王伐纣，商朝被周所灭，殷都逐渐荒凉，成为废墟，得名"殷墟"。按照《竹书纪年》的说法，从盘庚迁殷到纣亡国，共经历了八代12王，共273年。而商王朝一共存续500多年，殷商近乎占了一半时间，因此在殷墟的考古发现也极为丰富。

1899年，金石学家王懿（yì）荣因病在宣武门外的一家药铺购买中药，其中有味药叫"龙骨"（古代动物的骨骼），他无意中发现上面刻画着一些符号。对古代文字素有研究的王懿荣觉得这些符号很不一般，像古代失传的文字，于是便用高价把药铺里刻有符号的龙骨全买了下来进行研究，并辨认出了"日""月""雨""山"等少许文字，甚至还发现了几位商王的名字，他马上四处打听，得知这批龙骨是从河南安阳小屯村农民那里买来的。

考古学家罗振玉以此为线索，二十世纪初来到了河南安阳小屯村，想搞清楚龙骨的来源，没想到却挖出了3000多年商朝的国都——殷墟。

在殷墟考古之前，世人对商代的认识，只停留在古籍文献上。殷墟考古给世人带来了巨大的惊喜，除出土了16万片带有卜辞的甲骨外，还发现了数十座宫殿基址和多座墓葬以及不计其数的精美文物。这些惊世考古发现与传世文献互相印证，确认小屯村即为殷墟所在，这个小村庄坐落着3000多年前中国最繁华的都城。

成熟的文字

从汉字结构的规律上看，甲骨文已经是比较成熟的文字了，现在中国汉字的许多字形都能在甲骨文中找到源头。那么，甲骨文是如何发明的？在此之前，中国是否还有更早的文字？

瓜熟蒂落需要时间，任何事物的发展都有从萌芽至青涩再到成熟的过程。殷墟16万片甲骨的出现像华夏大地上突然变魔术一样盛开的"文字花园"，但它们一定也有着青涩、成长的"青春期"。甲骨文发展的过程仍在研究之中，它诞生的时间应该早于殷墟，一些学者相信，早在商人灭夏之前，商人很可能就有了文字体系。

根据《尚书》记载，周公灭商后，曾对殷商贵族和旧臣说："惟尔知，惟殷先人有典有册，殷革夏命。"意思是："你们知道，殷人的祖先有书册有典籍，记载着殷人革了夏人的命。"可见，商人很早就把灭夏的事记录在典籍中了。

第六章 三代王朝，王国文明

为什么文字被商人发明出来了呢？有一种猜测，商人之所以能发明文字，与他们早年游商贸易的经历有关。贸易就是以物易物，易物就会产生变化，变化就需要记录，记录则需要图案符号，因此，商人不断累积汇总，逐渐形成了自己的文字。

另外，商朝灭夏后，要统治如此庞大的疆域，不会仅靠口传心授，文字才能保证信息的准确。甲骨文记录的内容多与占卜有关，所以，商人应该还有一套不同于甲骨文的、更方便日常使用的书写系统。《尚书》中说商人"有典有册"，"册"字在甲骨文中的象形，是用细绳串联竹简并排成册的样子，甲骨文中的"典"字是在"册"的下面有一双手，像是正在捧册阅读。看来，用竹简书写文字的方式很可能出现于商朝，甚至更早。只不过竹简容易腐朽，没能保存下来，只有刻在甲骨上的文字流传至今。它们仍然沉睡在广袤的中华大地的某个地方，吊足了考古人员的胃口，令后世的人们永远怀着好奇。

占卜祭祀

有一种观点认为，商人的祖先来自龙山时代的海岱地区，也有人认为

甲骨文

是来自豫北冀南。这些区域都流行用动物的肩胛骨来占卜预测。商王很迷信鬼神，凡事都要卜问神的意志。卜问时，先用火炭在骨头上灼烧，骨头因高温自然产生裂纹，卜者再根据裂纹的形状判断吉凶。卜问的事由、过程和结果都会刻在对应的甲骨上，等到事情结束，再核对是否应验。因此，甲骨上的文字便是商人存储的商王占卜的记录。

甲骨上记录的占卜内容各式各样，有天气、农业、田猎、健康、生育、进贡等，主要还是战争和祭祀。《左传》说："国之大事，在祀与戎。"戎是战争，自然是保家卫国、开疆辟土的大事；祀便是祭祀，与鬼神沟通，排在战争之前，说明是更大的事。文字在早期社会中是被极少数人垄断的，只有帝

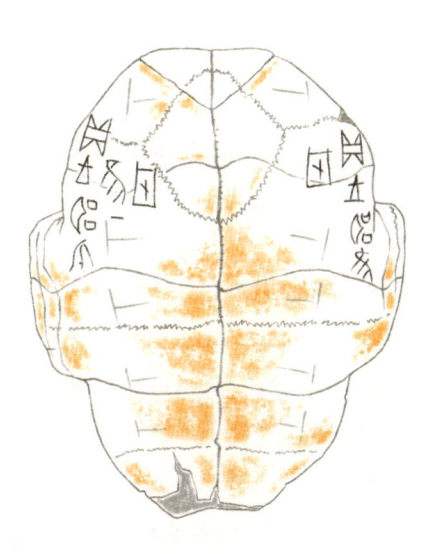

殷墟遗址的刻字龟甲

第六章　三代王朝，王国文明

殷墟遗址的青铜甗

王和通神的巫师才有资格使用，是用来沟通神灵的一种工具。

商人非常尊重占卜的结果，为了彰显诚意，占卜之前往往需要祭祀，祭祀时通常要献祭。商人献祭制度十分残忍，除了杀埋牲畜外，也杀人。目前所发现的甲骨文单字的数量在4000字左右，破译的只有1000多个，其中与杀伐和献祭相关的字最为常见，如今读来仍让人头皮发麻。比如，子丑寅卯的"卯"字，在甲骨文中是动词，表示将人或牲畜从胸口对半剖开，使两侧的肋骨向外翻开；还有"伐"字，甲骨卜辞中的"伐"不是征讨的意思，而是专指斩首，其字形写法就像是用一戈架在人的脖颈之上。殷墟的祭祀坑中发现的很多人头坑便是证明。另外，在甲骨文中，"用"字也有专门的含义，而且使用极多，指烹饪为羹，作为食物，《封神榜》中就有商纣王逼迫周昌吃儿子肉的情节。

在殷墟博物馆中，展出着一个独特的青铜甗（yǎn）。甗是现代蒸锅的鼻祖，分为两部分，下半部分是鬲（lì），类似普通的锅，用来盛水蒸煮；上半部分是甑（zèng），底部带有网眼，类似蒸笼。这件青铜甗之所以特殊，是因为被发现时，甑内盛放着人头。考古学家对人头化验后发现，其中的钙质已经流失，这意味着头骨是被放入刻意蒸煮的。不仅如此，从牙齿磨损和发育程度判断，这具头骨属于一位15岁的少女，极有可能是商人战争中带回的俘虏。

有学者统计，仅甲骨卜辞中记载的献祭人数至少超过了1.4万，有时一次就曾献祭500多人。或许是因为商王朝的统治范围太大，经常与异族部落在边境发生冲突。在商人眼中，异族人几乎与牲畜无异。可能也正因如此，商人杀牲祭祀时不仅花样百出，而且还将方法赤裸裸地记录在甲骨之上，没有丝毫罪恶感。这些人牲有的被吃掉，有的被肢解，有的头颅被砍下精心码放在一起……久而久之，这种恐怖的杀人祭祀方式，成为商朝的一种固定制度。那些可怜的人牲，不幸地成了商人信仰的牺牲品。

王的女人

同样是人，命运却天渊之别。

著名的"后母戊鼎"是中国国家博物馆的镇馆之宝，就出土自殷墟王陵之中。"后母戊鼎"最开始被称为"司母戊鼎"，甲骨文中字体

殷墟遗址的后母戊鼎

有正反并存的现象，"司""后"便是一对正反写法的镜像字。后母戊鼎长和高均有一米多，重达875公斤，是世界上已发掘的最大的一件青铜器。制作时需要100多人齐心协力向"模范"中浇注火红的青铜液体，铸造难度极大，可见当时殷墟的青铜制造水平是何等傲立于世。有学者认为，"司母"或"后母"其实都是"母后"的意思，也就是现任商王的母亲，先王的妻子。"戊"是去世后得到的日名。根据史料记载，"司母戊"生前叫妇妌（jìng），是商王武丁的妻子。妇妌在甲骨文中多有记述，她善于农业种植，尤其擅长种黍，是武丁的第一位王后。

武丁是商朝的第23代王，是商代后期功业最盛的君主。武丁在位期间，商朝的政治、经济、文化都得到空前的发展，达到极盛时期，史称"武丁中兴"。

除妇妌之外，商王武丁还有一位著名的妻子，叫妇好，她的墓葬是目前唯一能够确认姓名的商朝王室成员的墓葬，也是中国历史上有据可查的第一位女性军事统帅。她随夫东征西战，地位十分显赫。妇好一生多姿多彩，在殷墟出土的一万余片甲骨中，提及她的就有200多次。征讨巴方时，武丁率领大军从正面袭击，妇好则设下伏兵，以待敌军。她还曾代武丁出征，独自率领一万多人的军队迎战敌方，并大获全胜。

这样的王后，武丁怎能不爱？根据甲骨文的记载，武丁曾多次亲

后母戊鼎上的铭文

自卜问妇好怀孕的事，每当妇好生病，武丁都会非常诚恳地祭祀祖先，祈求神灵保佑，不惜杀猪、宰羊，甚至以人殉之。然而集万般宠爱于一身的妇好，却在33岁时英年早逝了，武丁哀伤至极，不仅亲自为她厚葬，杀了许多奴隶陪葬，还破例将其下葬在自己的宫室旁边，好时刻陪伴她、保护她。

　　殷都王宫区西侧有一片湖沼，妇好就葬在湖沼西南岸边一片略微高起的台地上。妇好墓内共有16人殉葬，妇好本人的尸骨已经完全腐蚀不见，随葬品却保存得非常完整，共1928件，不仅器物数量多，而且工艺精美。其中，青铜器440多件，玉器590多件，骨器560多件。此外还有石器、象牙制品、陶器以及6000多枚贝壳。其出土的青铜器

妇好像

第六章　三代王朝，王国文明　257

中，有多件上面铸有"妇好"铭文。随葬的青铜兵器有钺四把，戈91件，镞57枚，尤其值得一提的是两件带有"妇好"铭文的武器"钺"，单个就重达八九公斤，其中一件两面均装饰双虎噬（shì）人头纹，两侧有扉边，通长39.5厘米，非常庄严威武。学界普遍认为这正是妇好可以领兵打仗的军事指挥权的标志。

殷墟遗址的双虎噬人首铜钺

商之都城

甲骨文、妇好墓，以及中国迄今为止最重的青铜器后母戊鼎，均向世人展示着殷墟的身份：这里是商王朝的首都，是曾经鼎盛一时的国之都城。在这里发现的宫殿、宗庙、手工业"工厂"、平民和奴隶居住区、王陵和一般墓葬区、车马坑、祭祀坑、杀殉坑、道路等都在无声地诉说着一个都城曾经的贵气与霸气。至今，它仍是中国历史上第一个文献可考，并为考古学证实的都城遗址。

城市是人类进入文明的关键标志，而城墙又是城市的重要组成部分，尤其是作为国家最重要的都城，更是城墙高耸，壁垒森严。但奇怪的是，考古学家用了几十年时间，把殷墟翻了个底朝天，仍然找不到一点城墙的迹象，甚至连宫墙都没有。

城墙是重要的防御设施，难道商朝强大到完全不需要防御了吗？的确，商朝的军事实力非常强大，其他方国诸侯没有一个能与之抗衡，无须修建工程浩大的城墙来保护自己。但是，没有城墙并不意味着不设防。殷墟四周是商王朝的直辖区，这些区域也可以有效防止外敌对殷墟都城的入侵。

武丁时期兴建的殷墟宫殿布局极有特色，商王和王族居住在宫殿中心区域，一条壕沟将宫殿宗庙环抱其中，也能起到类似城墙的作用；其他家族组成大小不同的族邑，层层分布在宫殿区外围，形成拱卫之势，而宫廷杂役则星罗棋布地住在周边，他们成为保护王族的"人墙"。此外，殷墟地理位置易守难攻，东方、北方均有洹（huán）河阻隔，西边又有太行山作为屏障，只有南面是一片开阔地，易于行军。久经沙场的武丁怎会不知，于是在殷墟南面50公里处修建了一座要塞——朝歌，保障都城安全。最关键的是，都城的总设计师——商王武丁，拥有天子守在四夷的大气魄，才使得殷墟展现出独一无二的气度和风范。

小知识

日名

日名是商代以天干字为祖先命名的一种称名方式。

方国众多

指古代的联合城邦制国。根据近年来学者们的研究，商王朝是一种方国联合体。在商朝的周边，犬牙交错地存在着许多与商有联系的方国，有的学者把这种联合体称为"方国联盟"。见于甲骨文记载的、较为著名的有：土方、鬼方、邛（qióng）方、羌方、人方、盂方等。这些方国同商朝在政治、经济、文化等各方面都有交往和联系，有许多方国承认商王的"共主"地位，接受商王赐予的封号，向商王贡纳财物等，同时，也拥有相当的独立性。

第六章 三代王朝，王国文明

四

三星堆，神秘古蜀信仰

千古谜团
众说
待谁揭晓？

石破天惊

"蚕丛及鱼凫（fú），开国何茫然？尔来四万八千岁，不与秦塞通人烟。"李白的这首《蜀道难》把唐代的浪漫情怀带到了遥不可及的古蜀国。蚕丛和鱼凫都是古籍和民间传说中古蜀国的国君，若真如传说所言，古蜀国应该有过灿烂的文明。然而，翻阅历史文献，我们却只能从寥寥的只言片语中一窥往昔。古蜀国难道真的没留下确定的痕迹吗？

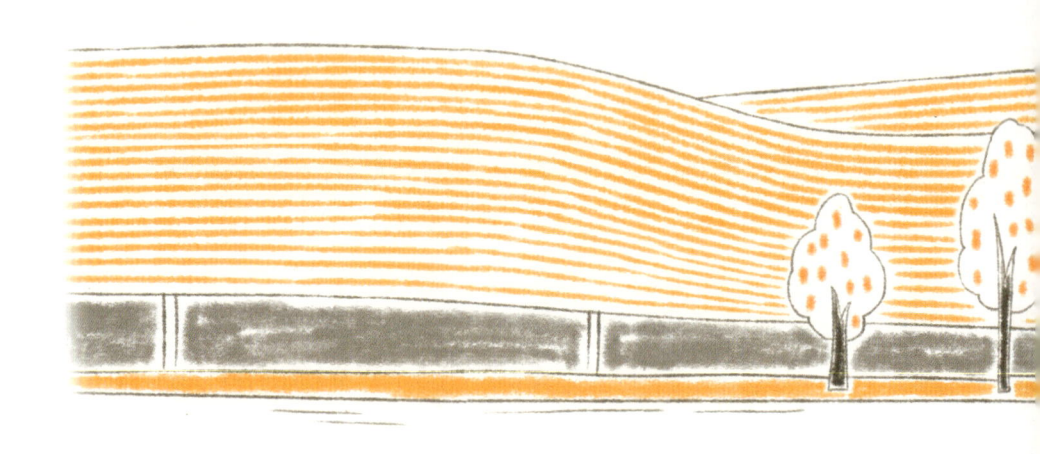

"认识历史离不开考古学。"四川省广汉市是史书记载的古蜀国的封地范围,备受瞩目的三星堆遗址就是在这里被发现的。三星堆最开始被发现时只是三个长10到100米、高五到八米、连接成一条线的土堆。传说这三座土堆是玉皇大帝从天上撒落人间的三颗星星,故名三星堆。三星堆遗址距今4500—3000年,它和古蜀文明有什么关系?这支神秘的文化究竟从何而来?为何又突然消失了?三星堆文化与中原文明又有着怎样千丝万缕的联系?这一切都要到考古现场去寻找答案。

金杖与大立人

1929年的一天,四川广汉月亮湾的一个农民在自家田坝掏沟的时候,无意中挖出了一坑玉器(后来被称为"广汉玉器"),引起了考古专家的注意。于是,考古人员在发现玉坑的田坝附近进行了首次考古试掘。这一挖,便挖出了玉器、石器、陶器共600余件,轰动学界,从此开启了"三星堆文化"的考古序幕。但由于历史原因,三星堆遗址自1934年首次发掘以后就长期停滞。

20世纪50年代开始,考古工作者又恢复了在三星堆的考古发掘。此

三星堆遗址博物馆

后，考古学家断断续续地在广汉地区开展考古工作，但一直没有突破性的发现。直到1986年，1号埋藏坑（又称器物坑、祭祀坑）和2号埋藏坑面世，可以称得上"沉睡三千年，一醒惊天下"。这两个坑出土了上千件器物，除部分中原地区夏商时期常见的器型外，大多是造型奇特诡异、前所未见的器物，像"外星来客"。

比如1号坑出土的这根金杖，全长143厘米，是同时期国内出土的金器里面体量最大的一件。这根金杖原本里面有一根木棍，现在木棍早已炭化，只剩包裹在外的这层金皮了。别小看这层金皮，其重量有463克，表面还雕刻有鱼和鸟的图案，有学者认为鱼鸟图是古蜀国第三代王朝——鱼凫王朝的图腾。鱼凫是鸬鹚（lú cí）的古称，喜欢用巨大的鹰钩嘴捕鱼。鱼鸟图是鱼凫王朝的象征似乎颇有道理。也有人认为鱼鸟图象征着上天入地的功能，是古蜀王用以通神的工具。还有学者认为，这金杖上面的鱼鸟很可能是古蜀国的象形文字。

出自2号坑的青铜大立人像则有更多的谜团。人像通高260.8厘米，总重约180千克，是目前已知的殷商时代最大的单件青铜人像。172厘米的身高放到现在只能算中等身材，不过，在那时绝对算得上是高个子。人像头戴花冠，体态修长，双目突出，在两个招风耳的凸显下，鼻梁十分高挺，赤足立于四头神兽组成的高台之上，看上去气势十足。

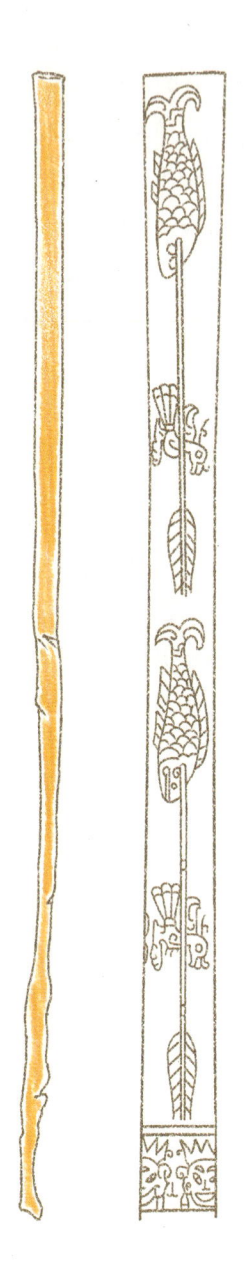

三星堆遗址的金杖

大立人衣服共有三层,纹饰繁复精丽,搭配考究,颇为时尚。最外层的衣服很是奇怪,是一件单臂式短衣,只有右边有袖子,左边露肩,上面刻有龙纹。中间的衬衣最短,是一件半袖式短衣,前后都是鸡心领,也装饰有龙纹。内衣最长,是一件窄臂式长衣,后面拖着长长的燕尾,尤其独特的是上面还饰有蝉纹。

蝉是中国古人很喜爱的一种动物,它被赋予了很多含义:蝉餐风饮露,象征着神圣和高洁,《史记》中记载:"蝉蜕于污秽,以浮游尘埃之外。";蝉可"金蝉脱壳"、蜕变重生,寓意精神不死、灵魂不灭;蝉的鸣叫声响亮、羽翼轻薄,有一鸣惊人、一飞冲天之意……其实对于蝉的崇拜,早在距今8000年前的兴隆洼文化中就有体现。兴隆洼先人除了喜爱玉玦和玉吊坠,也用最珍贵的玉制作蝉。蝉和龙结合在一起的形式也曾出现在二里头遗址中——绿松石龙形器鼻梁中的两块白玉便是蝉的形象。

三星堆的古蜀人也继承了这种崇拜,他们大概认为龙和蝉都有飞升的神力,二者结合可以更好地掌握这种能力,方便与神祇沟通。有学者由此推断,大立人很可能是集神、巫、王三者为一体的最高统治者,象征着最高的神权和王权。

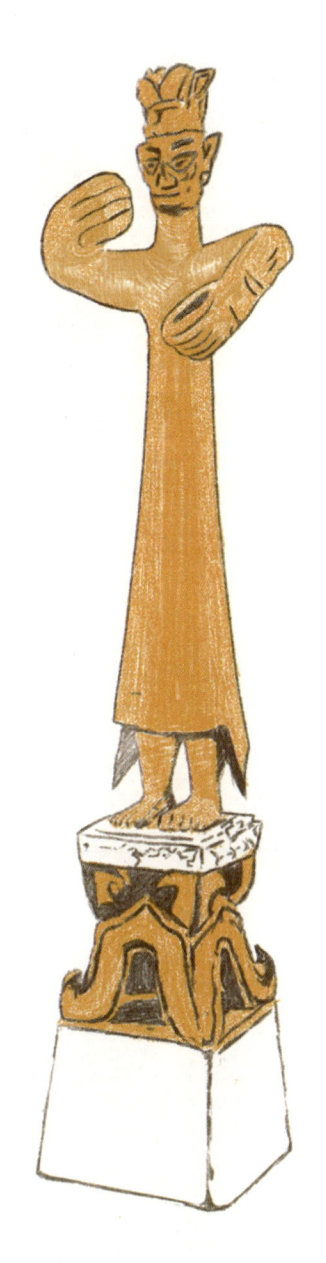

三星堆遗址的青铜大立人像

第六章 三代王朝,王国文明

三星堆遗址的城址布局示意图

三星堆大立人像服饰上的蝉纹和龙纹揭示出三星堆文化和中原文化有一脉相承的部分。也正是这次考古发现，使得人们改变了观念，不再认为巴蜀地区是那个和中原不通往来、文化落后的荒蛮之地。

　　三星堆遗址中类似上述金杖、青铜大立人像等关键文物的出土，给神秘模糊的古蜀国添上了浓郁的神巫色彩，也使自古以来真伪莫辨的古蜀史传说成为信史。看来，古蜀国的中心应该就在三星堆遗址附近，那么这些"古灵精怪"的古蜀人和他们的国王究竟住在何处呢？

发现古城墙

　　1990年，考古人员在三星堆遗址东侧发现了由每块长度40厘米的土坯砖堆垒砌成的城墙。3000多年的岁月早已将当年棱角分明的城墙摩挲成了一条条宽厚的黄土埂。不过即便残破不全，我们依旧能看出古蜀城墙当年的雄伟和高大。这些黄土埂残高2.4到6米，顶部残宽15到20米，足足能并排停下十辆小轿车。

　　1992年和1994年，考古人员又分别确认了西城墙和南城墙，但北城墙迟迟未见踪迹。直到2015年，考古人员才在西北部的鸭子河南岸附近发现

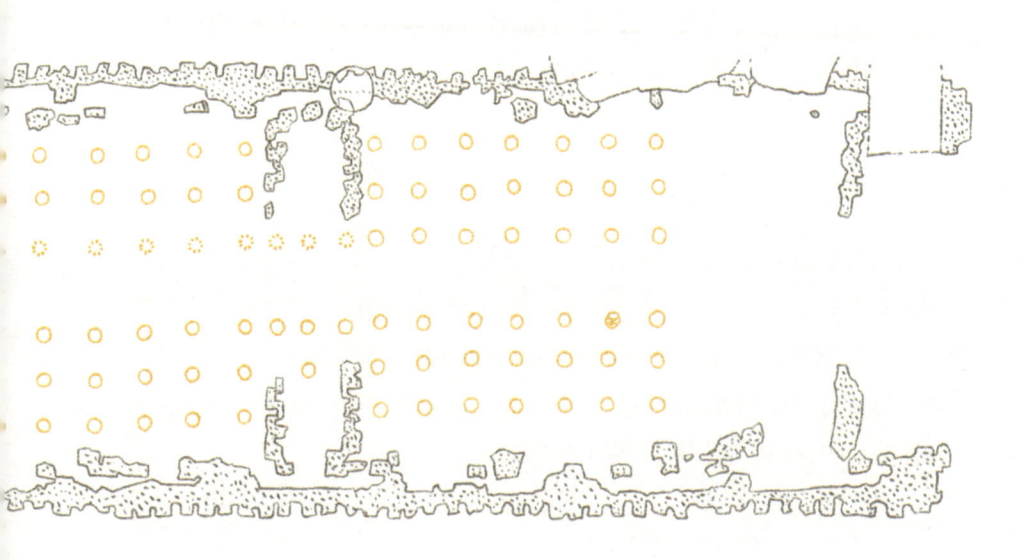

三星堆遗址古城轮廓示意图

第六章　三代王朝，王国文明　265

了残破的青关山城墙。至此，三星堆古城的轮廓终于明朗——这座古城整体布局为北窄南宽的梯形，北城墙沿河而建，长1600米，南城墙长2100米，西侧与马牧河相接，南北纵深2000米，总面积3.6平方千米。三星堆古城是迄今发现的范围最大、延续时间最长、文化内涵最丰富的古蜀文化遗址。

在三星堆古城内北部，有一段和北城墙垂直相接的城墙，蜿蜒如月，考古人员形象地将其称为月亮湾城墙。月亮湾城墙与从南墙穿城而过的马牧河一起，将古城内部大致分割成田字形，形成了宫殿区、居住区、祭祀区以及手工业作坊区。发现金杖和青铜大立人的祭祀坑就位于古城西南的祭祀区，而三星堆那三座小土包后来也被证实，其实也是一段有两个豁口的内城墙，很可能就是用来分隔祭祀区的。

古蜀人的神庙？

古蜀人的最高统治者应该住在紧挨着祭祀区北边的独立小城内。小城由内部的月亮湾城墙、外部的北城墙和西城墙北段合围而成，在这里发现了三座商代大型建筑基址，因此推测此处是古蜀国的宫殿区。

宫殿区面积近46万平方米，三座商代大型建筑就位于中央的青关山上。青关山不是山，是一座面积约5500平方米，高约4米的夯土台。这座夯土台是3000多年前古蜀人建造的，内部堆叠着一层一层夯实过的红烧土，用作那三座大型建筑的地基。其中最大的一座建筑基址面积超过了1000平方米。

这座遗址内最大的建筑平面呈长方形，残长约64.6米、残宽约15.7米，周围还有一圈用红烧土和鹅卵石垒砌的厚达半米的围墙，围墙外侧残留有100多个突出的檐柱基础。檐柱是房屋最外侧用来支撑屋檐的立柱，可见，围墙上方还有斜出到外面的屋檐。有些考古学家分析推测这是一座具有上下两层的楼阁，属于商代最高规格的宫殿。

与在黄河流域和长江中下游地区的宫殿建筑的大门都开在南面不同，这座建筑在房屋的东西两端各开一个大门，大门两端各是一间较大的房间。房间中间有一条宽达三米的穿堂过道，过道南北两侧各密布着三排小柱洞。如此多的柱洞可能是用来搭建平台、摆放神像或祭品的；两侧柱洞中间还夹有两对"U"形的单间，推测是用来放置大型神像或祭器的，有祭祀供奉之用。若真如考古学家推测的那样，这座建筑应是当时古蜀人的神庙，那么集神权和王权于一身的古蜀国国王便是在这里，祭祀祖先的神灵、治理着国家。可以想象，当古蜀国的臣民进入神庙，虔诚恭谨地走在这座建筑中间的过道内，两侧一排排不怒自威的青铜神像凝视着他们，难免不被这庄严肃杀的情形所震慑。

文化交融

从1986年1号和2号祭祀坑出土的大量文物以及青关山神庙中的布置来看，古蜀人崇尚神巫的精神可谓深入骨髓。2020年，考古人员再次启动了对三星堆的挖掘，这次挖掘又在祭祀区发现了六个新的祭祀坑，共出土15000多件珍贵的文物，其中有几件与神巫相关的文物极为惊艳。

在5号祭祀坑内，发现了一块被挤压得皱皱巴巴的金箔。考古人员将其小心翼翼地转移到实验室，去掉上面裹着的黏土和附着物，又把金箔片上的褶皱一点点展开抚平、清洗干净，金箔原本的样子终于显露出来——原来这是一副不完整的黄金面具！面部呈方形，三角鼻梁，扇风大耳，耳垂上还有一个穿孔。三星堆出土的其他面具耳部也有类似的穿孔，说明那时候古蜀人的确有穿耳洞的习惯。可惜的是，面具只剩下半张脸，残重280克，如果能够找到消失的另一半，这件黄金面具总重量应该超过500克，就会比金杖还重，成为目前国内所发现的同时期最重的金器。

古蜀人如此费尽心思用黄金打造面具可不仅仅是为了美观，而是与宗教祭祀活动有关。当时的古蜀人视黄金为尊，黄金面具一方面象征神巫高

三星堆遗址的金箔面具

贵、权威的身份，另一方面古蜀人也希望用黄金取悦神灵，让神力显现。这种把金子锻打成金箔再使用的方式与北方草原地带将黄金直接用于装饰的做法截然不同。不过这并非古蜀人的独创，郑州商城遗址和安阳殷墟遗址出土的金器上也运用了相似的方法，显然古蜀国锻造金器的方式受到了商王朝的启发。

尽管蜀地有自成一统的天然屏障，看上去，它的文化是与四方迥异、特立独行的，但仔细看，还是有许多交流的痕迹。

比如，在三星堆那些最怪异的青铜器上能看到商王朝的元素和影响：从3号祭祀坑中出土的一件青铜顶尊人像，下部是一位身着绣花短裙的铜人，铜人跪坐着，毕恭毕敬地将双手合握于身前，神态十分虔诚，好像正在祭祀或供奉神灵。铜人头顶一块方板，方板上放置着刻有龙纹的青铜大口尊。这是世界上首次发现将人与尊组合在一起的大型青铜器，其文化内涵、文化信息非常丰富——青铜尊是商王朝的祭祀礼器，古蜀人将尊举过头顶，是一种"顶礼膜拜"的崇高祭祀行为；尊上的饕餮纹、鸟纹、龙纹等也来自商王朝。大神树等铜器上身体修长、形态飘逸的飞龙形象都是古蜀人发挥他们天马行空的想象力，将这些中原地区的文化因素创新地用在了自己的青铜器上，这是古蜀人在理解吸收商王朝文化后进行的最浪漫的交融创造。

顶尊跪坐人像的膝盖和双脚底部有类似于榫卯

三星堆遗址的金面铜人头像

的卡口，这说明下面应该还有与其相连的部件。果然，考古人员在8号祭祀坑中发现了一只神兽。神兽长100厘米，高约95厘米，重近150千克，是目前三星堆遗址出土的最大神兽。这只神兽如龙似虎，长着一对蠢萌的大眼睛，

三星堆遗址的铜顶尊跪坐人像

张着像邮筒一样的长方形大嘴。神兽的鼻梁上生有一只独角，独角的顶端立有一人。此人身着长袍，头戴方帽，可能是负责祭祀的神巫。神兽的四只蹄子带有漂亮的纹饰，蹄底微微外撇，玲珑的细腰向下凹陷成一个"U"形。顶尊跪坐人正好能够骑在神兽腰部，并通过神兽背部两个凸出的锥体扣合在一起，合体后高达2米。原来这只神兽是顶尊跪坐人的坐骑！

古蜀人不仅兼容并包地吸收了商王朝的文化，同时非常积极地学习商王朝的冶金技术，并进行了创新，创造了有自身特点的新技术。考古学家推测，蜀地的铸造工匠一部分来自中原，一部分是本地人，他们之间互相交流技术，同时将各自擅长的铸造方式都运用到了青铜器的制作过程中。

除了青铜器外，三星堆遗址出土的玉戈、玉刀、玉璋、有领玉璧等玉器中，都可以看到明显的夏商王朝玉器的风格。

待解之谜

这些旷世遗珍为何会被深埋于地下？又是何人所为？

在六座新祭祀坑发现之前，由于材料有限，学界存在两种主流说法。因为许多大型器物都有被砸烂焚烧的痕迹，一类学者认为砸、烧、埋本身就是祭祀行为；另一类学者则认为古蜀人的这种做法另有原因。

祭祀是有周期的，如果出于祭祀目的，各个祭祀坑出土的器物应该按照祭祀时间有明显的年代差别。然而，随着6个新祭祀坑的发掘，经过对祭祀坑出土的样品进行了碳–14测年，发现除5号坑和6号坑年代稍晚之外，其他祭祀坑埋藏年代一致，均为商代晚期，并且不同祭祀坑的文物之间有类似顶尊跪坐人像与神兽的"合体"迹象，这说明它们是被同时埋入的，从侧面证实了这几座祭祀坑属于同一时代。也就是说，这些器物不是出于祭祀需要才在不同的时期被埋在地下的。

考古学家发现不同器物上烧焦、损坏的程度并不均匀。有些严重熔化产生了气泡，有些则只是表面有轻微灼烧的黑斑，还有些小型器物或许被压在下面完全没有被烧燎过。这与火灾之后的现场极为相似。不仅如此，在一些祭祀坑中还挖掘出了大量古代高等级建筑才会使用的红烧土，以及用于建造屋顶和墙壁的竹子的灰烬。现在，越来越多的学者认为古蜀人的神庙曾经被焚毁，这些祭祀器物应该是神庙损毁之后，被人转移出来再集中掩埋的。

这么重要的神庙怎么会被烧毁？此前很多学者认为主要原因是战乱，可是古蜀国内既没有发现大量的兵器遗存，也没有找到杀伐遗留的尸骨，当时应该处于和平时期。而且祭祀坑中器物排列得整齐有序，既不似敌国所为，又不像是受到战事影响的仓促之举，相反，应该是古蜀人在相当从容的情况下自己掩埋的。这个问题目前仍是悬而未决的考古学之谜。

同气连枝

昔日的繁华终究已被时间的洪流冲刷殆尽，三星堆遗址遗留下来的器物遗存让后世得以窥见当年的一二胜景，向世人揭开了古蜀人的神秘面

三星堆遗址3号祭祀坑部分出土文物

纱，同时，也留下了千古谜团。外来的文化和技术，在四川盆地不断碰撞、发酵、交融，形成了鲜明的区域特征，这些特征表现在玉器和陶盉等陶器的器型和风格，玉礼器的种类、形制和青铜器的种类、造型、装饰、制法等上，较为明显的有来自中原夏商王朝文化的影响、两湖地区史前文化的影响等，但这并不妨碍三星堆遗址在信仰体系、手工业发展、城址建设等方面拥有自己的特色。

以三星堆为代表的古蜀国是我国青铜时代夏商王朝王畿（jī）地区之外诸区域文化中发展程度最高、最为独特的一支。它呈现出独特而瑰丽的文化特质，极大地丰富了中华文明的文化内涵，填补了中华文明演进序列中西南地区的缺环，作为长江上游古代文明的杰出代表，是实证中华文明多元一体的重要证据。

五

大洋洲，江南虎方寻踪

> 虎踞之地
> 承载着——
> 谁的往昔？

在三星堆古蜀文明的灯火点亮了成都平原的夜空之时，远在1000多公里外的江西新干县大洋洲镇，同样有一缕神秘的文明之光闪烁在赣江江畔。

新干县地处吉泰盆地与鄱阳湖平原之间的过渡地带，周边几乎都是山地和丘陵。1989年，一位修护赣江大堤的农民在古河道里采砂时，无意间在沙堤里挖出了一个3000多年前的大型青铜器，这片名不见经传的沙丘顿时热闹了起来。

长期以来，由于先秦文献中较少有对长江以南地区文明发展的记述，学界普遍认为，在中原高度发达的商周青铜文明时期，南方地区

大洋洲遗址的双耳卧虎扁足青铜鼎

仍属不折不扣的蛮荒之地，当地土著部族的文明程度应该远远不及中原。所以，当考古学家第一次听说此处挖出了青铜器时，竟以为只是宋代以后的仿古窖藏，也就没太当回事。直到他们亲眼看见一尊双耳上立有圆雕老虎的方鼎，才兴奋地确认，这的确是商代晚期的器物，而且这种双耳上立有卧虎的形制从未在中原的青铜器上出现过！

随着挖掘的深入，一个埋藏了几千年的秘密在大洋洲遗址被揭开。这次挖掘总共出土了近1500件珍贵的文物，包括了大量的青铜器、玉器和陶器，而且这些文物全部出自同一间墓室。这是江西乃至江南地区出土商代青铜器数量最多、器种最丰富的墓葬，在中国所有商代遗址考古中，只有三星堆和妇好墓可以与之媲美。

拥有如此奢华陪葬品的墓主人究竟是谁呢？

考古学家发现，这些青铜器器形奇特，比如这件同三星堆面具一样怪异的神人头像，是迄今所见唯一的双面青铜头像，现藏于江西省博物馆，是其十大镇馆之宝之一。这件神人头像有着独特的长相，阔嘴凸目，嘴张齿露，颧骨高耸，獠牙上卷，两侧还各生出一只犄角，透露着神秘、诡异的气息，不由得让人心生恐惧。专家认为商代巫术盛行，这件半人半神形象的面具，可能是巫师祭祀时与神沟通的"神器"。

除此面具外，奇怪的青铜器中还有不少想象力十分丰富的动物形象，尤以老虎居多。其中，有一件伏鸟双尾青铜虎是迄今所见最大的青铜虎，有"虎王"之誉。"虎王"全身布满了绚丽的云雷纹，四腿匍匐，背直脊弓，双目圆凸，仿佛憋足了劲正要一跃而起。远远一看，凶猛异常，威风凛凛，尽显王者风范，如果近前仔细观察，还会发现"虎王"竟然有两只尾巴，而且背上还站着一只调皮的小鸟。如此造型，在威风中又显出几分活泼与俏皮。

中国是世界上老虎亚种最多的国家。直到现代，在黑龙江、云南、吉林、西藏等地仍有老虎的踪迹。在中国传统文化的理念中，老虎一直是正

大洋洲遗址的双面神人铜头像

义、勇猛、威武的形象,先民对于老虎的崇拜,最早可以追溯到新石器时代良渚文化中玉琮的兽面纹饰。在《诗经》中也经常可以见到诸如"公庭万舞,有力如虎"等与虎有关的句子。今天,在彝族、白族、布依族、土家族等少数民族地区,人们仍把虎视为祖先。

　　大洋洲遗址出土的青铜器中大量出现"虎"的形象,不仅体现了当地先民的审美情趣,更隐含着尚武的文化传统。这让学者们联想到了商朝时期的虎方国。所谓"虎方"是指一个以老虎为图腾的部落政权,这个部落的成员各个骁勇善战。在商代甲骨文的卜辞中,有这样的记载:"贞,令望乘暨举途虎方,十一月。"这条卜辞是说,商王武丁准备征伐虎方时,向祖先卜问是否能得胜。

考古学家结合其他的甲骨文资料,发现包括武丁在内一共有三位商王出兵攻打过虎方国,可见虎方国是商王朝不可小觑的心腹大患。那么,虎方国究竟在哪里呢?

在3000多年前的华夏大地上,除了中原地区的商周政权外,还有许多小国分散在各处,它们像群星一样围绕在商周王朝的周围,虎方国正是其中之一。越来越多的学者认为,大洋洲遗址就是虎方国的控制区域。"虎方国"凭借赣江密布的水网,以长江为天险,与商王朝最南边的据点盘龙城隔江而立,与中央政权分庭抗礼。

虎方国虽然和商王朝在军事上互不相让,文化却受到了对方的熏陶。大洋洲遗址的这些青铜器功能和商朝的极为相似,也可分为礼器、乐器、兵器和工具几大类别。其中礼器种类最多,仅鼎一类就有方鼎、圆鼎、扁足鼎、鬲鼎四大类。这些器物的发现不仅昭示礼乐制度在当时当地已经形成,更是体现了商王朝对方国辐射的加强。同时,这些青铜器中又有自己的特色,意味着当时的居民在接受了中原王朝先进的文明冲击的同时,也倔强地传承着自己的传统。也正因如此,殷商时代才形成了异彩纷呈的方国文明。

至于如此强悍的虎方国为什么会在历史记载中消失,目前还没有确切的答案。也许是被商周征服和同化了,也许是国运不济,迁徙游走了,也许是遭遇天灾,灭亡了……

不管怎样,大洋洲遗址的墓主人很有可能就是当时"虎方国"的某位君王。但由于缺乏史料的记载,学界在很长一段时间内对"虎方国"没有清晰地认识。1989年青铜王陵惊世而出,为我们拨开了萦绕在虎方国上空

大洋洲遗址的伏鸟双尾青铜虎

的云雾，让我们有机会和3000多年前的先民一起见证昔日古国的余晖。

著名考古学家、北京大学考古系邹衡教授说："这是长江以南空前的发现，它确凿无疑地揭示了一个事实：在商代，中国南方已出现了一个掌握有相当权威的统治者，表明这里已有一个政权，国家已经产生，进入了文明时代。同时，这样丰富多彩的青铜重器，说明其文化发展水平甚至与中原不相上下，有力证明了南方开发很早，至少在3000多年前，江南人民就已创造出灿烂辉煌的古代文明。"

六

周　原，西周都邑风貌

西陲小国

礼乐文明

传四方……

　　武丁营建殷墟时，摒弃了坚固的城墙，凭借着青铜武器带来的军事优势，商王朝迅速对外扩张，他可能不相信都城会受到外族威胁。然而，商王朝最终还是覆灭了，商朝在第31代君主纣王统治时，走到了终点。而终结商王朝的，正是曾经臣服于他们的周人。

　　周原遗址位于关中盆地的西端，今陕西省宝鸡市扶风、岐山一带，是周人重要的发源地。关中盆地犹如一叶扁舟，平躺在群山环抱之中，在群

山庇护之下，相比东边战争频发的中原地区，人们居住在此，与世无争，过着世外桃源般的宁静生活。

直到武丁在位时，商人大肆征战，西进关中，与羌人等土著部族频发激战。羌人不敌，商人占据了周原地区。不过，武丁死后，商人实力渐弱，羌人趁机反攻，周原又陷入纷争。商人自知鞭长莫及，仅靠武力，很难统治整个关中地区。恰在此时，周人迁徙至此。

周人兴起

周人迁岐的故事在《诗经·大雅》中就有记载："古公亶（dǎn）父，来朝走马。率西水浒，至于岐下。"本来，周族是一个生活在关中以北偏远山地的姬姓部落，由于不堪戎狄侵扰，在其首领古公亶父的率领下，举族迁徙，沿着山脉向南，来到周原。于是，商人采用了以夷制夷的策略，提出条件，只要周人能够打得过羌人，并进献羌人充当人牲，就可以作为

周原遗址的史墙盘

源来如此——跟着考古学家去探源

商朝的附庸族邦，在周原定居，周人应允。但商人并不放心这个外族人，便在关中平原东部地区设立崇国，派亲信在此监督和钳制周人的行动。

周文王在周原营建城郭，招贤纳士，广施仁政。崇国的首领嫉妒周文王，便向商纣王打小报告诬陷周文王图谋不轨，有意谋反。于是，纣王将周文王囚禁在朝歌监狱。周文王的长子名叫伯邑考，生性敦厚仁爱，听说父亲被纣王监禁时，心急如焚，立即搜罗珍奇宝物，匆匆来到商都，希望用珍宝换回父王。

纣王收了财宝后，果然放了周文王，但关于伯邑考的命运却有不同说法。有的说被纣王献祭，剁成肉酱，也有的说是战死沙场了。总之，伯邑考死在了周文王之前。周文王在朝歌关押期间，备受折磨，回到周原后，仍然心有余悸，为了彻底摆脱商朝的阴影，周文王开始密谋伐商。周文王伐商的大本营就在周原遗址之中。

伐商基地

1976年，考古人员在今陕西省岐山县凤雏村，发现了一组建筑基址。建筑的地面部分已不复存在，仅剩部分地下结构。即便如此，这幢3000多年前的建筑仍旧超乎世人想象：这是一座坐北朝南的四合院，总面积近1500平方米，前后两进，东西对称，入口处还有影壁，用来遮挡外来视线；南部是前院，内有面阔六间、进深三间的前堂，东西两面是两排厢房，各有八间；北部为后院，以门道、前堂和过廊为中轴，将后院分为东西两个小院，院落除南面外，均设有檐台和散水沟，院内四周还设置了陶制或鹅卵石砌成的水管道系统，便于排水。

尤其值得一提的是，在前院西厢房的地下室内发现了一处秘密窖穴，里面竟然出土了大约1.7万片卜骨与卜甲，其中200多片卜甲上有刻辞，共600多字，内容多为商周关系和周初历史。这些卜甲上的字体大都小如粟米，只有一毫米见方，笔道细如发丝，要用放大镜才能看清。

要实现伐商大业，必须先拔掉商朝安插在关中地区的据点——崇国。《诗经·大雅》中有周人灭崇的记载："文王受命，有此武功。既伐于崇，作邑于丰。"周文王举全国之力，终于攻灭了仇敌崇国，并在附近的沣（fēng）水西岸营建丰京，迁都至此。一年之后，周文王去世，次子周武王（姬发）继位。周武王又在沣水东岸建立了镐京，合称丰镐。

丰镐遗址位于陕西省西安市长安区，总面积约17平方千米，是中国历史上第一座规模宏大、布局整齐的城市。自公元前12世纪周文王建丰邑、武王作镐京开始，到西周灭亡，丰镐在300多年的时间里一直是西周王朝政治、经济、文化中心。当然这是后话了。眼下，周人离伐商的目标又近了一步。

牧野之战

周人要推翻商朝统治，仅靠自己的力量实在势孤力薄，需要团结其他部族一起共举大事。当时，除了周人外，实力最强且最痛恨商朝的就是一直被商王当作祭品的羌人。周人有意联合羌人，但是自古公亶父以来，周人早与羌人结仇，怎么才能化敌为友呢？

《史记》中记载，姜子牙一开始在商朝为官，发现纣王无道，便辞官而去，后来听闻周文王贤能，便在渭水岸边，借钓鱼的机会投奔了周文王。周文王认为姜子牙是个奇才，于是尊其为太师，这就是"姜太公钓鱼，愿者上钩"的典故。有学者认为，甲骨文中的"姜"与"羌"都是羌人的意思，只不过性别不同，"羌"是男羌人，"姜"则是女羌人。商朝后期，"姜"逐渐演变成了羌人的姓氏。姜子牙姓姜，自然也是羌人。周王族和姜子牙的部族联姻，周人也结束了与羌人长达半个多世纪的仇怨，一同把商朝看作敌人。不仅如此，由于商朝对其他部族的征伐，周人也顺利地拉拢了其他不愿忍受的邦国。

大约在公元前1046年，周武王带领周人与各诸侯联军，起兵讨伐商纣王。联军和商军在殷都南面的草原上遭遇,这就是中国历史上以少胜多、以弱胜强、先发制人的著名战例——牧野之战。武王带领着联军一夜之间就打败了商朝的军队,第二天早上便占领了商的都城朝歌。周原遗址中曾出土了一件利簋(guǐ),利簋器内底铸有四行33字的铭文,记载了武王伐纣这一重大历史事件。

为什么商朝这么不堪一击?一来,联军对商人极度仇恨,全是国恨家仇;二来,联军是背水一战,如果失败,必然国破家亡;三来,商朝的军队很多都是奴隶,还没开战,自己就倒戈了。

自知无力回天的纣王点火自焚,把自己献祭给了他的神灵。周武王终于灭掉了殷商王朝,胜利还师丰镐,从此,周王朝一统华夏。

周原遗址的利簋

以"礼"服人

西周王朝建立之后,并没有消灭商代后人,周武王根据当时"灭国不绝祀"的原则,保留了商朝的祭祀,对商朝遗民怀柔安抚,将商纣王的儿子武庚分封至殷,仍由他统治殷商故地,位列诸侯。之后,周武王派了三个弟弟管叔、蔡叔、霍叔来监管殷地,防止叛乱。

周武王统一天下不到两年,重病去世,因武王儿子年幼,便由弟弟周公辅政。此时,武庚联合监管他的管叔、蔡叔、霍叔一起反叛周王朝,企图复国。周公率部东征平叛,杀死了武庚和管叔,囚禁了蔡叔和霍叔,彻底消除商人复辟的可能。

平叛之后,周公意识到不能再让商人留在殷墟了,于是把殷商的遗民迁到各地,分散他们的势力,并且废止了商朝血腥的人祭习俗。商人神权退场的同时,也意味着周人必须另寻他法,确定周朝的尊卑和秩序。为此,周公建立了一套以宗法尊卑为核心的礼制。

宗法的核心是嫡长子世袭制度。宗法制度中,周王称天子,天子分封诸侯,诸侯再分封卿大夫,以此类推,他们的职位均由嫡长子继承。这套基于血缘嫡庶关系的政治秩序,周人称之为"礼",也就是宗法制度。

"礼"的本质是差异,高低贵贱、长幼亲疏,必须尊卑有序,不可僭(jiàn)越。周礼的规定可谓事无巨细,比如,影响后世的列鼎制度。周朝时,鼎用来盛肉,簋用于放主食。周朝规定,天子祭祀或吃饭时,可以用九鼎八簋,诸侯次之,用七鼎六簋,卿大夫五鼎四簋,士只能用三鼎两簋或一鼎一簋,一般平民则根本不能用铜鼎和铜簋。除此以外,居住的宅府、出行的车马、穿着的服饰,甚至典礼上乐队的规模和演奏的曲目等都有规定。礼和乐相辅相成,构成了一个完整有序的社会政治文化制度。因此,周朝的文化又被称为"礼乐文明"。

何以中国

周人灭商后,丰镐成为西周首都,而周原作为周氏祖先的故居,成为祭奠参拜的王室宗庙和贵族居住的场所。在丰镐遗址和周原遗址中都发现了众多青铜器窖藏,还有不同时期的宫殿、宗庙、墓葬、车马坑等遗存,宗庙内还有一系列的礼仪,与古籍文献中记载的相吻合。尤其是周原出土的青铜器,不仅是西周礼乐制度的重要载体,器物上还铸刻了内容丰富的铭文,让我们能够一窥3000年前"中国"发生了什么故事。

中国是什么时候称为"中国"的?

1963年,周原出土了一件青铜宝器,这是西周初年最重要的一件青铜

周原遗址的何尊

尊内底部的铭文"宅兹中国"和"中国"

286 源来如此——跟着考古学家去探源

器——何尊，"中国"最早的出处就在何尊身上。何尊是中国西周早期一个名叫何的西周宗室贵族所作的祭器，尊内底部铸有122字的铭文，记载了周成王继承周武王的遗训，举行祭祀、赏赐臣子等一系列活动。铭文中出现了这样四个字"宅兹中国"，其中"中国"一词是迄今发现最早的文字记载。

"宅兹中国"中的"中国"和现今所指的"中国"含义并不相同。"宅兹中国"是指周武王想要在天下之中定都，"中国"是天下中央的意思，指代的是中原地区。尽管那时"中国"的概念与今天的不同，但"择中立国，居中而治"的观念对后世有非常深刻的影响，与国名"中国"的出现在文化上颇有关联，这便是"中国"最早的轮廓。

七

琉璃河，燕国定都北京

车马辚辚——
中华大地
三千年

北京在70万年前已经有了人类生活。在门头沟的东胡林遗址发现了中国最早的栽培术、炭化的粟粒，20世纪40年代发现了房山区的琉璃河遗址，中华人民共和国成立后经多次发掘，确认了燕都的城址，将西周的建城史推到距今3000年前，证明这座世界上著名城市的诞生与传奇从西周初年的"燕都"开始。

燕国（前1044—前222年）是周朝周王族的一个诸侯国，战国七雄

之一，鼎盛时期时面积约20万平方千米。燕国的始祖是周文王的庶长子召（shào）公姬奭（shì），周武王灭商后，封其弟姬奭于燕地。《史记·燕召公世家》记载："周武王之灭纣，封召公于北燕。"

燕都遗址自被发现开始，一直到新世纪的今天，数十年来，考古人一直在与古老的燕都对话，不断向世人揭示史册中文字记录的燕国，清晰地将北京发源地的原版呈现出来。遗址中包含城墙基址、大型宫殿基址、刻字甲骨、诸侯墓葬、带有铭文的青铜器五大要素，是中国考古史上内涵最丰富的西周遗址之一。

琉璃河遗址的
西周堇鼎

燕国都城

燕国都城城址呈现方正有序的矩形，东西长约830米，现存西北城墙和东北城墙，城墙外分布有壕沟。城址内以宫殿区为中心，围绕宫殿区分布有居住区、手工作坊作业区、祭祀区等。它是考古史上第一个被发现并确认的诸侯国都城，是目前北京地区可追溯的最早的城市文明源头，被誉为北京"城之源"，这一发现在中国考古史及世界城市史上具有十分重要的意义。

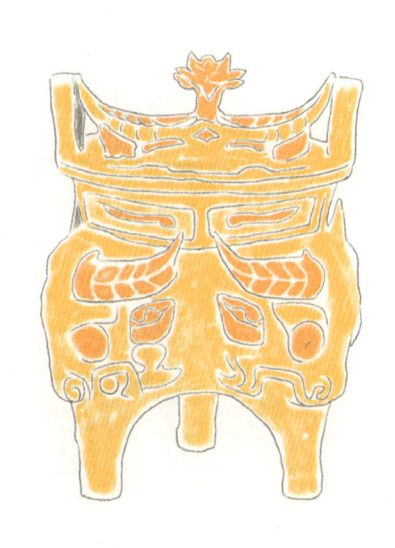

琉璃河遗址的
西周伯矩鬲

第六章　三代王朝，王国文明　289

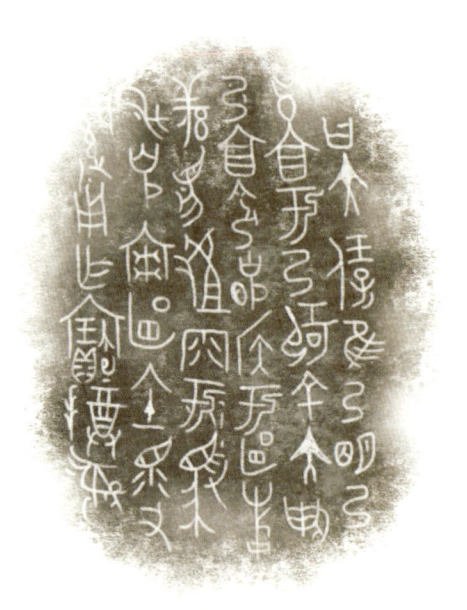

琉璃河遗址的克盉和克罍上的铭文

长眠之所

琉璃河遗址广为人知源于1974年的考古发现。那一年，两座西周早期的贵族大墓被发现，当年由于地下水位高，两座墓葬没有发掘完整。尽管如此，墓中出土的两件青铜器足以令人惊诧，一件是北京地区出土的最大青铜器堇（jǐn）鼎，一件是伯矩鬲（lì），俗称牛头鬲，如今它们都被藏于首都博物馆。数年来，遗址中共发掘、清理了大、中、小型墓葬300余座，时间经历了西周的早、中、晚期，墓葬等级包括：燕侯、燕侯宗族的显贵、异族贵族、周人及异族中的次贵族等。

器物见证

琉璃河先后出土了一批带有燕侯铭文的西周早期的青铜礼器，如：克盉

（hé）、克罍（léi），这两件青铜器的盖上和内壁上都刻有铭文43个字，除了个别字的字形有差别外，记录的内容完全一样，内容是：西周时期，周王分封诸侯国，周王为了奖励太保召公的丰功伟绩，把燕地分封给召公，而召公当时为了辅佐周王，不能到燕国当诸侯，于是让其长子克代为封侯，于是克便成了第一代燕侯。其中还有一件青铜卣，铭文中出现"太保""墉（yōng）燕""燕侯宫"等内容，证明了3000多年前，周王重臣召公，亲临燕都，参与或指挥了燕都的修建，填补了传世文献中燕国都城建造的空白。

车马随行

在遗址中还发现车马坑30多座。车马埋葬多与用鼎制度结合，反映出当时严格的等级制度。《商周考古》一书中指出，西周时"无鼎小墓均无车马坑与车马器；一鼎至三鼎的墓大多有车马器，很少有车马坑；五鼎或五鼎以上的墓，几乎都有车马坑，而殉车、马的数量还各有等差"。车马的陪葬起于何时尚未有定论，但在商朝时已蔚然成风。西周的墓葬沿袭了商代的车马随葬习俗，不同的是西周拆车入葬，即把车拆分成若干部件埋入，商代往往是将整车埋入。

在琉璃河出土的器物中，发现了迄今为止年代最早的螺钿漆器，就是在漆器表面以螺壳与海贝为材料，将其磨制成人物、花鸟、几何图形或文字等薄片，根据画面需要镶嵌在器物表面的工艺制品。螺钿家具在清代达到高峰的时期，尤其受到清朝宫廷的青睐。

文化交融

西周时期的燕国是战国七雄中很小的诸侯国，处在中华文明的边缘位置，但它的作用不可小觑，它是周氏正统，在七雄中最老，活得比周朝都长。该遗址出土的遗物表现出燕、商、周及北方游牧等多元文化交融的特征，联想史料记载，当年燕国对北方游牧民族的战斗从来胜多败少，燕国骑兵有力地震慑了北方游牧民族的入侵，成为华夏民族北方的一道屏障。

回溯3000年前西周的分封制，琉璃河遗址是周王"封疆授民"、早期国家治理的重要实证，为后来秦帝国的统一埋下伏笔。

前221年，中国历史上第一个统一的封建王朝"秦朝"建立，在短短的15年里，实行了书同文、车同轨、统一度量衡，建立了中央集权制度，奠定了中国2000余年政治制度基本格局。

从此，中华民族在祖先们耕耘的土地上，继续"播种"，创造出愈发灿烂的精神文明与物质文明，源远流长的中华文明也在上下五千多年的发展历程中，持续不断地焕发着蓬勃的生命力。

琉璃河遗址的车马坑

后记

我编著过一些专业的考古书籍，然而对于公众来说，这些书籍太过晦涩难懂，因此，便有撰写一本面向大众的考古科普图书的打算。可是，面向大众的考古书应该从哪儿讲起呢？

1954年，我出生于吉林省长春市，1977年考上了吉林大学历史系考古专业，从此之后，就一直从事考古学的相关研究。考古学一般研究三大课题，第一个是人类的起源与发展，也就是我们怎么从猿猴变成人类的；第二是农业的起源和发展，农作物是什么时候、在什么地方最先被栽培的，怎样传承发展到今天的；第三大课题就是文明的起源与发展。所以中华文明起源是中国考古学最重大的研究课题。

大家都知道中华文明是世界几大文明之一，而且是几大文明当中唯一延绵不断延续至今的文明。在历史书上，经常能够看到"中华文明五千年"的说法，这个说法的依据是什么？中华文明是怎样形成的？五千多年前的中华大地又是什么样的呢？

这应该是我们每一个中华儿女都很关心的问题吧。那么，何不就此议题，结合中华文明探源工程的研究成果，把中华文明起源、形成、发展的历史脉络，向大家讲清楚？于是，就有了这本与考古相关的科普书《源来如此——跟着考古学家去探源》。

科普就是要深入浅出，这说起来容易，做起来难。本人从事考古40多年，与北京大学赵辉教授共同领衔中华文明探源工程十余年，担任中国社会科学院考古研究所所长10年，然而，将专业的考古研究成果转化为大众通俗易懂的读物，对我仍是不小的挑战。

为完成此书，我就像回到了学生时代，不断学习和尝试。比如，为了帮助读者更形象地理解，在书中设计了大量的考古插画。再比如，在每个遗址开头，都配上了诗一样优美的文案，用轻松活泼的语言缓解阅读的疲劳。又比如，我们把书中涉及的40多个遗址绘制成了年代表和分布图，让读者一目了然。在此，我要感谢曹增艳女士、温浩先生以及增艳锦添团队，是她们帮我完成了本书的插图和设计。另外，还要感谢四川人民出版社的编辑老师，为我提出了许多专业的意见和建议。

最后，考古学的成果汇聚了近百年、几代考古人的付出，中华文明探源工程也集中了20个学科的400多位学者的共同努力。本书能够出版，是所有考古人和参与者的结晶。在此一并致以诚挚的谢意！

2023年12月

参考文献

[1] 佟柱臣编写.龙山文化[M].北京：中华书局，1965.

[2] 中国社会科学院考古研究所编著.殷墟发掘报告（1958—1961）[M].北京：文物出版社，1987.

[3] 浙江省文物局、浙江省文物考古研究所、河姆渡遗址博物馆编.河姆渡文化研究[M].杭州：杭州大学出版社，1998.

[4] 河南省文物考古研究所编著.舞阳贾湖（上\下卷）[M].北京：科学出版社，1999.

[5] 中国社会科学院考古研究所编著.偃师二里头：1959年~1978年考古发掘报告[M].北京：中国大百科全书出版社，1999.

[6] 严文明.农业发生与文明起源[M].北京：科学出版社，2000.

[7] 严文明、安田喜宪主编.稻作 陶器和都市的起源[M].北京：文物出版社，2000.

[8] 中国社会科学院考古研究所、中国社会科学院古代文明研究中心.中国文明起源研究要览[M].北京：文物出版社，2003.

[9] 中国国家博物馆编.文物中国史·1·史前时代[M].太原：山西教育出版社，2003.

[10] 高广仁，栾丰实.大汶口文化[M].北京：文物出版社，2004.

[11] 朱乃诚.中国文明起源研究[M].福州：福建人民出版社，2006.

[12] 张学海.龙山文化[M].北京：文物出版社，2006.

[13] 王建新等编著.考古中国3[M].北京：中国青年出版社，2007.

[14] 湖北省博物馆编.屈家岭：长江中游的史前文化[M].北京：文物出版社，2007.

[15] 中国社会科学院考古研究所、香港中文大学、中国考古艺术研究中心编.玉器起源探索：兴隆洼文化玉器研究与图录[M].中国考古艺术研究中心，2007.

[16] 首都博物馆编.长江文明[M].北京：北京燕山出版社，2008.

[17] 严文明.仰韶文化研究（增订本）[M].北京：文物出版社，2009.

[18] 周膺.良渚文化与中国文明的起源[M].杭州：浙江大学出版社，2010.

[19] 国家文物局、中华人民共和国科学技术部、辽宁省人民政府编.辽河寻根 文明溯源：中华文明起源展[M].北京：文物出版社，2011.

[20] 辽宁省文物考古研究所编著.牛河梁：红山文化遗址发掘报告（1983—2003年度）下[M].北京：文物出版社，2012.

[21] 张从军主编，禚柏红、鲁元良编著.图说山东：大汶口文化[M].济南：山东美术出版社，2013.

[22] 王巍主编.中国考古学大辞典[M].上海：上海辞书出版社，2014.

[23] 苏秉琦著，赵汀阳、王星选编.满天星斗：苏秉琦论远古中国[M].北京：中信出版集团，2016.

[24] [美]比尔·波特著，曾少立译.黄河之旅：追溯五千年中华文明之源[M].成都：四川文艺出版社，2017.

[25] 严文明.求索文明源：严文明自选集[M].北京：首都师范大学出版社，2017.

[26] 刘莉，陈星灿.中国考古学：旧石器时代晚期到早期青铜时代[M].北京：生活·读书·新知三联书店，2017.

[27] 杨越东.石家河文化玉器收藏与研究[M].杭州：浙江大学出版社，2017.

[28] 苏秉琦主编，张忠培、严文明撰.中国远古时代[M].上海：上海人民出版社，2017.

[29] 苏秉琦.中国文明起源新探[M].北京：生活·读书·新知三联书店，2019.

[30] 李学勤主编，詹子庆著.文明的历程：夏朝[M].上海：上海科学技术文献出版社，2020.

[31] 李学勤主编，张广志著.文明的历程：西周[M].上海：上海科学技术文献出版社，2020.

[32] 韩建业.早期中国文化圈的形成和发展[M].上海：上海古籍出版社，2020.

[33] 韩建业.中华文明的起源[M].北京：中国社会科学出版社，2021.

[34] 高江涛、李平编.考古队长现场说：中华何以五千年[M].太原：三晋出版社，2021.

[35] 李伯谦.从古国到王国：中国早期文明历程散论[M].上海：上海古籍出版社，2021.

[36] 吴卫红，刘越.凌家滩：中华文明的先锋[M].上海：上海古籍出版社，2022.

[37] 何努.陶寺：中国文明核心形成的起点[M].上海：上海古籍出版社，2022.

[38] 郭明.红山：中国文化的直根系[M].上海：上海古籍出版社，2022.

[39] 夏鼐.中国文明的起源（校订本）[M].成都：天地出版社，2023.

[40] 浙江省考古文物研究所.良渚文化研究：纪念良渚文化发现六十周年国际学术讨论会文集[C].北京：科学出版社，1999.

[41] 赤峰学院红山文化国际研究中心.红山文化研究：2004年红山文化国际学术研讨会论文集[C].北京：文物出版社，2006.

[42] 辽宁省博物馆.辽河寻根 文明溯源：中华文明起源学术研讨会论文集[C].北京：文物出版社，2012.

[43] 中国社会科学院考古研究所、湖北省文物考古研究所、荆门市博物馆，沙洋县文物管理所.湖北沙洋县城河新石器时代城址发掘简报[J].考古，2018（9）：25-51.

[44] 姚晨辰.草鞋山新石器时代遗址简述——从苏州博物馆藏相关文物说起[J].苏州文博论丛，2020（总第11辑）.

[45] 马萧林.仰韶文化中期的聚落与社会——灵宝西坡遗址微观分析[J].中原文物，2020（6）.

[46] 周存云.柳湾：闪耀在湟水河畔的文明曙光（上）[J].党的生活（青海），2021（4）.

[47] 李耀辉.大汶口文化拔牙习俗原因及意义探究[J].文物鉴定与鉴赏，2021（19）.

[48] 顾海滨，贺刚.高庙遗址出土水稻遗存的研究[J].湖南考古辑刊，2022.

[49] 郑铎.从东山村遗址看崧泽文化早、中期社会权力的来源[J].考古，2022（5）.

[50] 程菲.鸡叫城遗址——4700年前的史前城市[J].百科知识，2022（12）.

[51] 钟倩.李济与城子崖遗址的发掘[J].春秋，2023（2）.

[52] 赵江运.试析清凉寺墓地兴盛时期的葬仪[J].考古，2023（4）.

[53] 张小宁，李小龙，张镪，等.甘肃庆阳市南佐新石器时代遗址[J].考古，2023（7）.

[54] 赵晓林.济南城子崖遗址为什么能成为中国考古"百年百大"[N].济南日报，2021-11-09.

[55] 司晋丽.良渚，让我们在五千年的坐标中找到自己[N].人民政协报，2022-09-08（3）.

[56] 王慧峰.陶寺：中华文明开山之功[N].人民政协报，2022-09-15（3）.

[57] 司晋丽.石峁，相隔千年宛如初见[N].人民政协报，2022-09-22（3）.

[58] 司晋丽.三星堆，独具个性的文明[N].人民政协报，2022-10-24（9）.

[59] 王慧峰.殷墟：中华文明探源的起点和基石[N].人民政协报，2022-11-22（3）.

[60] 秦毅.石峁遗址：打造新时代历史文化遗存保护的标杆[N].中国文化报，2023-05-29（1）.

[61] 杨民仆.走近良渚 探寻远古"长三角一体化"[N].新华日报，2023-06-02（12）.

官网参考：
国家文物局，中国社会科学院考古研究所，各省文物考古研究所/院